云南省高等学校民族团结进步理论与实践协同创新中心资助项目
中国特色民族团结进步事业智库资助项目

中国特色民族团结进步事业丛书

主编 王德强

# 内蒙古民族团结进步
# 理论与实践

周竞红 / 著

社会科学文献出版社

SOCIAL SCIENCES ACADEMIC PRESS(CHINA)

# 总　序

王德强

　　20 世纪末以苏联解体、东欧剧变为开端，在"冷战"体系下长期压抑且得不到释放的族裔主义，开始全面复苏和爆发，伴随着国家裂变、民族纷争、种族仇杀、宗教复古、原住民运动、泛民族主义运动等，形成了声势浩大的"第三次世界民族主义浪潮"，民族问题的普遍性、长期性、复杂性和国际性再次凸显。

　　超级大国美国"种族主义"重新泛起，"黑白之争"连续升温并持续发酵；特朗普的"穆斯林禁令"让全世界哗然。在英国寻求脱欧之际，2014 年苏格兰举行了独立公投，仅两年之后，苏格兰宣布再次"脱英"公投，"分还是合"的古老命题仍困扰着昔日的日不落帝国。欧洲浪漫之都巴黎的恐怖袭击震惊世界，折射出自由法国乃至欧洲深层次的民族宗教矛盾。美国等一些西方国家对西亚北非局势的蛮横干涉，导致的欧洲难民危机，反射出冷战之后的霸权主义仍挥之不去。叙利亚问题已经成为大国角力和博弈的竞技场。乌克兰危机既凸显出"向东走"还是"向西走"问题上的深度对立，又折射出该国民族问题的复杂性。因民族问题引发的缅北冲突持续不断，昂山素季重启 21 世纪彬龙会议的计划，步履维艰。

　　民族是客观存在的实体，而不是"想象的共同体"。人类社会是民族的大千世界，当今世界仍有两三千个民族。民族多，国家少；多民族国家多，单一民族国家少，是当今世界的常态。如何处理统一性和多样性之间的关系，实现"尊重差异、包容多样"的国民整合，是世界性的难题。

在漫长的历史发展进程中，解决民族问题的观念和实践多以消除差异为目标，其手段不外乎武力征服、强迫同化、驱赶围困，甚至赶尽杀绝。这种手段或政策，在西方殖民主义时代形成了通则，并被推向极致，为今天世界民族问题留下了诸多的"历史遗产"。

殖民时代结束后，随着同化、熔炉政策的整体性失败，多元文化主义开始成为西方国家解决民族问题的普遍性潮流，但是好景不长，"多元文化主义已经过时"的论调接踵而来，与之相呼应，"文明冲突论"甚嚣尘上。世界许多国家似乎对多样性失去了兴致，对处理统一性和多样性之间的关系失去了耐心、穷尽了智慧。

与此形成鲜明对照的是，中国共产党始终坚持把马克思主义基本原理同中国多民族国情相结合，开辟了中国特色解决民族问题的正确道路，缔造了中国特色民族团结进步辉煌事业。实践证明：只有坚持马克思主义的立场、观点和方法才能正确处理民族问题。

新民主主义革命时期，中国共产党根据马列主义关于民族问题的理论与国家学说，结合中国民族问题的现状，明确提出了民族平等、民族团结这一马克思主义正确处理民族问题的原则。民族平等是民族团结的前提和基础，民族团结是民族平等的目标和实现形式。1922 年，中共二大宣言指出：中国的反帝国主义运动要并入世界被压迫民族的民族革命浪潮中，与世界无产阶级革命运动联合起来。"世界无产阶级联合起来"的主张是中国共产党民族团结进步思想的萌芽。在第二次国内革命战争时期，中国共产党明确提出了民族平等政策，中华苏维埃第一次全国代表大会决定：凡是居住在苏维埃共和国的少数民族劳动者，在汉人占多数的区域，和汉族的劳苦人民一律平等，享有法律上的一切权利，并履行相应义务，而不加任何限制。1934 年 5 月 5 日，中国共产党在《党团中央为声讨国民党南京政府告全国劳动群众书》中首次提出了民族团结的主张，指出不分党派、职业、民族、性别、信仰都团结起来，一致抗日。在长征途中，中国共产党始终团结各民族，并建立了少数民族自治政权，积累了民族团结和民族工作的宝贵经验。抗日战争全面爆发后，中国共产党提出了联合国内各种力量建立广泛的抗日民族统一战线的主

张，1937 年 8 月 15 日《中国共产党抗日救国十大纲领》中明确提出
"抗日的民族团结"，主张全民族的联合和一致对外。在整个抗日战争时
期，中国共产党都坚持民族团结、一致抗日的主张和政策。从第一次国
内革命战争到第二次国内革命战争，中国共产党解决民族问题、处理民
族事务的政策主张从民族"联合"走向民族"团结"，并在抗日战争的
历史背景下，实现了从民族"联合"到民族"团结"的根本转型。

　　解放战争时期，中国共产党客观分析当时的形势，把抗战时期民族
团结、抗日救国的政策主张，发展为各民族团结起来，共建独立、自由、
和平、统一和强盛的人民民主共和国的主张。1947 年 5 月，针对当时一
些人提出的内蒙古"独立自治"的错误倾向和分裂活动，中央明确提出
建立第一个省级自治区——内蒙古自治区。新中国成立前夕，在总结新
民主主义革命胜利的经验基础上，中国共产党继承和发展了马克思主义
的民族团结观。《中国人民政治协商会议共同纲领》明确规定："中华人
民共和国境内各民族一律平等，实行团结互助，反对帝国主义和各民族
内部的人民公敌，使中华人民共和国成为各民族友爱合作的大家庭。反
对大民族主义和狭隘民族主义，禁止民族间的歧视、压迫和分裂各民族
团结的行为。"丰富和深化了中国共产党关于民族团结理论与政策的内
涵，并成为新中国处理民族问题的基本原则。

　　中华人民共和国成立后，中国共产党全面开创中国特色民族团结进
步事业。创建统一的多民族国家，实行民族区域自治保障民族平等和各
民族团结；在民族地区政权建设进程中把民族因素与区域因素相结合，
历史与现实相结合，政治与经济相结合，因地制宜，实行民族区域自治，
增强各民族的团结，维护国家统一。派出中央民族访问团，毛泽东手书
"中华人民共和国各民族团结起来！"为访问团壮行，访问团累计行程 8
万多公里，足迹遍布除西藏、台湾外的所有民族地区，宣传党的民族政
策，消除民族隔阂，化解矛盾纠纷，促进各民族的团结。继而又开展了
民族大调查、民族识别等工作，极大地丰富和深化了对多民族国情的认
识，为全面实行民族区域自治和促进民族团结创造了条件，分类指导，
改革少数民族地区社会经济制度。中华人民共和国成立以来终结了民族
压迫、剥削、歧视的历史，全面建立了促进民族平等团结、共同繁荣发

展的崭新的政治经济社会文化制度，民族团结达到了全新的水平。从新中国成立到"文化大革命"前这段时期，各民族的团结达到了空前的高度，民族工作迎来了"第一个黄金时期"。

20世纪70年代末，真理标准的大讨论和党的十一届三中全会，拉开了思想解放和改革开放的历史帷幕，同时开辟了巩固和加强我国民族团结进步事业的正确航道。1979年全国边防工作会议重申了党的民族政策，确定了新时期民族工作的主要任务："在全党、全国各族人民中间、普遍地、深入地、大张旗鼓地进行民族政策再教育，认真检查民族政策的执行情况，切实解决存在于民族关系方面的问题，消除不利于民族团结的因素"，各地在贯彻落实中央的这一精神过程中，创造性地开展了形式多样的民族团结进步宣传活动，取得良好的效果。改革开放以来，中国共产党高度重视民族团结进步事业，以邓小平为核心的第二代中央领导集体开创性地提出了"汉族离不开少数民族，少数民族也离不开汉族"的重要思想，并在党的十三届四中全会以后最终形成了中国共产党关于中国民族关系"三个离不开"的基本认识。同时，根据党和国家中心工作的历史性转变，及时将民族工作的中心转移到社会主义现代化建设上来，加大民族政策贯彻落实力度，特别强调了发展是解决民族问题的核心，并逐步形成了"各民族共同团结奋斗，共同繁荣发展"的新时期民族工作主题。"两个共同"的思想深刻阐释了维护民族团结和加快民族地区发展的辩证关系。在实践层面制定并实施西部大开发战略，制定实施人口较少民族发展、兴边富民、少数民族事业发展三个专项规划，采取一系列重大举措加快少数民族和民族地区发展；专门研究部署加快西藏、新疆等边疆民族地区经济社会发展，推进民族团结进步事业；定期召开民族团结进步表彰大会，总结经验，表彰先进；全面、深入地开展民族团结进步创建活动；等等。在改革开放的进程中，在复杂多变的国际环境中，我国不仅保持了民族团结、边疆稳定和国家统一，而且将中国特色民族团结进步事业全面推进。

党的十八大以来，以习近平同志为核心的党中央，深刻洞察世界政治经济格局的走向与变化，全面分析和科学研判我国民族工作新的阶段性特征，深入研究党和国家事业发展对民族工作的时代要求，提出了一系列关于做好民族工作的新理念、新思想、新战略，科学回答了新形势下推进中国特色民族团结进步事业发展的一系列重大理论和实践问题，全面阐释了中国特色解决民族问题的正确道路，彻底澄清了近年来民族工作领域理论上的一些模糊认识，切实纠正了实践中的一些不当做法，开启了中国特色民族团结进步事业的新航程。民族地区的五大文明建设全面推进，各民族之间的交往交流交融全面展开、深入发展。

在理论层面，深化了对多民族国情的认识，强调多民族是"特色"、是"有利因素"，多元一体是"重要财富"、是"重要优势"。这一新定位、新认识，为族际交往从"各美其美"走向"美人之美，美美与共"，提供了内在根据；强调中华民族和各民族的关系，是一个大家庭和家庭成员的关系，各民族之间是大家庭里不同成员之间的关系，一家人都要过上好日子，全面建成小康社会，一个民族也不能少；为增强中华民族共同体意识、加快共有精神家园建设，为夯实民族团结进步事业的物质基础指明了方向。

在实践层面，多措并举，综合施策。强调推动民族工作要做到物质力量和精神力量并用，一把钥匙开一把锁：物质层面的问题要靠物质力量、靠发展来解决；精神层面的问题要靠精神力量、靠思想教育来解决。强调法律保障和争取人心并重：习近平总书记既强调要用法律来保障民族团结；又强调"做好民族工作，最管用的是争取人心"，要"绵绵用力，久久为功"，强调人心是最大的政治，强调要在全社会不留死角地搞好民族团结宣传教育。民族团结宣传教育应少做"漫灌"，多做"滴灌"和精耕细作。强调城市民族工作中对少数民族流动人口既不能搞关门主义，也不能放任自流，关键是要抓流出地和流入地的两头对接，着力点是推动建立相互嵌入的社会结构和社区环境。党的十八大以来关于民族事务治理的新理念、新思想、新战略，从理论和实践层面科学回答了新的历史阶段民族工作中面临的新问题、新挑战，丰富和发展了马克思主义民族理论。

由云南省高等学校民族团结进步理论与实践协同创新中心和中国特色民族团结进步事业智库推出的"中国特色民族团结进步事业丛书"全面总结中国特色民族团结进步的成功经验，深刻阐释中国特色解决民族问题的正确道路，深入揭示各民族共同团结奋斗、共同繁荣发展的内在逻辑，深入研究推进中国特色民族团结进步事业面临的新情况、新问题，期冀不断巩固和加强中国特色民族团结进步事业，并通过讲述中国故事，传播中国声音，彰显中国特色民族团结进步事业的普世价值和意义，为化解"文明冲突"和民族纷争，促进文明互鉴、族际和谐提供借鉴。

2017 年 4 月 22 日于临沧

# 序　言

郝时远

2017 年 5 月，中国北疆的内蒙古自治区将步入成立七十周年的盛大庆典过程。内蒙古自治区作为新中国建立前成立的第一个省级民族区域自治地方，预示了中华人民共和国建立后在全国范围推行民族区域自治制度的开端，宣示了中国共产党解决国内民族问题道路的抉择，昭示了中国各民族人民共同团结奋斗、共同繁荣发展的必然历程。所以，庆祝内蒙古自治区成立七十周年，是集中展示中国特色解决民族问题正确道路历史意义、现实成就和未来图景的举国盛事。

值此盛举到来之际，周竞红研究员的《内蒙古民族团结进步理论与实践》一书付梓，可谓中国民族理论研究界的一份学术献礼。其选题立意于"民族团结进步"，集中体现了中国特色解决民族问题正确道路的核心内容。实行民族区域自治，是中国共产党"尊重历史、符合国情、顺应人心"的道路选择。民族区域自治作为中华人民共和国的基本政治制度之一，是中国共产党治国理政方略中民族政策的源头，其实践立足于各民族"合"的理念；其关键在于各民族共同发展，通过政治、经济、文化和社会生活的平等，实现各民族同舟共济、守望相助的团结；其目标是各民族和睦相处、和衷共济、和谐发展地"同心共筑中国梦"。

七十年来，在中国共产党领导下，内蒙古自治区各民族人民在维护国家统一、民族团结、社会稳定方面堪称楷模；在改革开放、发展经济、繁荣文化、改善民生等方面位居前列。内蒙古自治区取得的成就，为西部地区、民族区域自治地方、边疆地区的民族团结进步事业、经济社会发展事业做出了重大贡献，创造了弥足珍贵的"内蒙古经验"，值得大书、特写。《内蒙古民族团结进步理论与实践》一书，即是其中之一。

七十年前，在内蒙古自治区成立之后，当选的自治政府主席乌兰夫，以"中国共产党是全国各族人民利益的代表者"为题讲过这样一段话："今天有一部分人由于对中国共产党缺乏深刻的了解与认识，所以产生种种模糊的看法。而这种看法对目前和将来的内蒙古革命事业是不利的。因此，必须实事求是地认真学习、认清中国共产党及其民族政策，了解内蒙古革命与中国共产党的关系及其历史事实。"七十年后的今天，这段话仍具有很强的现实意义。这也正是《内蒙古民族团结进步理论与实践》一书继续深化论述中国共产党民族政策及其在内蒙古自治区的实践所秉持的立场。

该书以中国共产党民族团结进步理论的基本思想为纲，就学术界相关这一主题的研究进行了评析；从中国特色民族团结进步事业的理论与实践的视角，对中国共产党民族团结思想的基本要素进行了归纳和论说；重点阐释了十八大以来，以习近平同志为核心的党中央在民族团结进步理论方面承前启后的创新发展，特别是 2014 年中央民族工作会议的精神。在此基础上，作者围绕内蒙古自治区七十年来民族团结进步事业的历程，展开了历时与共时相结合的实证研究和理论思考。从依存共生、政治保障、物质基础、正确施策、制度约束、繁荣文化、积极行动、尊重互信八个方面，总结了七十年来内蒙古自治区民族团结进步事业的伟大成就及其面向未来的启示。作为附录的五篇各具特色的个案研究，则见微知著地丰富了该书主题。可以说，这部以民族团结进步理论与实践为主题的著作，通过对内蒙古自治区七十年历程这一实证，较全面地论述了中国特色的民族政策体系及其优越性。

的确，在认识中国共产党解决民族问题的理论和政策实践方面，存在一些模糊甚至错误的认识。事实上，中国的民族区域自治制度，具有鲜明的符合国情的中国特色。将其比诸苏联"联邦制"的"苏联模式"，是张冠李戴；将其比诸北欧"萨米议会"的"民族自治"，是混淆是非；将其比诸美国印第安人"保留地"的"区隔政策"，是颠倒黑白；将其比诸英国苏格兰"地方议会"的"权利分割"，是指鹿为马；即便是中国的民族政策理念及其内涵，也绝非美欧国家多元文化主义"平权""配额"政策的"政治正确"可以比肩评判。在处理和解决民族问题方面进行国际比较，不是用他人出现的问题来套括、比附自我，更不能无视自我而攀附、屈就他人。最重要的是认识到中国在"尊重历史、符合国情、顺应人心"方面的制度优势，而不是觉得外国有我们没有就是技不如人的缺失，我们有外国没有就是画蛇添足的多余。

如果从"多元一体"格局的中华民族命运共同体发展进步来比较，中国能够解决的问题，恰恰是诸多西方发达国家面对的困境。诸如，比利时佛来芒人掀起"法兰德斯运动"推动南北分家，西班牙加泰罗尼亚、巴斯克两个自治区谋求独立建国，英国苏格兰独立公投，都凸显了地区与中央权益分配、发达地区不愿意多交税收、中央政府转移支付差别化等利益问题，这些地方缺乏全国一盘棋的责任意识，各民族之间未能形成互助发展和共同进步的同心同德。说到底是其国家制度、政党政治未能解决平衡地区利益、保障民族团结、实现共同发展的问题。

在中国，改革开放使东部率先发展，适时展开西部大开发战略，在国家经济重心、转移支付转向西部地区，对五个自治区、若干多民族省实施差别化的区域发展政策的同时，推动东部地区对口支援西部地区，形成全国支援西藏、19个省市支援新疆，以及兴边富民、扶持人口较少民族、扶贫攻坚等专项组合政策，目的就是加快西部地区经济社会的发展，推进改革开放成就为各地区、各民族人民共享的进程。这是其他国家难以驾驭、难以协调甚至做不到的事情，是中国特色的制度优势，而渗透其中的就是平等团结、团结互助、团结和谐、团结进步的中国理念。

各民族共同团结奋斗、共同繁荣发展，这是中国特色民族政策的基本指向，"共同"所蕴含的平等、团结、互助、和谐理念，体现着中国特色社会主义民族关系的基本特征。民族区域自治制度、《中华人民共和国民族区域自治法》即是保障各民族"共同"的国家意志。内蒙古自治区作为全国第一个省级民族自治地方，在共和国建设和发展的不同历史阶段，都为民族区域自治地方的团结进步提供了经验。改革开放以后，尤其是实施西部大开发以来，内蒙古自治区之所以能够在西部各省区，尤其是五个自治区中脱颖而出，在经济社会发展进程中跻身于全国各省区市的前列，根本原因就是内蒙古各民族人民在中国共产党的领导下，始终坚持和完善民族区域自治制度、努力贯彻和落实民族区域自治法，保持了自治区各民族人民团结和睦、互助发展、共同进步的社会局面。

早在 20 世纪 90 年代，邓小平在筹划第二个发展"大局"时就提出了一个预见："如内蒙古自治区，那里有广大的草原，人口又不多，今后发展起来很可能走进前列。"事实正是如此。2000 年国家启动西部大开发战略时，内蒙古自治区的国内生产总值位居新疆、甘肃、贵州、海南、宁夏、青海、西藏之前，但处于西部之属的四川、广西、云南、重庆之后，在全国排名 24 位。10 年之后的 2010 年，内蒙古自治区的国内生产总值较之 2001 年增加了 8.3 倍，在全国（不含港澳台）排名跃居第 15 位，加入了"万亿 GDP"的行列。人均国内生产总值水平名列 31 个省、市、自治区的第 7 位，成为西部地区和五个自治区中的佼佼者。如果没有平等、团结、互助、和谐的民族关系，及其所营造的社会稳定环境，实现和保持这样的高速发展无从谈起。

2011 年，针对内蒙古自治区经济社会发展优势和存在问题，国家做出了新的部署和政策支持，《国务院关于进一步促进内蒙古经济社会又好又快发展的若干意见》对内蒙古自治区做出新的发展定位：中国北方重要的生态安全屏障，国家重要的能源基地、新型化工基地、有色金属生产加工基地和绿色农畜产品生产加工基地，向北开放的重要桥头堡，团结繁荣文明稳定的民族自治区。这一定位，突出了以科学发展观为引领，以生态建设和环境保护为基础，以建立能源、新型化工、有色金属、绿色农产品基地为重心的发展要求，确立了对蒙古、俄罗斯沿边开放的战略，明确了建立满洲里、二连浩特开发开放实验区的地位，提出了建成民族团结、经济繁荣、社会进步和边疆稳定的民族自治区的目标。

回顾改革开放以来的发展进程，党和国家领导人在视察内蒙古自治区时，无不对内蒙古自治区的民族团结进步事业给予高度的评价和寄予深情的厚望。尤其是党的十八大以来，以习近平同志为核心的党中央高度重视民族团结进步事业，以"中华民族一家亲、同心共筑中国梦"的时代号角，为全面建成小康社会、实现中华民族伟大复兴开创了治国理政的新视界，也对内蒙古自治区的发展提出了新要求。2014 年春节来临之际，习近平总书记在内蒙古自治区视察时强调指出了"守望相助"的问题，他说："守，就是守好家门，守好祖国边疆，守好内蒙古少数民族美好的精神家园；望，就是登高望远，规划事业、谋划发展要跳出当地、跳出自然条件限制、跳出内蒙古，有宽广的世界眼光，有大局意识；相助，就是各族干部群众要牢固树立平等团结互助和谐的思想，各族人民拧成一股绳，共同守卫祖国边疆，共同创造美好生活。"突出了"努力把内蒙古建成我国北方重要的生态安全屏障"和"把内蒙古建成祖国北疆安全稳定的屏障"的战略要求。没有民族团结，就不可能实现各民族、各地区的"守望相助"。内蒙古自治区不仅要团结区内各民族人民共同团结奋斗，而且要团结国内各民族人民共同繁荣发展，依托"中蒙俄经济走廊"规划，在"一带一路"建设中把内政之属的民族团结理念，延伸到"亲诚惠容"的"民心相通"和构建"命运共同体"的全面向北开放实践中。

2016年，内蒙古自治区的生产总值达到1.86万亿元，继续保持了高于全国平均增速的水平；人均GDP达到74069元，继续跻身于人均逾万美元的先进行列。这是五个自治区中唯一居于全国领先地位的自治区。内蒙古自治区经济的高速发展，是在国家西部大开发战略进程中产生的奇迹。国家政策的保障、中央财政投入的扩大，北京等先进地区的对口支援，为内蒙古地区的经济社会发展创造了有利的外部条件。而内蒙古自治区各民族人民同心同德、团结奋斗，则是成就这种发展的内源动力。这种发展的动力，包括了不断克服困难、创新发展的要求。

目前，在稳增长、促改革、调结构、惠民生的经济发展新常态形势下，内蒙古自治区在推进"三去一降一补"的供给侧改革中，已经并且需要继续付出巨大努力。内蒙古自治区经济社会的发展成就虽然在西部地区名列前茅，相关指标在全国范围也位居前列，但是就自治区整体状况而言，体现欠发达地区普遍性特征的现象仍很突出。诸如，部分企业生产经营困难，工业投资和民间投资有所下降，产业转型任务艰巨，现代服务业和战略性新兴产业发展不足，科技创新能力不强，人才资源总量不足、结构不合理，城乡区域发展不平衡，基础设施保障支撑能力不强，对外交流合作水平有待提高，全方位开放格局尚未形成，财政收入质量不高、收支矛盾突出，一些旗县财政比较困难，农牧民收入增速放缓，脱贫攻坚任务艰巨，一些环境问题依然比较严峻，等等。因地制宜地解决问题、坚定不移地克服困难、义无反顾地开拓创新，仍然是内蒙古自治区体现模范作用的现实任务。

凝心聚力，需要各民族人民同心同德、团结合作。内蒙古自治区成立七十年来的重要特点之一，就是形成了各民族人民团结共事的光荣传统，一直保持着民族团结、社会稳定、边疆安宁的良好局面。七十年历史的回顾和经验的提炼，是从成功的历史经验中汲取坚定现实自信的能量，而坚定现实自信则是面向未来开拓创新的底气。作者认为，习近平总书记有关民族团结进步"守望相助"的论述，是对内蒙古自治区团结进步事业实践的理论升华。所以，在未来发展进程中，各民族只有在"守望相助"中实现广泛、深入合作，才能共同推进各民族繁荣发展。这一认识，把握了内蒙古自治区成立七十年来民族团结进步事业的内在势能，随着经济社会的发展和全面建成小康社会的进程，内蒙古自治区团结进步事业的成就和经验，必将成为"把祖国北部边疆的这道风景线打造得更加亮丽"的新动力。

是以为序。

2017 年 4 月 3 日

# 目　　录

# 引　言

在多民族社会，经济社会发展与民族团结之间是互动与相关的关系，民族团结越巩固，经济社会发展的阻碍因素越少，而经济社会越发达越有利于民族关系调节，更便于寻求越来越多的巩固民族团结进步的途径，同时影响民族关系的因素也将更为复杂。当然，民族团结不必然导致经济社会发展，而经济社会发展也不必然直接导向民族团结，但民族之间不团结一定阻滞社会的稳定发展。因此，中国共产党一向强调民族团结，2014年中央民族工作会议上习近平指出：民族团结是各民族人民的生命线，并要求在民族团结创建中求实效。多民族国家民族团结与否取决于国家基本政治架构，也取决于社会政策对不利于民族团结的思想和行为的有效规约。人们行为选择和思想观念的复杂互动及历史选择，对于多民族国家而言，民族团结并非什么神秘或超验的社会现象，而是良好民族关系运行的正向成果，与社会关系总体和谐稳定相表里，民族团结表现于社会生活各层面族际合作或联合的社会行为。在不同的历史时代，民族团结表现形式有一定的相似性，但是，在马克思主义指导和社会主义建构条件下民族团结则有着其特殊性，即各民族的平等团结要以有利于无产阶级整体利益和人类社会解放为前提，并以反对资产阶级的民族主义和民族偏见为条件。

一般而言，民族团结指一个多民族社会为了实现共同的理想或完成共同社会目标，凝聚、联合不同民族成员或民族内部力量保障社会合作的进程，民族之间关系的历史基础、不同民族成员的思想信念、行为规范，以及社会政策导向等都直接影响着这一进程的实现。在当代社会，民族团结和民族分裂是民族关系调整的两个极端状态，二者之间并不存在截然分明的清晰界线，也很难准确地计量二者力量的比重，两个极端状态的形成并非社会个体行为的简单相加，大多数社会成员的行为选择常常左右其最终趋向。

观察当代世界多民族社会，倡导或寻求以民族团结抵御民族分裂是最为常见的社会选择，民族团结是多民族社会追求社会团结最为重要的内容。一般而言，从民族团结到民族分裂的变化之间存在漫长的动态地带。在这一动态地带，民族关系表现出极为多样和多层次的形态，人们可以从关系主体、关系运动状态、关系的性质、关系的规范性和调节等方面观察和把握之。具体到特定的多民族国家，为谋求社会稳定和社会团结，需要对这一动态地带进行充分的把握和积极的干预。尽管民族关系总体上表现出群体间的特性，但是最易为人们感知的仍然是不同民族间个体交往中关系的特性，或者具体关系的矛盾性质及其化解，因此，具体的民族政策及其有效实施便是一个关键。在特定民族间的关系中，如果民族交往交流频繁，人们面对的是寻求日常生活中的联合和合作，正式或非正式规范的确立及深入的交往也将使不同民族成员间有更为理性的认知并确立良性合作关系；如果特定民族间缺乏广泛的交往交流，或处于相对隔离状态，便不易确立更为规范的联合和良好合作关系。如果多民族社会绝大多数成员间有着良好合作，相互了解和尊重并和谐相处，但是在局部区域或少部分成员间矛盾和冲突时有发生，需要社会介入机制推动相应的对话交流和协商；等等。正是存在这样一个复杂地带，具有不同观念、理想和利益的各种力量便在这一地带产生影响、发挥作用、形成竞争关系，使现实民族关系的调整复杂化。因为，每个民族群体都有着特定社会结构和社会分层的传统或形态，在工业化和现代化、市场经济等冲击下，人口流动加剧，各民族社会大多处于更为开放并与外部连接的状态，人口的社会流动和地域性流动使得民族群体生活充满了小团体、个人和社会整体利益间的博弈，这也使民族关系调节必须面对更为普遍的社会生活。有效解决和控制从民族团结到民族分裂动态地带存在的诸种问题，消除和控制导向民族关系濒临分裂因素的积淀和影响，便可促使民族关系向团结态势发展，反之，不能有效控制或处置阻碍民族团结因素，亦可能导致社会危机并使民族关系走向分裂。民族团结态势形成和保持的关键在于及时、有效地处理从民族团结到民族分裂动态地带所存在的各种阻碍民族团结合作的因素和问题。显而易见，今天多民族社会所追求的民族团结并非一个自动生成，或社会学中所称的机械团结的状况，而是一个有组织的动员、协调并达成有机团结的过程。

## 一　研究的提出及研究目的

中国"天朝上国"地位的衰变和清末以来国家政治转型的发生，使其在卷入资本主义时代进程中不得不穿起"民族"的紧身衣。王朝中国时期"五方之民"后裔便在新的国家政治经济形态中变革着关系。近代中国社会生活为一套异于传统中国的观念体系所改造，与此同时，中国社会自身的状况也在某种程度上改造了所引进的观念体系，"民族"概念和观念也正是在这样的改造与被改造进程中渗入人们的日常生活，成为当代中国人社会观念和规范的重要思想基础之一。近代中国百年历史，从一个侧面来说也是民族团结再造的历史。如何在理论和实践上总结这样一部罕有的历史不能不说是中国民族理论研究的一个重要课题。作为当代中国北疆屏障的内蒙古，不论是在清末民初，还是在当代中国，在民族团结大局中都有着重大的影响。从民族团结的角度来说，内蒙古民族团结历史形成的进程，伴随主权多民族中国形成的全过程。因此，本书试图从王朝中国历史发展切入，以内蒙古行政区域形成为视点，观察新中国的执政党在思想理论和政治实践两个层面上为推动民族团结的达成、深入发展所做的努力，在当代中国改革开放情势下所面临的新问题、新挑战以及民族团结的新创建。

1947年5月1日，内蒙古民族团结树立了一个伟大的里程碑，今人需要回首那段历史，深入思考这样一个里程碑对当代中国的意义，才能真正理解"民族团结是各民族人民的生命线"论断之深意。在统一多民族新中国的历史发展进程中，内蒙古政治经济文化等社会生活全面发展，民族之间的团结、各民族内部的团结都有了全新的社会环境，取得了空前的历史进步。内蒙古民族团结如何结成、其历史逻辑何在、现实依据为何？不同专业学者可以有不同的认识。在内蒙古自治区建立70周年之际及中国社会改革发展进入深化之时，本书试图在前人研究的基础上，进一步研究内蒙古民族团结达成的历史背景和进程，以及自治区建立以来民族团结形态的演变及其动因，以求从历史角度全面总结内蒙古经济社会不断发展进程中推动民族团结的经验，为正确判断影响当代内蒙古民族团结的主要因素，继续推动民族团结提供科学依据。

内蒙古作为当代中国首个省级民族自治地方，在民族团结方面一直处于领先之位，曾有模范自治区之誉。内蒙古自治区在解决民族问题、改善民族关系、推进民族团结等方面有很多重要政策和措施的探索和创新，为新中国民族问题的解决提供了大量的实践经验，也为马克思主义民族理论中国化做出了重要的贡献。共和国成立之初，党的解决全国民族问题的诸多政策实践与内蒙古的积极探索和制度创新密切相关，内蒙古自治区为中国新型民族关系建构的理论与实践曾经做出过重要贡献，比如有关民族干部的培养和使用、牧区的经济社会改革、关于民族地区文化教育卫生事业的发展等政策的形成都与内蒙古的实践有一定的联系。内蒙古的民族团结实践活动使马克思主义民族理论与中国民族问题具体实际结合取得成果，推动了新中国解决民族问题的制度建设和政策逐步完善，这些政策实践为维护国家统一、保障各民族根本利益、推动中国特色民族理论发展做出了直接贡献。当前，在地区经济不断发展、人民生活水平日益提高、改革不断深入条件下，内蒙古牢牢把握发展、稳定大局，把握各民族团结奋斗、共同发展繁荣大局，保持了经济社会发展与民族关系和谐稳定。不能不说是中国"道路自信"、"理论自信"、"制度自信"和"文化自信"的一个明证。但是，内蒙古民族团结并非从来如此，亦非毫不费力，而是历经血与火的洗礼、惨痛的教训和对复杂历史资源利用等复杂过程。在国际政治格局变化多端，中国发展与改革进入关键期的历史时刻，需要在理论上厘清和总结内蒙古民族团结进步经验，使人们切实认识到当代中国民族问题的一般状况，了解促进民族团结的制度和政策并非圣人所赐，而是共产党人推动国家建构中政治实践的成果。总结这些成果可为推动各民族团结奋斗、共同发展繁荣大局提供借鉴，也可为党的中国特色民族理论进一步丰富和发展提供科学依据，推动中国特色民族问题理论深入发展，进一步指导中国特色社会主义建设进程中民族问题的解决。

## 二　研究意义

（1）内蒙古是我国民族团结最好的地区之一，研究对象具有典型意义。历史上，内蒙古是一个民族矛盾和冲突十分激烈、普遍的区域，1947 年内蒙古自治政府的建立标志着中国共产党解决民族问题伟大实践获得重要成果，标志着蒙古民族解放的实现，也标志了内蒙古区域内民族关系制度性调整新时代的到来。内蒙古借助区域自治解决民族问题、调整民族关系的经验引领了中华人民共和国统一多民族国家建设进程中解决民族问题的制度创新，成为统一多民族现代国家建构中解决民族问题的典范。

（2）内蒙古经济发展和民族团结经验具有典型意义。民族关系是关乎中国发展大局的社会关系，内蒙古自治区历经 70 年的风风雨雨，民族关系在区域经济快速发展条件下保持了团结稳定大势，为全国民族团结大局稳定做出了重要贡献。内蒙古民族人口构成、民族文化构成、经济社会发展形态的多元性以及区位的沿边性等特点，使得这一区域民族关系状况具有典型性，对全面认识中国民族团结大局有重要的参考意义。

（3）总结内蒙古经济发展和民族团结经验具有理论和实践多重意义。在中国改革不断深入、城市化发展持续推进、内蒙古自治区资源优势日益转变为经济优势之时，深入认识内蒙古民族关系状况，研究和把握这一区域民族团结实效及走向，以及区域经济社会全面发展进程中产生的影响民族团结的新问题，总结这一区域民族团结的经验，不仅具有推进民族理论学术研究和学科建设的价值，而且具有现实性，相关知识的梳理有助于我们树立正确的民族观、国家观，充分认识中国特色社会主义民族理论的价值，并能为民族事务治理创新和民族关系和谐大局的发展提供理论和经验支撑。

## 三　本书应用的基本理论和方法

本书所应用的基本理论为马克思主义民族理论的基本原则和原理，是中国共产党在推进中国民族民主革命和中国特色社会主义建设进程中对马克思主义理论中国化的理论总结，其核心内容即各民族平等、团结、互助、和谐民族关系的建构。社会主义时期是各民族共同繁荣发展时期，当代中国民族区域自治制度是党解决中国民族问题的基本政治制度。中国共产党将民族团结视为新中国和社会主义事业成功的保障，各项民族政策均为推动和保障各民族共同团结进步而实施。各民族人民在共同团结奋斗中走向共同繁荣发展，共同推进中华民族伟大复兴。

本书所采用的基本方法主要包括以下几种。第一，文献法。收集已有地方志、相关研究著作、档案、政府文件、宣传报道等文献信息，进行分类整理，作为研究相关问题的基本资料支持。第二，田野调查。选择具有典型意义的区域进行实地调查，观察和了解相关问题的状况，以获得第一手研究资料。第三，个案调研。收集相关问题的个案进行深入调研，以谋求对研究主题的深度认识。

## 四　研究对象：内蒙古自治区构建及民族团结

历史上，内蒙古并非政区称谓，在地理区位上指"古雍、冀、幽、并、营五州北境"，不同历史时代有不同的古代民族活跃于此："周，猃狁、山戎。秦、汉，匈奴尽有其地。汉末，乌桓、鲜卑荐居。元魏，蠕蠕及库莫奚为大。隋、唐属突厥，后入回纥、薛延陀。辽、金建都邑城郭同内地。元，故蒙古，起西北有天下。明，阿裕实哩达喇遁归朔漠，复改号，遗踪衍曼，北陲多故。"到了清王朝时期，这里被指为"漠南内蒙古"，其区域"袤延万馀里。东界吉林、黑龙江，西界厄鲁特，南界盛京、直隶、山西、陕西、甘肃，五省并以长城为限"。① 可见，自古

---

① 赵尔巽等撰，许凯等标点《清史稿》（卷三二～卷八四），吉林人民出版社，1995，第1635页。

代中国始，这里就是不同群体交流互动和竞争冲突之地，区域社会关系形态以统治阶层利益为导向而变动。

清末民初中国国家政治的转型使内蒙古政区的构建进入一个关键时期，也是区域民族团结进步构建的关键期，各民族共同团结奋斗和推动统一多民族国家建构在民族矛盾和冲突中成为日益明晰的理论认知和社会目标，并且在中国民族民主革命发展中得以逐步实践。1947 年 5 月，在中华人民共和国诞生前，内蒙古自治政府的建立成为中国共产党人进一步解决民族问题，团结各民族共同奋斗，建立民族解放、国家富强、人民民主的新中国的重要探索。历经 70 余年的变化，今天的内蒙古已经成为当代中国北疆最重要的行政区域，这一区域集民族地区、边疆地区和自然资源富集区等特征于一身。历经 70 年奋斗使内蒙古从昔日主要依靠传统农牧业生产而发展的地区演变为三次产业均得到发展且经济结构日益丰富的区域。从发展的角度来看，70 年来，全区政治、经济、文化、社会、生态建设面貌发生了巨大变化，民族团结进步不断巩固，各民族共同繁荣发展成为这个多民族区域民族团结进步的出发点和落脚点，也成为区域发展的内在动力，更是民族团结创建的具体环节。本书将深入研究这一历史过程，并总结相关经验，以为各地推动民族团结进步所借鉴。

# 第　一　章

# 理论探索：中国民族团结研究

　　民族团结是当代中国人最常听到的词语，也是各类媒体上最常用和使用频度极高的重要词语，当代中国大多数人生活在民族团结带来的平和、安定和常态的社会生活中。当然，一般社会大众很少去思考民族团结的性质、内容和衡量标准及动态性变迁等问题，但是社会上每一个正常人都会期待生活于各民族和谐有序的社会，而不是矛盾冲突的社会。中国共产党在其幼年时期就特别注重民族团结，无论在民族民主革命中，还是在社会主义建设进程中，都始终强调民族团结的重要性并积极施策追求之。从新中国成立初期民族政策体系的建构，到后来民族区域自治制度的形成和不断完善，都对民族团结产生着关键性影响。20 世纪 80 年代以来，在各级政府推动下，各民族地区每年都会开展民族团结表彰活动，树立了不同层级成千上万民族团结进步典型集体或个人，借助政府表彰活动让那些在社会日常生活中推动民族团结的人物和事件得到社会的广泛了解和认识，以形成良好的、有利于民族团结建构的社会氛围。那么，从理论上来说，什么是民族团结？民族团结达成的机制是什么？民族团结与民族平等有何关系？经济社会发展与民族团结的关系如何？民族团结是"一劳永逸"的吗？这些都是民族工作者和学术界以及社会公众关注的问题。学术界对这些问题其实已有了几代人的探讨，但是，社会生活的变迁、观念的更新、认知差异等都使得问题面向多变，难有定论。对于追求现代化建设的国家而言，多民族多样文化的优势如何发挥是必须面对的社会实际，民族地区对相关问题的处置则决定了民族团结发展大势，民族团结之轮的驱动需要社会政策的助力，也需要公众普遍的追求，实现各民族共同发展繁荣目标，使解决民族问题的中国故事和中国模式得以有效持续，推动中华民族复兴。

# 一　民族团结的理论认知

不同时代人们的国家和民族观念会发生一定的变化，深刻地影响着人们对于民族团结的理论认知。中国人在现代国家观和民族观框架内认识和思考民族团结实始于清末民初以来国家政治转型和社会生活演变。近代以来，影响中国民族团结的理念、认知等最主要源于如下几个方面：王朝中国形成的华夷关系理念和认知；清末民初以后"西来"的民族国家观；在民族民主革命和抵御帝国主义侵略过程中形成的民族观。近代以来，民族团结成为社会热点可分为两个大的时段，一为民国时期；一为新中国成立以来。

## （一）王朝中国"民族"团结——"五方之民"的联合

"民族"毕竟是一个西来的概念，它是随着"科学""民主""主权"等新理念一起进入中国的，因此，从现代意义上来说王朝时期的中国并没有"民族"团结。王朝中国也没有"民族"理念，基于文化等差异的族类群体曾大量存在，他们均不过是王朝统治"天下"的"五方之民"，在不同的王朝治下的"五方之民"被具体化为华夏和"戎夷蛮狄"或胡汉。胡汉或华夷既合作又冲突的故事在正史野史中的记载不可胜数。在王朝更替的历史上，胡汉或华夷关系表现出极大的动态性，每一由华夏后人建立的中原王朝都有他们需要团结的特定的胡或夷群体，而每一非华夏之裔建立的政权多向往获得中原王朝的承认或直接成为"大一统"的"天下"之主。正是王朝政治使得不同群体之间并未发展出系统而严密的群体差异理论，也并未将不同群体间的此疆彼界划分清楚，"华夷之辨"在一些王朝政治中曾一再被提出，但是终未能抵过"大一统"政治和经济利益的追求，也未能抵住王朝国家权力争夺的"大一统"的历史潮流。如果从民族团结表象——基于共同的利益和理想而进行的不同民族群体间合作与联合的层面来看，王朝中国的族类群体的团结亦并非什么罕见的现象，在很多历史关头，如果没有不同族类群体的合作与联合,一些王朝政权的获得和统治的巩固都将不可能实现。

中国历史上第一个王朝——夏,由于东夷的大规模反抗而逐渐衰弱,给商带来机会,最终为商所代;而周王姬也是借商征伐东夷之机,征商都,取商而代之,并与西戎联姻,发展出一套朝贡制度。在政治竞争和政权更迭中,"五方之民"不得不进行一次又一次的交融,接受新王朝的统治,以至于各族类共同体之间虽然存在文化上的差异,但却未发展出清晰的界限和理论,千年历史大潮似已将一时清晰的此疆彼界冲刷得难寻踪迹。王朝治下的"王土"处置居民关系时有"夷、夏有别"、"非我族类,其心必异"、"先华夏后夷狄"或"内诸夏而外夷狄"的训示,这些事实上并未真正约束人们流动的脚步,尽管每当中央王朝与周边某一夷或狄在政治竞争中处于不利地位之时,这类古训便大为流行,有划"天下"生民以"畛域"之见的趋势;但是,王朝政治稳定或兴盛时期,便有与这一古训相对抗的说法流行或得到统治者支持,如"天下一家""四海之内皆兄弟""天下为公",等等。在这种两相对抗的理念中,人们看到了矛盾关系的存在,也看到了社会现实中不断出现的不同族类共同体成员间的融合,于是"向化"成为中央王朝解决问题的一个实用策略,"化内"与"化外"成为描述王朝政治统治下差异性文化群体成员间关系密切程度或关系状况的词语。因此,"华夷之辨"或"夷夏大防"均非严格意义上的民族差异,王朝中国其实一直将其视为族类的差异。在社会利益分野,甚至中央王朝政权更替进程中,族类分野并未成为影响王朝政权维护和权益分享的核心因素。

《诗经·小雅·北山》描述的"溥天之下,莫非王土;率土之滨,莫非王臣",是周王朝中央放眼周边之时对自身政治的一个理想定位,从周王朝与诸侯关系来看,在其政治控制力减弱,"王土"缩减,"王臣"也不再服从统治之时,新的"王"或"皇"已在孕育之中。从春秋五霸到战国七雄,所谓"华夏中原"完全处在一个政治竞争历史进程中,曾经的侯国等不同政治力量在竞争中开疆拓土,相互兼并,不断扩大着不同群体之间的接触与交流。政治婚姻、政治联合和武力征服是所有政治力量通常使用的竞争联合策略。

在各种政治势力竞争未能形成均势的情况下,实力独大的秦终于抓住历史机遇一统"天下"，建立起强大的中央王朝政权，其继承者汉朝也同样保持了强大的中央王朝政权，中央王朝对"四夷"施以强弱变化的辐射力。当时秦汉周边分布的族类共同体，北有匈奴、丁零、胡、浑庾、鬲昆、新犁等；东有东胡、乌桓、鲜卑、夫余、朝鲜、高句丽、挹娄等；西有乌孙、月氏等；西南有氐羌、西南夷等；南方则有百越和百濮系等。① 秦王朝北击匈奴，南平百越，大大拓展了中央王朝控制的"王土"之域。汉初势弱，以"安内和外"之策应对周边居民对其权力的挑战，及至汉武帝，发兵四方，不仅北征匈奴、南平南越、讨伐夜郎，还通西南夷、伐羌、征朝鲜等。随后的三国两晋南北朝时期又是多个权力中心展开政治竞争的时代，这些权力中心并非严格以族类共同体区分，而是与地理方位和政治利益为要。三国之间力量对比似乎较均衡，它们之间不仅存在政治军事斗争，同时还伴有与周边不同族类共同体的冲突或联合：魏对南匈奴、鲜卑、氐羌的招诱，对西域诸国的羁縻，蜀汉"南抚夷越""西和诸戎"，吴越则征武陵蛮、山越、俚等，都极大推进了中原王朝政治文化对"四夷"的影响力。与此同时，匈奴、鲜卑、氐羌等均建立了有影响力的政权，胡汉人口的大流通大融合成为这一时期最显著的特点。大量的胡人消融于诸夏或汉人之中，"五方之民"关系格局在多中心的竞争中互动发展。

在中原王朝宗法制社会高度发展进程中，"戎夷蛮狄"等非华夏族类共同体的社会政治也在快速发展，强化自身的地位并与中央王朝制度或渊源相连接是他们的选择和发展方向，他们不仅争夺"大一统"中央王朝权力，也在巩固自身政治中从不同的侧面扩大以"诸夏"为核心的王朝政权的影响。隋唐王朝是继汉以后在"诸夏"文明基础上发展起来的又一个影响深远的"大一统"中央王朝，"五方之民"关系格局再一次回归以强有力中央王朝为中心的相互承认或羁縻状态。在这个大一统王朝中，不同族体由于政治实力及与中央王朝关系处理模式的缘故，其政治运行状况也大为不同。有的族体在"化内"变迁中日益融入"诸夏"，有的族体在"化外"变迁中成为中央王朝羁縻笼络的对象或军事

---

① 翁独健：《中国民族关系史纲要》，中国社会科学出版社，1990，第 1~185 页。

打击的目标。在此过程中，"诸夏"或中原居民的胡化变迁并未停止，"大一统"王朝为以"诸夏"后裔为主要构成者的中原居民在更大地理范围内活动创造了条件，这使一些久居胡地并发生了代际更替的汉人认同也发生重要变化，司空图那句给人强烈的印象诗似可一证此现象，诗称："汉儿尽作胡儿语，却向城头骂汉人。"① 人口的流动性是不同族体共生相融的关键因素，人类社会生活中有大量不同族体的个体由于迁徙而共同居住并相互融合，在长时段的变迁中"数典忘祖"呢！

"诸夏"在不断融入周边的"戎夷蛮狄"人口中持续扩展着规模，在数千年的发展中，"诸夏"经历了"滚雪球式"的发展，无论是人口，还是文化都大量吸纳了"戎夷蛮狄"族类共同体的成果。更为显著的是，"诸夏"族类共同体的边缘具有动态式外向扩展的特性。比如，以"诸夏"文化为主融入戎狄文化的秦，最初被视为僻远的小国，"诸夏"宾之，但是，它最终灭六国，并天下，拓展了"诸夏"的人口规模和边缘，转而成为"诸夏"的当然代表。可以肯定地说，秦朝"诸夏"内部的整合依凭的仍然是王权，中原王朝治理中的各项措施都深刻地推进了这一进程。从这个角度来说，今日汉族社会地方性文化的差异不仅仅是"一方水土养一方人"的结果，在一定程度上亦可能是历史上不同族体整合不完全的遗存。"诸夏"在秦汉后就这样借助一次又一次强有力的中央王朝治理活动而日益扩大着人口规模、地域空间，吸纳着"四夷"人口的融入，史籍中所记载的很多族称已消失，尽管可能由于语言的差异，有的族体在他称与自称的译写变化中失去原称，很多被视为"非我族类"的共同体融入"诸夏"群体的"滚雪球式"发展中，完成了其由"化外"转向"化内"的历史进程，同时还有汉人的胡化（虽然在人口规模上不是很大）。

在王朝中央政治的治乱分合过程中，"诸夏"经历着"滚雪球式"的发展，"四夷"各自发展也并未停滞不前，一个又一个由"夷狄"建立的区域性政权同时也存在着内部的政治竞争，并上演着势力各有消长

---

① 司空图：《河湟有感》，郭预衡主编《中国古代文学史长编》（二），上海古籍出版社，2007，第907页。

的历史剧，"夷狄"社会政治整合的结果便是不同类型王国政权的建立。为了满足政治竞争的需求，这些政权多选择与中原王朝结盟，当他们政权强盛时便可与中央王朝对抗和竞争，争取自身利益。那些社会内部政治整合失败、缺少强有力中心政治的弱势政权，便因着地缘等方面因素常常附于近旁的强势政权，最终融入王朝中央统治。如魏晋时期，鲜卑人积极自主地融入"诸夏"社会，加速了其社会封建化进程，这很难说属于特例，因为很多"夷狄"建立政权并试图控制更大区域时，大多自比"黄帝"、"秦"或"汉"等"诸夏"王朝政权之苗裔，以寻求其政治合法性。这一过程也常常得到来自中央"诸夏"后人的扶持和帮助，正如有学者指出的"创造世界帝国，包融各民族于一炉，原是古来许多民族及宗教的共同理想"①，"夷狄"获得中原王朝一统政权后建立具有广泛包容性的王朝政权事实上并非不可理解，实为政治实力之保障。在"诸夏"发展之时，"四夷"社会的成长亦未停止，其自身的政治力量消长亦未停歇，同时处于竞争状态的政权总是通过与中原中央王朝建立朝贡或藩属关系以满足各自的政治经济文化需求。千年来王朝中国就这样不断上演着"分久必合，合久必分"的历史悲喜剧，以"诸夏"为起点的汉人群体发生着滚雪球式的扩展。与其同时，在这一历史进程中，"夷狄"社会内部也演绎着政治整合分化的动态历史进程：他们的一部分不断"向化"，通过不同方式和渠道融入"诸夏"，为"诸夏"群体的规模扩张做出了贡献。出于政治统治稳固需求，"大一统"的"诸夏"内部整合也会加速，就是在元、清这样由北方游牧者建立的王朝，也并未着意打断"诸夏"社会文化的整合，统治阶级间的联盟表现得更为突出。

王朝中国时期，从族类群体发展的角度来看，"大一统"中央政权为"诸夏"的整合和一体化提供了特定的政治框架，同时，"因俗而治"的王朝政治治理方式也使"诸夏"周边的"夷狄"能够完成本身的社会整合历程。以"诸夏"为基础的中央王朝不断开疆拓土，扩大着对"诸夏"周边地区的影响，数百年前被称为"夷狄"的群体可能已融入"诸

---

① 萧启庆：《内北国而外中国》，中华书局，2007，第16页。

夏",而曾经没有多少人认知的"远人"群体则成为有具体称谓的"夷狄"。从长时段的历史来看,"诸夏"与"夷狄"之间的区分和类别化完全是一个动态的历史过程,这一过程持续至清末才开始为"民族国家"理论所改造。在漫长的王朝中国历史进程中,"夷狄"的社会无论是在政治制度,还是经济繁荣上,或是文化发展方面,大多都会在与中原中央王朝竞争中衰落。在特定的历史阶段,北方的游牧部落常常因其特有的生计方式而具有军事上的优势,并对中央王朝统治的强固和持续产生直接的影响,这与分布于南方山地的族类共同体大为不同。

明王朝建立,元帝北走,"尊夏攘夷"和"华夷之辨"似乎再度占据社会舆论的主流,毕竟经历百年的元代统治,族类共同体多样性的互动业已成为社会生活的寻常景象。明初统治者虽打起"尊夏攘夷"大旗,但是,仍然不得不承认元王朝的正统性、合法性和天授性。明后期基本已打破了"华夷有别""华优于夷"等传统观念,明末传教士带来的西方文明和新的地理知识,使一些人认识到中华文明之外还有别样的文明存在。① 当然,"大一统"理念仍然占据王朝政治生活的主导地位,清王朝入主中原,"华夷之辨"说在一些地区再次高涨,特别是因有郑成功据台"反清复明"行动,忠于前朝的士绅等便通过各种渠道搜集信息,宣传明朝的正统性和政治合法性,宣称清不可代明在族类共同体差别上的缘由。似乎向"民族主义"迈进了一大步,但是,这一进程随着清王朝政权的巩固而日益消解。顾炎武在《日知录·正始》中对此现象的解读更为精当,他认为中国历史上"有亡国,有亡天下,亡国与亡天下奚辨?曰:易姓改号,谓之亡国;仁义充塞,而至于率兽食人,人将相食,谓之亡天下。……是故知保天下,然后知保其国。保国者,其君其臣肉食者谋之。保天下者,匹夫之贱,与有责焉耳矣"。顾氏看尽王朝演替之后指出国是一家一姓之国,天下则是百姓的天下,而国之兴亡则是那些达官贵人们的事,只是天下的兴亡才关乎百姓的日常生活。因此,朝代的更迭并不影响寻常百姓对"大一统"或"天下"的认知,也

---

① 张兆裕:《明代的华夷之辨》,陈支平主编《第九届明史国际学术讨论会暨傅衣凌教授诞辰九十周年纪念论文集》,厦门大学出版社,2003,第272~278页。

限制了狭隘民族国家观的形成。尽管汉以来所谓"夷狄比如禽兽，得其善言不足喜，恶言不足怒也"等说法多有记载，甚至在各朝各代都不乏不同族体之间的歧视、压迫或强迫融合事件的发生，但是，最终各不同族体在"大一统"王朝政治格局下共为臣民、共同合作，以至发生规模有大有小的族体融合。"华夷一家"的历史发展大势在王朝政治格局统制中持续演进，这里只有不同族体统治阶级的合作与利益需求，寻常百姓在共为臣民中只有服从王权一途。

有史以来，王朝中国并不缺乏多族间的联合和融通，"大一统"王朝政治格局造就了"多元一体"的基本历史格局。这一格局的持续直到清末才受到严峻挑战，伴随着国家政治转型，国家的边界在条约世界中日益清晰化，不再是历史上无边无际盈缩仅凭中央政权实力的"天下"。于是，在一片"保国""保种"的呼声中，狭隘民族国家观也日益扩大其影响，并成为革命派社会动员的重要工具，"五方之民"从族类共同体差异向民族差异转化。在"西来"民族国家观指导和革命目的指引下，先是"汉"自认一"民族"并视"满"为对立"民族"，清王朝顺理成章成为一压迫民族政权，随之蒙、回、藏、苗等"夷狄"均被"民族"化。正是由于这一原因，当时西人亦以为王朝中国将会分为几个不同的"民族国家"才更符合其所认知的民族国家观。

**（二）"中华民族国家"①的建构与民族团结的提出**

"团结"在中国是一个古老的词语，唐朝时曾经作为名词指称地方民兵丁壮组织或士兵组织，后又有组织、联合、集结之义，如南宋尤袤《淮民谣》写有："东府买舟船，西府买器械，问侬欲何为，团结山水寨。"②"民族"一词亦古已有之，但并非"千百年来大家习用"之词，至晚清以后才开始逐步作为追溯历史上"族类"共同体的名词："……'族'字在春秋战国时期的含义变化以及秦汉以降的使用对象，的确形成了人以'族分'，民以'族聚'的传统观念。""先秦文献中的'族'在春秋战国时期的含义变化形成了与我们今天耳熟能详的'民族'的渊

---

① 指包括满、蒙、回、藏、苗等族在内的各民族团结一致的现代主权国家。使用这一概念主要是为了与革命派所宣称的仅包括汉族在内的"中国民族""中华民族"相区别。

② （清）厉鹗辑《宋诗纪事》（2），上海古籍出版社，2008，第1204页。

源关系和内在联系。"① 晚清时期，在工业革命中发达的西方列强，以占有市场和资源为核心目的，用坚船利炮打破古老的王朝中国大门，将这个在王朝兴替中延续千年的社会卷入世界资本主义洪流，王朝国家社会生活适应资本主义时代的转型由此被迫展开。国家政治转型成为社会生活转型的一个关键，国家政治转型使曾经共为王朝臣民的各族类群体关系被重置，民族、国家新价值观和新话语与传统社会的族类观和族际关系历史资源结合，成为影响国家新型政治继承王朝国家领土、人民和文化遗产的重要因素，并逐步形成新的民族观。

新型民族观的应用和民族团结的提出最初服务于"国富民强"的目标，辛亥革命先驱者们直接将新民族观和民族团结应用于推翻清王朝统治，提出建立"皇汉民族新国家"②，当时也有人提出如何培育"国民团结力"问题。③ 革命者在激烈的"排满"中日益将王朝中国传统的族类观与资本主义时代民族国家观结合起来，最初发展出一套种族民族主义思想，倡导树立汉种或汉民族意识，团结汉族共同推翻清王朝政府，构建汉族国家。同时将"华夷"认知框架中的"五方之民"关系转化为具有现代性意义追求的"民族"框架，具有现代特征的民族和民族主义也从多个层面在社会中滋长。

清末动荡的社会，似乎使革命派的民族国家建构行动获得了最好的条件，"驱逐鞑虏，恢复中华"，目标明确，当时革命派所说的"中国民族"、"中华民族"或"国族"均指向"五方之民"的"诸夏"之裔，认为"诸夏"已经在革命派的理论中汉民族化。武昌起义之后的政治变革却并未支持这样一个"汉民族国家"目标。在涉及领土主权的满、蒙、回、藏问题的影响下，"恢复"汉民族"中华"的行动很快为"五族共和"政治所取代，尽管"五族共和"后来被孙中山视为一个错误。④ 然而，"五族共和"在民初仍然以《宣言书》这样的高度政治性行动向

---

① 郝时远：《类族辨物——"民族"与"族群"概念之中西对话》，中国社会科学出版社，2013，第 19 页。
② 邹鲁编著《中国国民党史稿》（中），中国出版集团东方出版中心，2011，第 662 页。
③ 易溍：《国民团结力之育成法》，《晋乘》1907 年第 1 期。
④ "自光复之后，就有世袭底官僚、顽固底旧党、复辟底宗社党，凑合一起，叫做五族共和。"《孙中山全集》（下），三民公司编辑，1927。

全社会提出，"合汉、满、蒙、回、藏为一国，即合汉、满、蒙、回、藏诸族为一人，是曰民族统一"。① 近年来，宪法学研究成果也指出《清帝逊位诏书》在中华民国权利合法性上的重要意义，肯定了王朝政治力量本身在促进实现"五族共和"中的重要历史作用。②

"五族共和"的提出并在法律上的确认，一定程度上纠正了"排满"革命过程中对传统居民关系的撕裂，也在国家政治目标层面化解了"五方之民"后裔在王朝中国转型中民族化带来的张力。历经辛亥革命，清王朝政权被推翻，中央政府政治权威未能迅速建立起来，中国国家政治转型仍然受到"大一统"政治历史的深刻影响。虽然辛亥革命后的中国进入民族国家的建构进程，其所构建者并非西人"一个民族一个国家"，人们试图在"五方之民"民族化之后，再将其打造成一个统一"民族"的中华民族国家。当时，人们对如何达成这一目标虽然还没有找到具体的路径，但其目标却很明确。正是"五族共和"推动了以建立汉民族国家为目标的辛亥革命转变为全面承继清王朝领土遗产，将"五方之民"整合在一个主权国家中，建构包括汉满蒙回藏诸族的"中华民族国家"的行动，而不是一个单纯的汉民族革命运动。从这个意义上来说，清末民初，中国民族民主革命表现为各民族联合起来将神仙皇帝拉下马；中华民国建立后，摆脱臣民地位，获得民主权力成为各民族的社会目标。

构建"五族共和"的"中华民族国家"，一方面要尽可能继承清王朝时期"王土"的历史遗产，另一方面联合"王土"之上"五方之民"为中华民族已成为历史大趋势。"五方之民"民族化进程和抗日战争条件下各民族团结为一个"中华国族"进程相互竞争、相互影响，最终使"中华民族多元一体"现代格局得以形塑初成。

民国的建立消解了激烈排满的基本社会政治条件，"五族共和"成为民初国家避免裂土裂民并推动各族重新整合的重要旗帜，在民初社会政治秩序建设中产生了巨大影响。民初政府在其所发布的《中华民国临

---

① 《临时大总统宣言书》，《孙中山选集》，人民出版社，1956，第 90 页。
② 高全喜：《立宪时刻——论〈清帝逊位诏书〉》，广西师范大学出版社，2011。支振锋：《民族团结与国家统一的法律确认——辛亥革命中的清帝〈逊位诏书〉》，《理论视野》2011 年第 10 期。

时约法》和袁世凯"劝谕蒙藏令"等文本中，从保全领土和人民角度，申明"五族共和"，宣布各族"同为我中华民国国民"，并提出"民国建设，联合五族。组织新邦，全赖各民族同力同心，维持大局，方能富强日进、巩固国基"①，与晚清辛亥革命党人激烈排满中提出的汉民族团结思想相较，民初的民族团结已是指向基于相同国民身份的各民族之间"同力同心"，国民之间的平等业已提出并逐步为社会所接受。民国年间的军阀混战、各帝国主义势力对中国的左右、国内各种政治力量的较量，使民族团结目标空置，无论是各族自身的团结还是各民族之间的团结均未真正实现，在失序的国家政治中社会分裂日益加深。

民国时期的中国已处于"西来"现代民族国家观念和理论对传统政治冲击和改造的初期，辛亥革命未能建立起汉民族国家而是在民国初年转求"五族共和"，于是，政治和社会转型中便面临了民族之间和民族内部的团结的双重问题。其中，民族之间的团结对国家主权独立和领土完整的目标追求成为至关重要的影响，边疆民族问题正是在主权国家建构的背景下突出地成为时人关心的事关国家前途命运的重要议题。从民国时期出版的刊物主题分类来看，20 世纪 20 年代对于团结的关注和讨论还较为薄弱，但是，1924 年孙中山已提出民族政策，宣称"中国民族自求解放"并"中国境内各民族一律平等"。1928 年国民党执掌全国政权，建立国民政府之后，尽管在政区规划、社会建设等方面均有一定的作为，终究因政府行政力、政权性质等限制无法满足国家现代转型需求，在"攘外安内"政治氛围中无法实现各民族新整合，也有人提出推行国语强化民族团结之说，称"言语不统一，是民族团结的障碍"②。

20 世纪 30 年代以后，特别是抗战的特定情势，唤起了人们对团结重要性的意识，据不完全统计，1930～1949 年，各种刊物中有 4000 多份文献与团结议题相关，其中有的文章讨论的民族观和团结观已相当深入，极具时代特征和对国家长远命运的关怀。有的作者从什么是民族入手，在理论上分析民族团结的生成，从而指出："民族是混合多种族，在共

---

① 《中国大事记》，《东方杂志》第 9 卷第 5 号，1912 年 9 月。
② 《读者注意：言语不统一，是民族团结的障碍》，《华联旬刊》第 3 卷第 3 期，1933 年 1 月。

同的思想、情感及共求生存的目标下，集结而成的。民族与种族的含义是不一样的，种族的形成，是自然的事实，民族的结合，是人为的组织，种族与种族的区别，是形体的、外表的，民族与民族的结合，是精神的，内在的。"民族"能团结不散，蔚为强国，不仅是受着物质要素的维系，而尤其是由于精神要素的支配，我要使一个混合多数种族而成功的民族，达到坚实的团结，不能不在精神方面造成一致的信仰，一致的欲求，一致的目标"。"民族团结的要素有物质与精神的两方面。属于物质方面的，是土地、气候、经济条件、人口密度、职业上的相互关系……物质上的共同之点，是民族团结的基础，精神上的密切一致是民族团结的内在要素。"并提出了以"坚三民主义"作为出发点，确立近代中国哲学新体系，以文学光明之面引导全民族的统一，以三民主义为一切政治制度的最高原则，确立法治制度以产生良好的政治机构，发挥教育在民族团结中的作用，以民治国家精神消除政府与民众间的隔阂。① 1937 年，顾颉刚先生更是直言："中国成为一个独立自由的国家，非先从团结国内各种族入手不可"，因为内在大众普遍有"以汉人为中国本位而排屏他族于中国之外的态度"，同时，他指出了汉人在民族团结上应有的行动，"我们汉人如果能用了平等的眼光和同情心来看国内各族，如果能认识时代的需要来唤起他们的民族情绪，那么，我们便应当彻底废除'附庸'的谬见，尽力增进彼此的了解，使得国内各族确能团结而成为一个坚固的民族"。在具体促进民族团结措施上，他认为应增进边疆建设，其中包括经济建设、文化建设、消除"旧有汉人的腐败势力"、从国家大局出发、培养边地人才、发展不违背边地习俗的教育等。②

在抗战的大历史背景下，以及国共合作等政治环境变迁中，民族团结成为重要的社会追求，在理论和实践不同层面复杂展开，成为缔造统一多民族当代中国最为关键的历史阶段。

在抗日战争前后，"民族团结"成为更紧迫的社会主题，"中国全民族"精诚团结以求生存成为重要社会目标③，1936 年沈钧儒等的"七君

---

① 王平陵：《民族团结的基本要素》，《东方杂志》第 35 卷第 7 号，第 23～26 页，1938 年 4 月。
② 顾颉刚：《中华民族的团结》，《实行》新 2 第 9 期，第 12～14 页，1937 年 1 月。
③ 《边疆形势与民族团结》，《蒙藏月报》第 1 卷第 5 期，1934 年 8 月。

子"案亦被称为民族内部团结的试金石①，到 1937 年有作者已将各民族团结与民族复兴相关联，并明确提出："……我们国内各民族，都是整个中华民族体系的一个细胞，不管那一个受了危害，全部都有动摇的可能；同时敌人唯一惧我们的，就是我们民族的团结，反过来说，我们民族的团结，也就是我们民族求生存的唯一武器……"② 国共两党也在中华民族全民族团结目标指引下开展第二次合作，以期共同抗日，中华民族团结由此进入一个新的历史阶段。当时，著名学者顾颉刚提出"民族是心理的现象，指着一个人群的团结情绪而言"，他认为要使中华民族团结起来，边地知识青年应担负并容易着手的三项工作："表彰并推广各族优良文化""搜集并创作各族共有的中国通史""建立为各族求自由平等的舆论机关"，同时政府需要加意完成的工作"……如兴办学校及民众教育，使边民的知识增高，便利交通，提倡旅行，使边民与内地人士的接触加密，都是团结工作所不可少的"。③ 各民族地区民族间的团结问题也得到讨论，如汉蒙、汉藏、回汉等民族团结成为人们解决边疆问题，维护国家统一和独立的重要着力点。正是抗日战争，使得各民族在平等基础上的团结成为时代最紧迫的任务。尽管国共两党在达成民族团结路径选择方面有着巨大差异，在谋求抗日救国共同目标条件下，追求和推动民族团结具有相当一致性。

民国时期人们对民族团结的讨论不仅受到中国传统观念的影响，也已渗入平等、自由、民主的以现代性为标志的观念，为新中国民族团结的推进创造了全新的环境条件。民国时期是中华民族国家发展的一个重要时期，民族团结是国共两党均需要坚持的一个基本原则，只有坚持了这一原则，主权和中华民族国家（或包括各民族在内的中华民族）的国际地位才可能确立，独立的中华民族国家才可能实现。有国外学者指出："军事安全乃是持久和平不可少的一部分；可是只有军事安全是不足以确保一个在政治思想上紊乱的国家的安全的。反之，一个在政治思想上清晰的国家可以把它军事上的弱点弥补到惊人的程度，中国能够遏阻日军的突击而且还能逼着他们不得不从事长期作战，是因为国共两党虽然

---

① 　云：《民族团结的试金石》，《国民》第 1 卷第 8 期，1937 年 4 月。
② 　林：《民族复兴与民族团结》，《康藏前锋》第 4 卷第 6 期，1937 年 2 月。
③ 　顾颉刚：《如何可使中华民族团结起来》，《西北文化》1947 年第 1 期。

不和，他们却都认识到那即将来的危机因而捐弃成见。"① 政治力量的团结以及中华民族团结是现代中国最终胜利的根本因素。当时在如何达成民族之间的团结，国共两党的路径选择有着很大差别。国民党选择赤裸裸的"同化"政策作为达成民族团结的基本措施，并以维护统治阶级利益为导向；中国共产党则选择"平等"理念基础上各民族的团结，以维护最广大劳动人民的利益。

孙中山在其有生之年，一直坚持"汉民族主义"思想，他更强调汉民族的发展，遵从汉族中心的逻辑，他认为可"使藏、蒙、回、满同化于汉族，建设一个最大的民族国家者，是在汉人之自决"②。国民党继承了孙中山的汉族中心主义思想，因此 1929 年 3 月，在国民党第三次全国代表大会通过的《对于政治报告的决议案》指出：蒙藏新疆"在历史上地理上及国民经济上则固同为中华民族之一部，而皆处于受帝国主义压迫之地位者也"。"中国境内之民族，应以互相亲爱、一致团结于三民主义之下，为达到完全排除外来帝国主义之唯一途径。诚以本党之三民主义，于民族主义上，乃求汉、满、蒙、回、藏人民密切团结，成一强固有力之国族，对外争国际平等之地位。于民权主义上，乃求增进国内诸民族自治之能力与幸福，使人民行使直接民权，参与国家之政治。于民生主义上，乃求发展国内一切人民之经济力量，完成国民经济之组织，解决自身衣、食、住、行之生活需要问题也。"③ 国民党的中心原则是在中华民族国家的建构中，将藏、蒙、满、回等群体融合入汉族，这也是后来蒋介石关于边疆各族是汉族的大小宗支说的思想基础。

中国共产党亦以建构中华民族国家为目标，在实现这一目标进程中，承认各民族之间有平等的政治地位，强调各民族在平等相待中联合一致。中国共产党早期由于受到国际共产主义运动的影响，使用了清末以来"五方之民"民族化的成果，接受民族观念和民族平等、民族自决处理民族问题的原则，并以联邦制为解决各民族联合的政治途径。但是，由于红军长征中与西南、西北地区苗、彝、藏、回等民族社会产生直接接

---

① 〔美〕拉铁摩尔：《亚洲的决策》，曹未风译，商务印书馆，1962，第 105 页。

② 《中山全书》，上海中山书局，1937，第 140 页。

③ 荣孟源主编《中国国民党历次大会及中央全会资料》（下册），光明日报出版社，1985，第 646 页。

触且革命队伍中不断有苗、彝、藏、蒙、回等民族成员的加入，中国共产党以民族平等理念为基础，依据中国社会实际解决民族问题的探索围绕中华民族国家建设这一核心不断展开，各民族人民的团结和凝聚日益成为中国共产党领导民族民主革命的重要内容。中国共产党历经 28 年的奋斗，终于实现了其构建中华民族国家的理想，中国在历史传统、特定的社会境遇等条件约束下，校正了西人"一个民族一个国家"理论的影响。"五方之民"后裔联合起来，建立了独立自主的中华民族国家——中华人民共和国。在此期间，中国共产党人始终坚持民族平等、民族团结的原则，正是这一原则保障了中国共产党人推动国家发展的行动不断取得成效，从一个胜利走向另一个胜利。

总之，中华民族国家——中华人民共和国的成立，使"中华民族多元一体"的当代格局形成，使民族团结在民族平等基础上达到新水平、新高度和新境界，各民族共同发展繁荣有了强大的制度保障。团结一切可以团结的力量，是中国共产党领导中国革命和建设的一个极其重要的指导原则，也是中国革命和建设胜利发展的基本经验之一。民族团结是其中不可替代的组成部分。

### （三）马克思主义经典作家所论民族团结及启示

在马克思主义经典作家看来，民族团结特别是民族内部的团结更多时候是资产阶级的工具，列宁认为殖民地在争取解放战争的情况下仍然需要强调民族，也就是说民族利益和民族团结对于一个受压迫和剥削的民族而言仍然是正当的。马克思最著名的论断称"工人没有祖国"，他更强调工人阶级在社会主义和国际主义旗帜下的团结，而不是民族团结，列宁也曾指出："'工人没有祖国'——这就是说：（α）他们的经济地位（雇佣劳动制）不是民族的，而是国际的；（β）他们的阶级敌人是国际的；（γ）他们解放的条件也是国际的；（δ）他们的国际团结比民族团结更为重要。"① 1847 年马克思在纪念 1830 年波兰起义的讲演中提到"要使各民族真正团结起来，他们就必须有共同的利益。要使他们的利益一致，就必须消灭现存的所有制关系，因为现存的所有制关系是造成一些

① 《列宁全集》（第 47 卷），人民出版社，1990，第 458 页。

民族剥削另一些民族的原因；对消灭现存的所有制关系最关心的只有工人阶级。只有工人阶级能够做到这一点。无产阶级对资产阶级的胜利也就是克服了一切民族间和工业中的冲突，这些冲突在目前正是引起民族互相敌视的原因。因此，无产阶级对资产阶级的胜利同时就是一切被压迫民族获得解放的信号"①。也就是说，民族团结并非如同当时资产阶级自由贸易派所说的那样可以自然达成，或者说并非资产阶级理解的那样，民族团结只有在民族压迫和剥削被消灭的条件下才可能实现，各民族团结与无产阶级战胜资产阶级同时实现。从这一理论判断来思考，在社会主义初级阶段的中国，民族团结的实现仍然受到社会权力关系变动的直接影响，在一定条件下民族身份仍然是社会利益竞争中动员支持者的基本法门，但是在无产阶级专政的政治条件下，民族团结必须是各民族人民的团结，与各民族人民根本利益的保障密切相关。当然，马克思恩格斯也曾论及古代社会民族团结，但仅是指出古代民族团结达成的物质关系和物质基础而已。

如果从马克思主义经典作家理论发展本身来看，他们大多基于不同的社会环境，从资本主义社会关系和工人阶级运动来谈论民族团结问题，基本上可以分为两个时代来观察。在马克思恩格斯时代，马克思恩格斯主要基于欧洲国际工人运动和共产主义理论来讨论民族团结，通过《新莱茵报》指导德国无产阶级和民主力量反对封建反动势力的斗争，密切关注欧洲其他国家的革命运动，积极支持民族解放运动。站在无产阶级政党和工人阶级的角度讨论各民族联合和结成兄弟同盟，并积极推动国际性的工人阶级联合。马克思曾指出民族团结的阶级特征②，恩格斯则进一步指出："真正的无产阶级政党现在正在各地提倡各民族的兄弟友

---

① 《马克思恩格斯全集》（第4卷），人民出版社，1958，第409～410页。
② "各民族的联合和兄弟联盟，这是目前一切派别，尤其是资产阶级自由贸易派的一句口头禅。的确，现在存在着一种各民族资产阶级的兄弟联盟。这就是压迫者对付被压迫者的兄弟联盟、剥削者对付被剥削者的兄弟联盟。一个国家里在资产阶级各个成员之间虽然存在着竞争和冲突，但资产阶级却总是联合起来并且建立兄弟联盟以反对本国的无产者；同样，各国的资产者虽然在世界市场上互相冲突和竞争，但总是联合起来并且建立兄弟联盟以及反对各国的无产者。……无产阶级对资产阶级的胜利也就是对民族冲突和工业冲突的胜利，这些冲突在目前使各国互相敌视。因此，无产阶级对资产阶级的胜利同时就是一切被压迫民族获得解放的信号。"《马克思主义经典作家民族问题文选·马克思恩格斯卷》（上册），社会科学文献出版社，2016，第158页。

爱，用以对抗旧的赤裸裸的民族利己主义和自由贸易的伪善的自私自利的世界主义"，"共产主义民主"是将各国无产者真正结成兄弟的旗帜，全世界无产者有共同的利益和共同的敌人，面临着同样的斗争，"所有的无产者生来就没有民族的偏见，所有他们的修养和举动实质上都是人道主义的和反民族主义的。只有无产者才能够消灭各民族的隔离状态，只有觉醒的无产阶级才能够建立各民族的兄弟友爱"。① 在具体指导工人运动进程中，马克思批评过那种不重视各国工人在解放斗争中团结的现象，并指出各国在工人解放斗争中结成兄弟般团结的重要性。② 可见，在马克思恩格斯时代，他们所关注和强调的主要是欧洲民族国家内不同国家间工人阶级在工人运动中的联合和结盟，其终极目标则是消除阶级和民族的差别的根源——私有制，实现共产主义，并实现民族、阶级和国家随之消亡的目标。

列宁斯大林时代，民族团结不仅要面对工业一线的阶级团结，还要处理大量的农民阶级与工人阶级的结盟或团结。因此，列宁首先关注工人阶级的团结和统一，在推动革命实践进程中，列宁不仅继承了马克思主义关于各民族工人阶级紧密团结的思想，还在指导革命实践中回答了如何团结的问题。列宁认为"在各民族享有最完全的平等和国家实行最彻底的民主制的条件下使所有民族的工人统一起来"，这种统一是靠认识的提高③和思想觉悟，即"消除资本主义所造成的各民族间的隔阂具

---

① 《马克思主义经典作家民族问题文选·马克思恩格斯卷》（上册），社会科学文献出版社，2016，第99页。

② "忽视在各国工人间应当存在的兄弟团结，忽视那应该鼓励他们在解放斗争中坚定地并肩作战的兄弟团结，就会使他们受到惩罚，——使他们分散的努力遭到共同的失败。……工人阶级的解放既然要求工人们兄弟般的合作，那么在那种为追求罪恶目的而利用民族偏见并在掠夺战争中洒流人民鲜血和浪费人民财富的对外政策下，他们又怎能完成这个伟大任务呢？使西欧避免了为在大西洋彼岸永久保持和推广奴隶制进行可耻的十字军征讨冒险的，并不是统治阶级的智慧，而是英国工人阶级对于他们那种罪恶的疯狂行为所进行的英勇反抗。"《马克思恩格斯文集》（第3卷），人民出版社，2009，第13~14页。

③ 即认识到："资本家和地主总是千方百计地想分化各民族的工人，而这个世界上的强者自己，却相处得很好，这些'收益丰厚'、拥有百万巨资的'企业'（象勒拿金矿之类）的股东——无论是正教徒还是犹太人，无论是俄国人还是德国人，无论是波兰人还是乌克兰人，只要是拥有资本的，都在同心协力地剥削各民族的工人。"《列宁全集》（第23卷），人民出版社，1990，第140页。

有必然性和进步性"①，"所有民族的工人要是不在一切工人组织中实行最紧密彻底的联合，无产阶级就无法进行争取社会主义的斗争和捍卫自己日常的经济利益"。② 而且，在这种无产阶级觉悟中不容任何民族主义存在③，需要对抗各种资产阶级的民族主义，列宁在推进苏维埃革命实践中还总结指出："任何民族的无产阶级只要稍微拥护'本'民族资产阶级的特权，都必然会引起另一民族的无产阶级对它的不信任，都会削弱各民族工人之间的阶级团结，都会把工人拆散而使资产阶级称快。"④

由于各民族工人阶级团结起来才有力量，而且需要组织起来，"工人阶级的利益要求一国之内各族工人在统一的无产阶级组织——政治组织、工会组织、合作—教育组织等等中打成一片。只有各族工人在这种统一的组织中打成一片，无产阶级才有可能进行反对国际资本、反对反动派的胜利斗争，粉碎各民族的地主、神父和资产阶级民族主义者的宣传和意图，因为这些人通常都是在'民族文化'的幌子下，贯彻反对无产阶级的意图的。全世界的工人运动正在创造而且正在日益发展各民族共同的（国际的）无产阶级文化"。⑤ 可见，各民族工人阶级的团结以阶级利益维护为基础。⑥

---

① 《列宁全集》（第 24 卷），人民出版社，1990，第 98 页。
② 《列宁全集》（第 23 卷），人民出版社，1990，第 331 页。
③ "无产阶级不能支持任何巩固民族主义的做法，相反，它支持一切有助于消灭民族差别、消除民族隔阂的措施，支持一切促进各民族间日益紧密的联系和促进各民族打成一片的措施。不这样做就站到反动的民族主义市侩一边去了。"《列宁全集》（第 24 卷），人民出版社，1990，第 138 页。
④ 《列宁全集》（第 25 卷），人民出版社，1990，第 253 页。
⑤ 《列宁全集》（第 24 卷），人民出版社，1990，第 61 页。
⑥ 列宁指出："在民族问题上，与资产阶级民主制宣布民族平等（这在帝国主义条件下是不能实现的）不同，俄共的政策是坚定不移地使各民族的无产者和劳动群众在他们推翻资产阶级的革命斗争中相互接近和打成一片。沙皇和资产阶级的大俄罗斯帝国主义时代遗留下来的对大俄罗斯人的不信任，在先前加入俄罗斯帝国的各民族和劳动群众中正在迅速消失，正在随着对苏维埃俄国的了解而消失，但这种不信任并不是在所有民族的所有劳动阶层中都已完全消失。因此，必须特别慎重对待民族感情，认真地实行各民族的真正的平等和分离的自由，以便消除这种不信任的基础，而使各民族的苏维埃共和国结成一个自愿的最紧密的联盟。必须加紧帮助落后的弱小民族：协助每个民族的工人和农民独立地组织起来，启发他们去反对中世纪制度和资产阶级的压迫，并且协助那些在此以前受压迫的或不平等的民族发展语言和图书报刊。"《列宁全集》（第 36 卷），人民出版社，1985，第 86 页。

斯大林从俄国无产阶级革命和建设的角度全面继承了马克思关于各民族工人团结的思想，他曾指出："为了无产阶级的胜利，必须不分民族地把一切工人联合起来。很明显，打破民族间的壁垒而把俄罗斯、格鲁吉亚、阿尔明尼亚、波兰、犹太和其他民族的无产者紧密团结起来，乃是俄国无产阶级胜利的必要条件。俄国无产阶级的利益就是如此。"[1]斯大林视工人的民族间团结原则为解决民族问题的一个必要条件。为着维护无产阶级整体利益，在促进工人阶级团结的路径上，斯大林也明确提出以维护无产阶级利益的"跨民族的组织形式"超越"民族的组织形式"，以实现拥护国际主义的最强有力的鼓动目标。[2]斯大林还强调了工农间的联盟和团结，他指出："十月革命的力量之一，就在于它和西方的历次革命不同，它把千百万小资产阶级群众，首先是把他们中间最强大的人数最多的阶层——农民团结在俄国无产阶级的周围。因此，俄国资产阶级就陷于孤立，失去了军队，而俄国无产阶级就变成了国家命运的主宰者。不这样，俄国工人就保持不住政权。"[3]

在马克思主义经典作家那里，无产阶级或工人阶级的团结是他们关注民族团结的最关键的内容，他们明确指出无产阶级或工人阶级团结的达成并非自然生成，需要思想觉悟的提升、充分的组织和具体政策的保障。如果说马克思时代无产阶级或工人阶级团结还处在工人运动兴起阶段的话，"全世界无产者团结起来"更多的还是号召和倡导，还没有工人阶级在多民族国家获得政权并进行过实践；列宁斯大林时代已是无产阶级或工人阶级在夺取政权过程中团结起来，其所面对的是在更为具体的政治、军事斗争中如何施策。因此，他们在关于如何实现工人阶级团结方面有更敏锐的观察和理论总结。与此同时，他们都指出了无产阶级或工人阶级的团结进程需要对抗资产阶级的民族主义，克服民族偏见，保障民族平等。

总之，从思想渊源上来说，影响当代中国民族团结的思想不仅来自传统王朝中国"五方之民"历史关系处理中形成的积淀千年的思想观

---

① 《斯大林全集》（第1卷），人民出版社，1953，第30页。
② 《斯大林选集》（上卷），人民出版社，1979，第116～117页。
③ 《斯大林全集》（第5卷），人民出版社，1957，第91页。

念，还来自清末民初西学东渐过程中传入的西方资产阶级民族主义思想理论，以及马克思主义经典作家的理论论断和中国共产党在推动民族民主革命及社会主义建设进程中获得的理论成果。

**（四）20 世纪 80 年代以来国内学界关于民族团结的讨论**

中华人民共和国成立以来，基于国家政治的发展和建构现实，特别是国民党政权避居台湾，国际政治进入冷战格局的特定历史环境，中国社会关于民族团结的侧重点更多放在保障民族平等原则下全面构筑消灭剥削和压迫的社会关系实践进程中，关于民族团结的学术讨论并不多见。20 世纪 80 年代，关于民族团结的内容更多见于政府倡导而深入讨论内容涉及社会行为原则，或者视如民族关系，或者是关于多民族和民族团结必要性等方面的讨论。受观念、理论工具、信息获得及观察视角等因素的影响，关于什么是民族团结，怎样才算民族团结，什么条件下的民族团结对多民族社会现代化更具实际意义、影响民族团结事件是如何发生、潜藏或发酵为不利于民族团结进步的历史因素等的深入研究则较为少见。

1. 关于什么是民族团结的讨论

受到马克思主义经典作家理论的直接影响，大多数研究者都是从利益的视角切入并结合反对剥削与压迫来解释和认知民族团结，认为民族团结"就是各民族人民基于共同的利益，在反抗民族压迫与剥削的斗争和社会主义的革命与建设中建立起来的友好的平等互助关系"①。更多的作者会从民族关系和阶级关系视角分析民族团结，认为："民族团结是指各民族人民在反对民族压迫剥削，促进民族共同繁荣的共同斗争中结成的平等互助的关系。"②"民族团结是指在民族平等基础上的各民族之间的团结、互助与合作，亦即各民族人民在反对阶级压迫和民族压迫，促进各民族共同发展繁荣的共同斗争中，在平等基础上结成的联合与联盟关系。"③

---

① 梁钊韬：《中国民族学概论》，云南人民出版社，1985，第 418 页。
② 张有隽：《民族问题基本知识》，广西民族出版社，1984，第 89 页。
③ 贾东海主编《马克思主义民族理论与政策五十年研究回顾》，甘肃人民出版社，2000，第 130 页。

　　进入 21 世纪后，随着民族理论研究拓展和观念更新，关于民族团结的研究有所深入，民族团结研究的专门性著作陆续出版，关于民族团结的学理讨论已经是民族关系讨论中一个相对独立的单元，有研究者从行为视角切入讨论民族团结，指出："民族团结就是民族与民族之间互动的一种行为模式。……民族团结是一个历史范畴，是民族与民族之间在互动中认同的整合关系。"① 更有研究者试图在更为广泛的时空中定义民族团结，指出："民族团结所要研究的对象，主要是历史上的和当前的各民族为了共同的利益而团结奋斗的思想和实践。……民族之间的团结是一种政治现象，它同其他方面的团结一样，通常是一种功利主义的结合。……民族团结关系问题属于历史范畴，是受社会生产力的发展，是受经济文化形态，特别是受阶级局限的影响与制约的，因此在不同的历史时期有不同的具体内容和表现形式，而且从总体上来说，不断前进和不断改善的。"②

　　有研究者则指出："民族团结，就是各民族之间平等相待，互相尊重，和睦相处，互助合作，共同致力于发展经济和各项社会事业，维护祖国统一，促进社会稳定。坚持民族团结是马克思主义民族理论的基本原则，也是中国共产党关于民族问题的基本观点和民族政策的基本内容之一。"③ 有的研究者还指出了民族团结与民族关系既相互联系，又有不同："民族团结不同于民族关系，但与民族关系有不可分割的联系，它是民族关系的一个方面、一个组成部分。民族团结主要表述为各民族为了共同的利益而团结奋斗的思想和实践；但与此密切相关的、旨在改善民族关系的思想和实践也应包括在内。"④

　　2009 年国务院新闻办公室白皮书称："民族团结是指：各民族在社会生活和交往中的和睦、友好和互助、联合的关系。民族团结要求在反对民族压迫和民族歧视的基础上，维护和促进各民族之间和民族内部的

① 徐杰舜主编《磐石：中国民族团结研究报告》，广西人民出版社，2007，第 58 页。
② 林干：《中国古代北方民族通论》，内蒙古人民出版社，2007，第 280 页。
③ 金炳镐、青觉编著《中国共产党三代领导集体的民族理论与实践》，黑龙江教育出版社，2004，第 35 页。
④ 王俊敏、王雄、李瑞：《内蒙古民族团结考察报告》，徐杰舜主编《中国民族团结考察报告》，民族出版社，2004，第 124 页。

团结，各民族人民齐心协力，共同促进国家的发展繁荣，反对民族分裂，维护国家统一。"① 从相关讨论可见，当代中国的民族团结是一种在现代多民族主权国家政治框架内联合一致的机制和状态，其总体目标为确保国家的统一和各民族的共同发展繁荣，这一目标的实现本身就需要以民族团结为基础。

2. 关于执政党领导层民族团结思想的讨论

执政党领导层在不同时期都曾论述过民族团结，对这些论述的研究成果颇多，内容包括毛泽东、周恩来、邓小平，以及第三代领导集体的民族团结思想。

毛泽东曾指出："国家的统一，人民的团结，国内各民族的团结，这是我们的事业必定要胜利的基本保证。"② 执政党的领袖们和领导层在各种场合都强调民族团结，并发表过很多与中国建构现代化国家的社会政治实践和新型民族关系相关的民族团结论断，这些论断不仅指出民族团结对于国家统一的重要性，还根据中国社会实际，指出了达成民族团结的一些重要条件，如反对大汉族主义或大民族主义，邓小平曾指出："只要一抛弃大民族主义，就可以换得少数民族抛弃狭隘的民族主义。……两个主义一取消，团结就出现了。"③ 1981 年中共中央在研究新疆工作时提出"汉族离不开少数民族，少数民族离不开汉族"的当代中国民族团结实态。1990 年，江泽民代表党中央在新疆视察时进一步提出：汉族离不开少数民族，少数民族离不开汉族，各少数民族之间也相互离不开。

3. 关于民族团结与民族平等关系的讨论

人们在关注和研究民族团结过程中，必然会关注和研究达成民族团结的基本条件。因此，民族团结与民族平等之间的关系便成为人们讨论的一个重要问题。有研究者指出："'民族平等是民族团结的前提和基础'这一命题的科学性是不容置疑的。"中国民族关系"平等、团结、互助的三大特征排列是科学的，也是辩证的。平等才能团结，团结才能

---

①　国务院新闻办公室：《中国民族政策白皮书》，人民出版社，2009，第 99 页。

②　毛泽东：《关于正确处理人民内部矛盾的问题》，《人民日报》1957 年 6 月 19 日。

③　《邓小平文选》第 1 卷，人民出版社，1994，第 163 页。

互助。互助实现的共同发展，将使民族团结更加深化和巩固，民族团结的不断加强将使民族平等原则得到更广泛的遵循和更深入的贯彻，从而形成社会主义民族关系的良性循环。这一循环的起点是民族平等，这一循环的终点也是民族平等，只不过是更高层次、更加充分的民族平等。"① 多数学者持民族平等是民族团结基础和前提的观点②，也有大量研究者将民族平等与民族团结并提③，来自于民族工作一线的研究者则表达了不同的观念，认为马克思主义民族观的核心是民族间的联合和团结，它与民族平等既有方向上的一致，又有主从关系的区别，更有性质和范围的不同。历史实践证明，各民族能否联合和团结，首先来自于各民族有没有共同命运、共同利益和共同目标，来自于共同奋斗中是否坚持执行民族平等政策，从来不是先平等后团结。还有的强调了不能将"没有民族平等就没有民族团结"的提法绝对化。④

4. 关于对影响民族团结负面因素的讨论

影响民族团结的负面因素在社会日常生活中大量存在，研究者在民族关系和民族团结等议题的讨论中多有涉及。《当前影响民族团结和社会稳定的因素分析》一文则相对集中地讨论了这一问题，作者认为影响民族团结和社会稳定的主要因素：民族地区经济文化相对落后，与发达地区差距拉大；一些民族地区人民负担过重；民族权益没有完全得到有效保障；少数民族风俗习惯与宗教信仰没有完全得到尊重；民族地区一些干部的工作方法欠妥，造成与群众的对立。⑤ 关于影响民族团结负面因素的研究一般都散见于民族关系和民族问题研究的成果中，很少有专论，大民族主义问题、干部问题均为人们观察民族团结的最重要角度，研究者们除了强调各民族干部之间的团结对民族团结有重要影响之外，也强调各民族干部之间的相互信任，有作者曾指出："在选拔民族干部

① 郝时远：《论民族平等与民族团结的关系——兼与李家秀同志商榷》，《民族研究》1995 年第 4 期。
② 金炳镐：《中国民族理论研究二十年》，中央民族大学出版社，2000，第 326 页。
③ 金炳镐：《中国民族理论研究二十年》，中央民族大学出版社，2000，第 324 页。
④ 王连芳：《民族工作战线必须高举联合团结的旗帜：浅论社会主义市场经济条件下民族问题和马克思主义民族观的核心》，《民族工作》1996 年第 1~2 期。
⑤ 段超：《当前影响民族团结和社会稳定的因素分析》，《中南民族大学学报》2003 年第 5 期。

标准上，应坚决改变那种只强调'老实听话，服从领导'，而对那些敢于思考，敢于为自己民族讲真话，向领导提批评意见的同志误以为有'民族情绪'，对他们不放心，不放手，不敢大胆提拔使用的倾向。"[①] 因为，"民族团结只能在政治上承认'民族'的基础上实现，56 个民族的政治地位是中国各民族互相认同的重要保障，也是各民族国家认同的重要保障。同时，有'民族'不等于'惟民族'，不能局限于大民族主义和狭隘民族主义，各民族要对自身进行自省，在反思中进而超越，在超越中寻求更高层面上的'重叠共识'"。[②] 在影响民族团结负面因素的研究中，人们除了关注中国社会内部在推动民族团结进步中要不断改进的工作方式外，对于国际社会的负面因素对民族团结的影响也给予了一定的关注和研究。

5. 关于经典作家论述民族团结的研究

中国共产党以马克思主义思想为指导，经典作家关于民族团结的理论论著也是当代中国民族团结理论和实践的重要理论源头。20 世纪 80 年代以来，随着学界对经典著作研究深度的推进，马克思主义经典作家民族团结研究成果也丰富起来。已有的成果普遍认为马克思主义主张消除民族剥削、压迫和隔阂，实现各民族无产阶级的联合与合作。民族平等和民族团结是马克思主义民族理论的根本原则和马克思主义民族观的核心。马克思主义民族团结理论是以世界工人运动整体利益和全人类的解放为出发点和落脚点来讨论民族团结，马克思主义经典作家所追求的民族团结具有阶级性、国际性和无产阶级革命性的突出特征。经典作家关于民族团结的理论以民族平等为基础，主张各民族在一切权利方面的完全平等，这些平等的实现依赖于剥削阶级和剥削制度的消亡，因此，只有在社会主义国家才能实现真正意义上的民族平等。列宁明确指出：马克思主义者作为最彻底的民主派承认民族平等和语言平等，"无产阶级团结的利益、工人的阶级斗争的同志般团结一致的利益要求各民族的最充分的平等，以消除民族间最微小的不信任、疏远、猜疑和仇视。充

---

① 王连芳：《民族问题论文集》，云南民族出版社，1993，第 213 页。
② 纳日碧力戈：《民族共生与民族团结——指号学新说》，《新疆师范大学学报》2012 年第 1 期。

分平等也包括否认某种语言的任何特权，包括承认各民族自决的权利。……各个民族和各种语言最充分的平等，直到否认国语的必要，同时坚持各民族最亲密的接近，坚持建立各民族统一的国家机关、统一的教育委员会、统一的教育政策（世俗教育！），坚持各族工人团结一致反对一切民族资产阶级的民族主义，反对以'民族文化'的口号作幌子来欺骗头脑简单者的民族主义"。①

　　6. 关于内蒙古民族团结的研究

　　关于内蒙古民族团结的研究成果也较为丰富。就系统和专门研究来看，最突出的成果为林干先生等编《内蒙古民族团结史》（远方出版社，1995）。该书以马克思主义的历史唯物主义和民族理论为理论工具，分析了自历史直到当代的内蒙古民族团结历程，并以近现代的蒙汉关系为重点，认为民族团结史是民族关系史的一个方面、一个组成部分。该书主要叙述历史上各民族为了共同利益而团结奋斗的思想和实践，并认为民族团结是一种政治现象，通常是一种功利的结合，团结具有层次的区别，有的是在总体利益一致下的团结，有的是在局部利益之下的团结，有的是特殊时间、地点、条件下的团结。民族团结问题属于历史范畴，受社会生产力发展、经济文化形态，特别是阶级局限的影响与制约，在不同的历史时期有不同的具体内容和表现形式，总结出内蒙古民族团结史的15 条脉络。作者认为当代中国的民族团结指各民族之间在共同利益的基础上结成的平等、互助、友好、合作的关系，古代民族团结表现于不同民族之间在政治、经济、文化等方面的相互接触、交往和影响。作者也明确指出，团结在本质上是一种功能的结合，并将和亲、盟约、羁縻、怀柔、归附、互市贸易等视为古代民族团结的形式。王俊敏、王雄、李瑞完成的《内蒙古民族团结考察报告》（载徐杰舜主编《中国民族团结考察报告》，民族出版社，2004）对内蒙古民族团结有较为系统的考察，并为本书的深入开展奠定了深厚的基础。本书诸多方面的理论思考也得益于他们的系统研究。此外，20 世纪 80 年代以来，以蒙汉两种文字发表的期刊论文近百篇，主题涉及民族团结文化、民族团结教育、民族团

---

① 《列宁全集》（第 25 卷），人民出版社，1988，第 153 页。

结进步创建等，从一些重要侧面对内蒙古民族团结进行了观察和总结。

总之，已有的民族团结研究中，理论研究成果虽然较为丰富，但是仍然缺少更为宽阔的视野和对中国经验理论总结的深化和系统化，相关的实证研究则缺少对影响民族团结行动者的全方面关注，对基层社会的深入观照尚待深化，对中国社会民族团结整体评估和评价也缺少成熟的定量工具。因此，我们目前的民族团结研究还有很大的发展空间，也有很多研究视点需要进一步拓展。

## 二　当代中国民族团结进步推动实况

历经抗日战争和解放战争的洗礼，1949 年 10 月，依据人民民主原则建立的中华人民共和国，宣布："中华人民共和国境内各民族，均有平等的权利和义务。""中华人民共和国境内各民族一律平等，实行团结互助，反对帝国主义和各民族内部的人民公敌，使中华人民共和国成为各民族友爱合作的大家庭。反对大民族主义和狭隘民族主义，禁止民族间的歧视、压迫和分裂各民族团结的行为。"① 人民政府以消除阶级压迫和剥削制度改造社会，推动社会现代转型，民族关系由此发生根本性变化，"从民族压迫时代，改变为民族平等时代"，"各民族人民友好合作的大家庭"② 成为充分利用历史资源并满足现实国家政治良好运行、推动社会整合的基本条件，各民族平等和友好合作成为民族团结的全新基础。

观察和研究当代中国民族团结推动状况，我们会发现改革开放前的 30 年里，民族团结经历了确立新目标形态、完善制度保障及基本制度在全国范围的实践探索过程，其中还经历了十余年的曲折。总体而言，随着社会改造和各项民族政策的实施，历史上各民族之间的不信任、隔阂被逐步打破，各地域和民族成员之间的交往和联系更加紧密，在建构新生活的热望中，各民族间的团结深入发展并不断得到强化，保障民族团

---

① 《中国人民政治协商会议共同纲领》，《人民日报》1949 年 9 月 30 日。
② 李维汉：《统一战线问题与民族问题》，人民出版社，1982，第 509 页。

结的一系列社会政策形成并发挥作用。从全国人口和资源分布特征上考虑，汉族和少数民族的团结合作成为国家发展的重要基础，"天上的空气，地上的森林，地下的宝藏，都是建设社会主义所需要的重要因素，而一切物质因素只有通过人的因素，才能加以开发利用。我们必须搞好汉族和少数民族的关系，巩固各民族的团结，来共同努力于建设伟大的社会主义祖国"。①

改革开放以来，除初期纠正错误消除负面影响，在解决民族问题和促进民族团结方面的突出成就便是国家提升了调节和维护民族团结的法制强度，在经济发展和改革中全面推进民族团结。这一阶段，民族团结的巩固和发展也经受了观念转变、社会变革、政治体制改革等复杂变化，国际政治格局演变也是对中国民族团结的考验和挑战，民族团结进步事业在经受国际国内形势双重考验中进入一个新的发展期，各民族之间的团结和共同奋斗成为推动中国社会现代化和中华民族伟大复兴的最基本保障。

当今世界仍然处在民族国家时代，列宁早在 20 世纪初就指出："发展中的资本主义在民族问题上有两种历史趋势。民族生活和民族运动的觉醒，反对一切民族压迫的斗争，民族国家的建立，这是其一。各民族彼此间各种交往的发展和日益频繁，民族隔阂的消除，资本、一般经济生活、政治、科学等等的国际统一的形成，这是其二。这两种趋势都是资本主义的世界性规律。第一种趋势在资本主义发展初期是占主导地位的，第二种趋势标志着资本主义已经成熟，正在向社会主义社会转化。"② 今日世界国际共产主义运动的衰落显示，人类社会仍然处在资本主义时代，离开生产力的高度发展和社会经济文化的高度繁荣便难以实现人类社会的最高理想，因此，人类社会实现理想社会之路仍然漫长。

20 世纪 90 年代随着国际社会冷战政治格局的打破和东欧剧变、苏联解体的发生，国际共产主义运动的衰落，似乎在某种程度上更显示出

---

① 《毛泽东文集》，人民出版社，2004，第 34 页。
② 《列宁全集》（第 24 卷），人民出版社，1990，第 129 页。

资本主义势力的强化。无产阶级跨民族的团结面临新的挑战。中国作为一个由共产党执政的多民族国家，民族团结受到国内外各种因素的影响，特别是西藏"3·14"和新疆"7·5"事件，打破了1949年以来民族关系没有大的冲突的基本状态，对1949年以来形成的民族团结大势产生了重大负面影响，在局部区域形成了不同民族间的新的不和谐氛围，民族团结特别是民族之间的团结受到一些人的质疑。某些人甚至动摇了立场，认为这些问题的出现是中国民族政策导致的结果，从而质疑、怀疑，甚至指责中国共产党将民族平等、团结、互助、和谐作为民族关系处置原则。在改革开放不断深入发展，个体利益合法化，经济社会发展不平衡仍在持续，民族间文化差异依然存在、各民族人口全国性流动范围不断扩大、各民族之间直接交往日益普遍的情况下，推动民族团结进步面临着更为复杂的新形势和新挑战。

**（一）各级政府对民族团结进步的提倡与督导**

建设中国特色社会主义，谋求中华民族伟大复兴和社会现代化，我们所面临的困难和挑战无疑将会长期存在，要战胜这些困难和挑战，民族团结进步仍然是不可或缺的条件之一。目前，人们在民族关系方面所感知的问题正随着市场经济体制的建立、人口大流动、各民族成员交往的频繁和深入而日益显现，我们的社会在面对经济增长、人民生活不断改善、国家影响力日益提升的同时，不得不面对来源更为复杂、形态更为多样的对民族团结产生负面影响的因素。要维护和巩固民族团结，政府、社会和公民个体在民族团结格局新发展中需要做出不断的努力。

首先，执政党及其领导的各级政府仍然是推动民族团结格局新发展的主要角色和有明确目标的组织力量，这是由中国政治结构和社会发展目标选择所决定的。除大力推动生产力发展，确保各民族团结的物质基础，各级政府还在全面正确贯彻落实党的各项民族政策，完善民族区域自治制度和相关法律等方面进行着积极探索，回应着社会需求并向确定的目标前行。各级政府在协调民族关系进程中，协调方式转型成为协调效能提升的决定性因素之一。通过切实有效的施政消除贫困，提升各民族地区经济社会发展水平，不断改善人民生活，推动各民族共同繁荣；各级政府在建构适应于市场经济条件的法律法规体系时，贯彻了各民族之间平等、团结的原则，使那些有利于民族团结的行为得到保护，不利于民族团结的行为受到法制约束。民族团结教育、宣传、组织、工作方式转型方面创新成果不断出现。

其次，民族团结目标的达成离不开社会各类组织规范活动的支撑。各类社会组织的社会责任书中，已纳入促进民族团结的内容，这十分有利于包容理性社会氛围的形成。民族地区很多大型企业在编制企业社会责任书时，除将维护正常生产、服务民生和市场的内容纳入企业责任外，还常将开展有利于扶持弱势群体发展的公益慈善活动纳入其中。如 2012 年广西投资集团投资 80 余万元在百色多朴村兴建人畜饮水工程、维护修缮村部及活动中心场所、道路硬化等。① 民族地区一些中小企业社会责任指南中也载有反对民族歧视的内容，有利于防范不利于民族团结行为的发生。在发达地区对民族地区的援建中，发挥主要作用的是各类企业，企业在民族地区的建设活动不仅要有利于推动民族地区发展，还要有利于促进各民族共同团结奋斗和共同繁荣发展。需要特别注意的是，为提升此类建设对民族团结进步的正向影响，有必要在企业社会责任书中提出有关民族团结的更为详细的规则和目标，并赢得当地参与者的理解和支持，当地社会的民族宗教工作部门也应积极为企业提供相应的服务，以利于在各民族交往中达成团结合作关系。比如，为在民族地区活动的各类企业或组织提供当地少数民族习俗、基本禁忌常识手册，建设项目涉及具体社区时制定沟通程序和目标设计，以获得优化的社会效益。

自 1949 年中华人民共和国成立之后，民族团结成为各级政府民族工作的重要内容，民族团结工作也受到党和国家领导人、民族地区各级干部的重视。中华人民共和国成立后的民族团结状态经历了不同的发展时期，根据各不同时期民族团结状态的特点可分为如下四个阶段分析。

第一，中华人民共和国初建至 20 世纪 50 年代中期民族团结进步实况。

中华人民共和国初建至 20 世纪 50 年代中期，中央政府为推动民族

---

① 《广西投资集团 2012 年社会责任报告》，http://csr-china. net/templates/report/index. aspx? nodeid = ac59cbef – 70ff – 4947 – bfda-fe06f2e2b093&page = contentpage&contentid = a07c3c4b – 98de – 4aad – 8e4e-e32152654deb&l = cn。

团结开展了诸多基础性工作，一切民族团结工作均带有开创性特点。这些工作包括：构建有利于民族团结的国家体制，即在单一制国家中通过民族区域自治保障民族平等和各民族团结合作；在地方政权建设进程中充分考虑和团结各民族不同阶层因素；采取灵活措施，推动内地与民族地区之间的经济文化关系，增强各民族间的交往与联系，自 1950 年至 1952 年中央人民政府派出西南、西北、中南等多个访问团，毛泽东手书"中华人民共和国各民族团结起来！"为访问团壮行，访问团累计行程 8 万公里，足迹遍布除西藏、台湾外的所有民族地区[①]；民族访问团、民族识别等工作，为全面推行民族区域自治和进一步促进民族团结创造了条件；通过土地改革、民主改革和社会主义改造等，建立了有利于全国经济恢复发展和人民生活改善的基本制度。《中华人民共和国宪法》对各民族平等权益有了更为具体的规定，在政治、经济、文化、教育、卫生等政策的具体实施中，不同民族间的历史隔阂被进一步消除，民族间的交往和联系进一步加深，民族团结达到了一个全新水平。自 1952 年始，各级人民政府民族事务委员会的职责之一便是办理加强民族团结的事宜。[②] 1953 年延边朝鲜族自治州率先开展了民族团结表彰活动，设定每年 9 月为"民族团结宣传月"，1954 年德宏傣族景颇族自治区（后改为自治州）也确定每年傣历 4 月为"民族团结月"，调节民族之间的纠纷，签订"团结公约"。基层政府促进不同民族成员之间的交往交流，推行改善民族之间关系的举措，在多方面促进了不同民族间的了解、认识和团结。

第二，20 世纪 50 年代末至 20 世纪 70 年代末民族团结进步实况。

这一时期的民族团结未能在前一时期基础上得到全面提升。受到执政党高层发展道路选择矛盾的影响以及复杂的国际政治格局和国内发展状况的牵绊，探索中国社会政治建设过程中，各种政治运动连续不断发生，从"大跃进"至"文革"社会建设重点偏移，使有利于民族团结的

①　降边加措：《民族大团结从此开始——记毛主席手书"中华人民共和国各民族团结起来"题词的经过》，《民族团结》2000 年第 6 期。

②　《各级人民政府民族事务委员会试行组织通则》，中国人大网，http://www.npc.gov.cn/wx-zl/wxzl/2008 - 12/15/content_1462066.htm。

政策未能得到有效执行,大汉族主义和地方民族主义相互激荡却缺少常态调节手段。随着政治失序状况的出现,各民族人民合法权益得不到有效保障,曾经行之有效的民族政策被逐步弃置,大量民族干部和汉族干部一样经受政治运动的冲击。在革命化的氛围中,各民族的风俗习惯也被视为封资修而遭批判。由于当时城乡二元对立严重和人口流动规模较小,不同民族成员之间的直接交往面相对较小,因此,直接的民族冲突较少,大多数人的行为在政治高压下为一种简化的社会生活所左右。在那个特殊年代里,各民族人民共同承担了社会发展、经济建设和人民生活水平下降的恶果,影响民族团结的负面因素当时还未凸显,某些地方民族矛盾不过是发酵成为破坏民族团结的暗流。

第三,20 世纪 70 年代末至 20 世纪 90 年代初期的民族团结进步创建。

20 世纪 70 年代末,随着执政党高层对中国社会发展目标和工作重心的调整,社会政治逐步恢复正常状态,国家管理的正常政治架构得到重构并逐步完善,人民代表大会制度、政治协商制度、民族区域自治制度的功能逐步恢复。在这一时期,民族团结制度保障水平得到进一步提升,《中华人民共和国宪法》(以下简称《宪法》)和《中华人民共和国民族区域自治法》(以下简称《民族区域自治法》)成为促进民族团结的法律依据和保障;少数民族和民族地区经济文化发展真正获得自主空间,并得到各级政府的积极响应和支持,人民生活得到逐步改善。这一时期民族团结进步实况虽然不是 1949 年以来最好的时期,但是,对前一时期民族团结的破坏进行了有效修复,并推动全社会进入一个有序且常态的社会发展阶段,各民族人口的流动规模不断扩大,成为民族交往新态势。1982 年 2 月,新疆维吾尔自治区党委、人民政府正式宣布,将民族团结作为精神文明建设的一项主要内容,将每年 5 月确定为新疆"民族团结教育月";同年 9 月,内蒙古自治区召开首次民族团结表彰大会,确定每年 9 月为"民族团结表彰活动月"。民族团结表彰活动此后得到很多民族地区政府的重视,大力提倡民族团结形成社会风气,民族团结表彰活动纳入民族地区政府社会管理之中。① 通过这一活动,各民族干部群众

---

① 《当代中国的民族工作》(上),当代中国出版社,1993,第 359 页。

受到马克思主义民族理论和执政党民族政策教育，广泛开展民族联谊活动，增强不同民族成员间的了解和理解，有利于落实民族政策。表彰那些对民族团结做出贡献的模范集体和个人形成显著的社会示范，有助于促进民族团结进步的持续开展。宁夏于1983年10月、广西于1984年9月，还有一些省、直辖市和自治州、自治县等开展民族团结表彰活动，到1988年全国有数以万计的民族团结进步模范集体和个人受到不同层级政府的表彰和奖励。[①]

1988年始，中央政府开始开展全国民族团结进步先进集体、先进个人表彰活动，整个20世纪90年代共举行了三次全国民族团结进步表彰大会。简况如表1－1所示。

表1－1　全国民族团结进步表彰大会简况（1999年以前）

| 时　　间 | 表彰先进集体（个） | 表彰先进个人数（名） |
| --- | --- | --- |
| 1988年4月25~29日 | 565 | 601 |
| 1994年9月27日~10月2日 | 643 | 613 |
| 1999年9月29日~12月31日 | 626 | 628 |

资料来源：增林《国务院历次全国民族团结进步表彰大会简介》，《民族团结》1999年第9期。

全国民族团结进步表彰活动的开展，进一步推动了地方的民族团结进步表彰工作，使民族团结进步表彰成为各级政府推动民族团结工作的重要组成部分。在这三次表彰活动中，内蒙古受到表彰的全国民族团结进步模范集体93个，全国先进个人98人。

在这一时期民族团结的保障已从单一行政手段转型为行政和法律手段并重状态，《中华人民共和国宪法》（以下简称《宪法》）和《中华人民共和国刑法》（以下简称《刑法》）中均有关于维护民族团结的内容规定，如《宪法》序言规定："在维护民族团结的斗争中，要反对大民族主义，主要是大汉族主义，也要反对地方民族主义。国家尽一切努力，促进全国各民族的共同繁荣。"在《宪法》第4条进一步规定："中华人民共和国各民族一律平等。国家保障各少数民族的合法的权利和利益，

---

[①]　《当代中国的民族工作》（上），当代中国出版社，1993，第365页。

维护和发展各民族的平等、团结、互助关系。禁止对任何民族的歧视和压迫，禁止破坏民族团结和制造民族分裂的行为。"第 52 条规定"中华人民共和国公民有维护国家统一和全国各民族团结的义务。"① 《刑法》第 249 条规定："煽动民族仇恨、民族歧视，情节严重的，处三年以下有期徒刑、拘役、管制或者剥夺政治权利；情节特别严重的，处三年以上十年以下有期徒刑。"第 250 条规定："在出版物中刊载歧视、侮辱少数民族的内容，情节恶劣，造成严重后果的，对直接责任人员，处三年以下有期徒刑、拘役或者管制。"第 251 条规定："国家工作人员非法剥夺公民的宗教信仰自由和侵犯少数民族风俗习惯，情节严重的，处二年以下有期徒刑或者拘役。"②

　　1984 年《民族区域自治法》的颁布执行进一步完善了基本法对民族关系的调整，对民族自治地方与中央政府关系、民族自治地方内部不同民族群体之间关系规范都有了进一步的具体规定。《民族区域自治法》确立了一个符合法制国家发展路径的制度平台，为在协商民主和法制框架内巩固民族团结开辟了道路。

　　第四，21 世纪以来政府民族团结创建的深入。

　　进入 21 世纪以来，各级政府对民族团结工作更加重视。在各民族群众权利、自由、民主、法制和维权意识不断强化的新环境下，民族团结教育不断寻求在制度、理念和社会基本生活层面深入推进。尽管有些措施还有待评估，但是，民族团结进步的政府创新行动还是取得了一定的成效。在法律制度、行政管理机制等方面都不断拓展着工作空间。

　　（1）保障民族团结法制建设取得进展。《民族区域自治法》于 2001 年修订，关于促进各民族共同繁荣发展的相关政治、经济、文化等方面的内容更加丰富、目标更为清晰。修订后的新法将歧视和挑拨民族关系等行为造成严重影响入刑，强化了法制对严重破坏民族团结行为的惩处，可有力地约束破坏民族团结的行为。地方性的民族团结法制建设不断取

---

① 国务院法制办编《中华人民共和国宪法注解与配套》，中国法制出版社，2011，第 5、7、205 页。
② 《中华人民共和国刑法》，中国人大网，http://www.npc.gov.cn/wxzl/wxzl/2000 - 12/17/content_4680.htm。

得成果，2009 年《新疆维吾尔自治区民族团结教育条例》颁布，2010年 2 月 1 日起开始执行，成为保障新疆民族团结教育的重要依据。此后，民族团结教育被纳入新疆社会发展总体规划。同年 6 月，云南迪庆州颁布《民族团结进步条例》。2012 年 3 月 26 日，西藏自治区拉萨市颁行《拉萨市民族团结进步条例》，9 月 17 日成为拉萨市民族团结进步节，民族团结不仅成为个人和公民法人的法律义务，也规定人民政府为民族团结进步提供相应的服务，且违反条例要受到法律的惩罚。积极探索依法保障民族团结的省区主要有新疆、甘肃和一些市及地州。

（2）民族团结教育范畴进一步扩大。2008 年教育部和国家民委办公厅印发《学校民族团结教育指导纲要（试行）》（以下简称《纲要》），首次提出把民族团结教育作为重要的专项教育列入课程，并较详细规定了民族团结教育的指导思想、课程性质、基本原则、目标与任务，以及民族团结教育的主要内容、实施途径和方法、组织实施等，还有民族团结教育的师资培养与培训工作等内容。《纲要》规定各级教育行政部门和学校必须保证民族团结教育课程的时间安排，小学和初中阶段每学年要保证 10～12 个学时的教学活动时间，高中阶段的普通高中每学年保证 8～10 个学时的教学活动时间，高中阶段的中等职业技术学校每学年保证 12～14 个学时的教学活动时间。由此强化了学校作为民族团结主渠道的作用。[①] 2009 年中共中央宣传部、教育部、国家民委联合发出通知，要求各级各类学校深入开展"民族团结教育"主题活动，进一步加强学校民族团结教育工作。此信息一经发布，网易上便有来自于 15 个省区市的网民发布 26 个跟帖，有 1000 余网民参与，没有一个跟帖对此持赞成态度，有网民则借此直接表达了对民族政策的不满，甚至认为民族融合才是根本。这也从一个侧面表明，当代中国的民族团结进步教育还面临着诸多困难和问题，民族团结教育在社会支持方面还需要开展多方面的工作。尽管面临困难，各地方政府仍然按照《纲要》的要求安排民族团结教育进入考试范畴，以促进人们关注此问题。据报道，河北中考中民

---

① 教育部办公厅、国家民委办公厅：《学校民族团结教育指导纲要（试行）》。

族团结教育占 7 分。① 考试或课程安排归根结底都是为了传播正确的民族观、国家观和与不同民族成员相处应持有的包容心及正确行为方式，因此，民族团结进步教育相关课程上与语文、思想政治等很多课程密切相关，强化民族团结进步课程与这些课程的相容性可能是良好的途径或方式。

（3）各级政府推动民族团结机制探索创新。国家民委作为中央人民政府专门管理民族事务的机构，针对不断变化的社会实际积极推进民族团结进步事业创建和民族团结教育新机制，比如，建立民族团结教育基地，推动民族团结教育。2006 年 8 月，国家民委在全国命名首批 27 个民族团结进步教育基地。这些基地均是在中国革命、建设和改革开放等不同历史时期，对促进民族团结、密切民族关系、维护国家统一等产生过具有重要影响的人物和事件所形成的历史遗迹、纪念场所和人文场馆等，基地分布于全国 22 个省区市。2007 年 12 月，国家民委又命名第二批民族团结教育基地，25 个基地分布于 18 个省或自治区。2011 年 11 月国家民委公布第三批民族团结教育基地，20 个基地分布于 18 个省区市。② 2014 年 2 月国家民委公布第四批民族团结教育基地，30 个基地分布于 20 个省区市。2016 年国家民委公布第五批民族团结教育基地，60 个基地分布于 31 个省区市及其他系统。

各级地方政府在尝试推动民族团结机制的长效化和系统化方面也进行了积极的探索。如河南省针对民族人口散居化特点，建立市、县、乡民族宗教工作领导小组和村管小组；组建"民族团结进步促进会"，利用群众力量开展民族团结工作；建立党校民族宗教政策调查课制度，对各级党政领导干部进行培训；同时也确立了民族团结进步表彰制度；对影响民族团结问题依法惩戒。③ 广东省的广州市等组建民族团结进步协会等社团组织，积极参与和推动民族团结进步活动。

① 《2012 年河北中考政策公布：中考民族团结教育占 7 分》，http://news.163.com/12/0323/08/7T92GEMB00014AEE.html。
② 为了提高规范性和公正性，每一批名单都在政府网站上公示。数据亦来自于中国民族宗教网：http://www.mzb.com.cn/html/report/13049-1.htm、http://www.mzb.com.cn/html/report/26787-1.htm，人民网http://politics.people.com.cn/h/2011/1123/c226651-701832817.html。
③ 陈振江：《建立五大长效机制维护民族团结和社会稳定》，《中国民族》2004 年第 2 期。

2010 年 2 月 1 日中共中央宣传部、统战部和国家民委联合发布《进一步开展民族团结创建活动意见》，提出民族团结进步创建活动的具体要求、活动形式，建立健全活动工作机制，明确了组织领导、协调配合、监督检查和条件保障各项机制。在中央政府一级主要是中宣部、统战部和国家民委共同负责，国家民委负责创建活动的日常工作，成立了领导小组。省级单位则需在党委政府领导下，由宣传、统战和民族工作部门负责，具体工作由民族工作部门承担，并由专门机构和人员负责，相关工作经费列入预算。为此，一些地方政府列出相关工作计划，推动此项工作开展。2012 年，新疆塔城裕民县委、县政府组织三个小组全面检查民族团结创建工作，主要检查内容包括：传达学习《关于印发〈裕民县民族团结进步模范单位和模范个人创建表彰活动实施方案〉的通知》（裕党办〔2012〕38 号）文件精神情况；成立领导小组、办事机构，配备专（兼）职工作人员，提供经费保障等情况；各单位民族团结创建活动规划（2011～2015 年）、实施方案、2012 年创建活动计划；各单位申报创建活动情况；各创建单位在创建工作中遇到的困难和问题。通过监督和检查，衡量民族团结创建活动成效的标准也更加明确，即总体上有利于国家统一和社会稳定，这也必将有利于民族团结进步和共同繁荣发展，有利于民族交往交流交融。民族团结进步创建活动需要一定的经费保障，将经费投入列入政府预算，为创建活动的开展提供了有利条件。2014 年以后，相关的创建活动更加丰富。

国家民委网站从 2010 年 12 月起，每周推出一个事迹突出的民族团结进步先进个人或集体，宣传在各行各业为维护民族团结、社会稳定和国家统一做出突出贡献的集体或个人的事迹。2012 年 6 月 26～27 日，在宁夏银川召开了全国民族团结进步创建活动经验交流会，中共中央政治局常委、全国政协主席贾庆林做出重要批示，中共中央政治局委员、国务院副总理回良玉出席会议并讲话，会议为 35 个全国民族团结进步创建活动示范单位授牌，参会代表达 300 余人。2015 年 4 月，云南省大理白族自治州召开全国民族团结进步创建活动经验交流现场会，云南、青海、甘肃、广西、贵州 5 个省区负责人分别介绍了开展创建活动的经验和成效，民族团结进步创建活动在全国基本实现省（区、市）、州、县三级联动和全面铺开，创建活动实现"六进"①，各地区、各部门结合各自条件，创新方法，稳步推进，获得良好效果。

在国家民委和各地方政府推动下，民族团结进步示范建设扎实推进，示范单位和示范州（地、市、盟）试点稳步提升。2012 年国家民委命名第一批 35 个全国民族团结进步创建活动示范单位，其中 10 县（旗、区）、7 个示范乡镇（街道）、9 个示范社区（村）、3 个示范学校、3 个示范企业、3 个示范单位；2014 年命名 98 个（除去解放军和警察部队）示范单位，其中 24 个示范县（市、区、旗）、13 个示范乡镇、11 个示范村、22 个示范（街道）社区、14 个示范学校、6 个示范企业、8 个其他示范单位。2016 年命名第三批示范单位，其中分布于各省、自治区、直辖市及新疆生产建设兵团的单位有 97 个，全国民族团结进步创建活动示范州（地、市、盟）试点 37 个，公安边防单位 3 个，中国人民解放军和中国人民武装警察部队单位 6 个，铁路系统示范单位 3 个。示范建设给予一定的资金支持，使各地争当示范的积极性大力提升。2016 年国家民委组织有关省（区）对吉林延边等 10 个创建活动示范州（地、市、盟）试点进行考核验收。

此外，为强化和推进创建活动，国家民委重视民委系统干部的培训。2015 年 5 月 19 ~ 25 日，国家民委在中央民族干部学院举办第一期全国民委系统民族团结进步创建活动专题研讨班。总计 50 人参加研讨班，他们为各省、自治区、直辖市及新疆生产建设兵团和创建全国民族团结进步示范州（地、市、盟）试点民族工作部门负责民族团结进步创建活动的处级领导干部各 1 名，广西壮族自治区德保县、内蒙古自治区巴林右旗和江西省乐安县分管民族工作的县级领导干部各 1 名。

（4）全国民族团结表彰活动有序展开。第三次全国民族团结表彰活动后，各级政府推动的民族团结教育活动常态化。广泛开展民族团结进步表彰活动被视为新形势下加强民族团结、促进各民族共同繁荣发展的好形式，也是新世纪新阶段中国政府民族工作的一项重要内容。因此，中央政府分别于 2005 年、2009 年、2014 年召开全国民族团结进步表彰

---

① 即创建活动进机关、企业、社区、乡镇、学校、宗教活动场所。

大会。具体情况如表 1 - 2 所示。

表 1 - 2　全国民族团结进步表彰大会简况（2000 年至今）

| 时　间 | 表彰先进集体（个） | 表彰先进个人数（名） |
|---|---|---|
| 2005 年 5 月 27 ~ 29 日 | 642 | 676 |
| 2009 年 9 月 29 ~ 30 日 | 739 | 749 |
| 2014 年 9 月 28 ~ 29 日 | 678 | 818 |

资料来源：根据国家民委网站发布的名单统计所得。

三次大会共表彰先进集体 2059 个、先进个人 2243 人，遍读名单会发现先进集体和个人分布于各行各业和全国各地，他们都在平凡的岗位上推进着民族团结进步大业。他们中的很多人立足于民族地区，为推动民族地区各民族共同繁荣发展做着最艰苦的工作，为巩固和推动新型民族关系付出了切实行动，树立了社会标杆。任何社会关系的调整都极具动态性，民族团结的达成和巩固也需要不断面对现实、面向社会，从目前情况来看，各级政府开展民族团结教育工作还有很大的提升空间，特别是在相关措施方面，还应有更多的创新和探索。比如，民族团结教育未充分关注人们的日常行动细节，缺少更日常化的行为规则，特别是随着市场经济发展，各民族人口全国性大流动局面的出现，不同民族成员间的直接接触日益增加，民族间由于相互不了解造成的误解同样会伤害民族团结的形成。因此，不同民族间日常行为方式的相互尊重，也是影响民族团结进步的重要因素。政府应出台相关规则对此类问题给予更多关注，根据不同情况给予不同强度的规范。在这三次大会上内蒙古有 95 个集体获得表彰，103 人获先进个人的表彰。

**（二）新形势下民族团结进步的创建**

民族交往是民族团结的基本前提之一，没有交往交流就缺少日常的联系，也就没有相互了解和正确认识，更不可能实践民族团结。任何多民族社会民族团结目标的达成都需要各民族共同参与大量的社会生活，生成共同的社会目标，关系得到良好的调整。各民族在交往交流过程中矛盾和冲突得到良性调解达成的民族团结才具有生命力、活力和持续发展能力。1949 年以来，国家政治结构中对解决民族问题进行了正确的制度设计，各级政府积极努力地消除历史上的民族隔阂，民族地区经济社会普遍发展，这些都使得民族交往范围不断扩展，民族交往交流的新格局正在形成。依据不同时期民族交往扩展的特点，各民族交往交流存在三个阶段的总体特征。

第一，稳定的国家政治为民族团结提供制度保障。中华人民共和国成立后，民族区域自治政策得到全面执行，基层民主建政过程和计划经济体制的初建为各民族交往交流的扩展创造了有利的政治经济条件。

在基层民主建政过程中，民族平等原则得以实施，少数民族政治权益诉求得到尊重，协商民主成为各民族政治秩序重构的重要特征。民主建政和民主改革等行动，使各民族地区旧有社会政治结构产生变革，并与国家新政治结构相适应，各民族交往交流在新的制度条件中实现有序化。在阶级剥削制度普遍存在的社会，不同民族间的交往常常受到统治阶级利益的左右，而剥削制度的消灭使得民族地区社会关系逐步完成大调整，各民族群众获得自由的交往空间。与此同时，人民政权为了牢固掌握国民经济命脉，1949 年底始建立社会主义公有制体系，没收官僚资本主义的工业企业，建立国营工业。经过社会主义改造，基本实现了对社会主义公有制目标的追求。计划经济体制成为国家法定经济体制。①政权性质变革和经济体制变革带动全社会生活组织方式的变革，在公有制经济建设进程中有利于民间社会各民族团结的因素大大增长。换言之，新的政治、经济生活组织方式，不仅使少数民族人口聚居区与全国各地的交往交流关系大大加强，还使得杂居区的民族交往交流大为扩展和深入。由于人口的迁移，很多民族地区的民族构成逐步发生变化，全国各民族人口大杂居更加广泛。

劳动组织方式变革为各民族有序的深入交往创造了条件，为民族团结发展提供了好条件。从组织形式来看，当时，不论是互助组还是人民公社都使各民族群众被组织进合作性经济组织之中，大量政府派入的知识和技术人才来到边疆民族地区服务社会。民族人口杂居区，民族之间的生产联合日益普遍，内地对边疆民族地区的人、财、物的支援也日益

---

① 林浣芬：《我国计划经济体制的基本形成及其历史特点》，《党的文献》1995 年第 2 期。

增加，各民族成员间共同参与社会活动的社会大环境得到有效的优化，不同民族成员之间的合作与交往大量增加，达到历史最高水平，强化了各民族间的直接沟通和交流。

中央政府关于民族平等政策的实施，使不同民族成员之间相互尊重形成普遍的社会风气，人们在对新生活的热望和理想之中，形成了不同民族成员之间的更为包容的社会氛围，一些民族群体间重大历史隔阂被清除，新的民族关系观念得以培育。比如，由于民族关系得不到调整，在彝、白、哈尼、景颇等民族中有"石头不能当枕头，汉人不能做朋友"的说法，但是，随着中央政府民族平等政策的实施和各民族共同合作机会的增加，特别是对旧社会统治阶级的清算，民族隔阂在更大范围不断清除，各民族间传统的负面评价得到逐步纠正，各民族群众在合作中走向团结进步。

这一时期，在各民族平等政治地位得到保障的总格局中，各级政府对民族关系积极调整和维护、民族平等得到切实执行、内地对民族地区社会发展各方面的支持，以及人民解放军等在民族地区的有组织的工作，全面促进了民族团结新局面的出现。

第二，极左思潮大行其道之时，民族交往继续扩大。因着公社化、三线建设、知识青年上山下乡等一系列活动各民族群众间的直接交往交流更为扩展。这一时期，虽然受到计划经济体制的绝对化、人民公社体制的僵化、经济结构的不合理等因素影响，各民族群众生产进步和生活改善步伐受到严重影响。在政治运动不断，社会生活简化为"阶级斗争"为纲的特定环境下，民族交往在国家政治经济文化政策的推动下继续扩展和加深。与此同时，由于"民族融合风""反对地方民族主义运动""民族问题的实质是阶级问题"等的影响，20世纪50年代初建立起来的民族之间的信任与团结在一些领域开始被破坏，执政党推动各民族平等、团结、互助合作的民族政策有所偏移，当时虽然只有少量的民族冲突事件发生，但是，民族团结进步事业却停滞不前。

第三，改革开放和市场经济发展时期的民族交往进一步扩展。改革开放以后，"民族问题的实质是阶级问题"论得以清理，相互信任的民族关系在新的社会氛围中得以重构，执政党对自身执政问题和发展道路选择问题的解决为这一时期民族交往的扩展奠定了良好的社会基础。农村牧区经济体制改革、城市经济体制改革以及对外开放的不断扩大，对各民族社会生活变迁产生了深远影响。从商品经济到市场经济的改革，虽然在相当长的时段里，使民族地区发展速度与发达地区之间差距日益扩大，但是，这些差距是发展中的差距，需要在发展中逐步调整，而非固化的差距。改革开放后社会经济生活的活跃及各项限制人口流动的政策措施的转变，人口自由迁徙和寻求发展的条件日益改善，内地与民族地区商品大流通，也促成人员大流动，大量民族聚居区的少数民族人口出于发展的需求而流向发达地区的城市，向民族地区迁移的汉族人口亦持续增加。此外，旅游等活动，也强化了不同区域人们的直接互动。报纸、电视、网络等媒体对相关信息的传播，极大地促进了人们对不同民族文化、社会生活的了解。不同民族成员间交往空间的空前扩展，强化着人们的共同生活和交往关系。

　　以推动民族团结为目标的社团政府组织开始成长，这有利于建构更为灵活的推动民族团结进步创建的工作机制。2002 年 6 月 9 日，经国务院批准，中华民族团结进步协会成立，这一社团组织汇聚了全国民族工作领域最具权威和影响的领导、专家、学者及致力于中华民族团结进步事业的各类优秀人才，是民族工作领域最具广泛性、民族性、界别代表性的社团组织。少数民族流动人口不断增加的广东省成立了面向团体会员和个人会员的广州市民族团结进步协会，并在越秀区、天河区、南沙区、荔湾区、黄埔区、花都区、海珠区、番禺区等成立了民族团结进步协会或小组，为城市创新民族团结提供了组织力量。广州市民族团结进步协会设置了自己的网站，宣传政府和党的民族政策，相关民族知识以及本区域民族团结进步的典型事迹。① 2011 年，河南省、内蒙古也相继成立此类社团组织。

　　总之，当代中国的民族团结正面临一个更新的环境，一方面，国家经济实力在不断提高，中华民族的伟大复兴成为时代最强音；另一方面，国际社会环境更加复杂，国家之间的竞争日益激烈，某些大国操纵的包

---

　　①　广州市民族团结进步协会网站：http://www.56flowers.net/Pages/Home/Index.html。

围中国之策路人皆知，海疆、陆疆都是其遏制中国之策实施的重点。西方学者曾在 20 世纪 70 年代中期断言中国"这些少数民族，无论对中共、国民政府或之前的清王朝，都是内政上的极大困扰，以后也仍将是汉民族的中国统治者伤脑筋的问题"①，这一判断不仅缺少科学性和实证性，也缺少对中国历史常识的认知，甚至是基于某种偏见而得出的结论。外人"高见"与国内一些人不谋而合，有人有意追随，有人提出相类似的观点。中国共产党不是汉族党而是各民族人民根本利益的代表，中国也不是汉民族独有的中国，而是依据"多元一体"历史格局建构的统一多民族的中国。民族差异和民族矛盾的存在并不足以改变统一多民族国家发展的根本方向和进程。特别是改革开放 30 多年来的发展证明，统一多民族国家正在显现其多民族团结发展的优势，2014 年中央民族工作会议指出：多民族的大一统，各民族多元一体，是老祖宗留给我们的一笔重要财富，也是我们国家的重要优势。多民族是我们国家的一大特色，也是我国发展的一大优势，把多民族当作"包袱"，把民族问题当作"麻烦"，把少数民族当作"外人"，这些思想都是错误的，不仅背离了客观事实，也不符合中华民族发展的历史大势。② 中华民族国家在其现代化进程中，以民族平等、团结、互助、和谐为目标，在推动经济社会快速发展中，完善各类化解矛盾的制度，使各民族共同团结奋斗、共同发展繁荣的大局持续向好。就民族团结的深入发展而言，在有利于个人自由、市场经济和法制秩序条件下，完善民族区域自治制度和民族政策也是不二的选择。

**（三）民族团结进步创建活动与载体**

2014 年 9 月，中央民族工作会议上党中央对民族团结创建活动提出了载体和方式的创新目标，即"创新载体和方式，引导各族群众牢固树立正确的祖国观、历史观、民族观"。民族团结创建活动"载体"选择在各级政府工作中不断落实并进行了积极的探索。

---

① 〔美〕哈罗德·伊罗生：《群氓之族——群体认同与政治变迁》，邓伯宸译，广西师范大学出版社，2008，第 27 页。
② 国家民族事务委员会编《中央民族工作会议精神学习辅导读本》，民族出版社，2015，第 22 页。

　　"载体"作为自然科学的词语，引入社会科学研究最初大多用于思想文化研究，直接用于描述民族团结创造活动多见于 21 世纪初。需要明确的是民族团结进步创建活动载体的内涵和民族团结的载体内涵并非同指，实际上，在马克思主义者与修正主义者之间有较大的争论，即马克思主义者更注重国际团结，而修正主义者则视国家为民族团结的载体，是推动民族无产阶级进步的工具。依据马克思主义经典作家的判断，在资本主义时代，民族问题仍然呈现出两个历史趋势，即一方面是民族国家的建立，另一方面是资本、一般经济生活、政治、科学等国际统一①的形成，民族团结的载体在相当长的时期里仍然是国家和社会现实，国际团结中不同民族间的无产阶级合作则极具未来目标指向。那么，民族团结进步创建活动是一个主权多民族国家借助各种社会机制协调国内民族关系，推动各民族共生共存共同发展的实践过程，任何能够传达这一价值追求的活动、事物均可被作为载体加以利用。

　　自 20 世纪 80 年代以来，各地方政府都在探寻民族团结进步的推进方式和机制。2002 年，郑州荥阳市在推动本区域民族团结进步工作实践中提出"完善机制，选准载体"的目标，建立了从村镇至荥阳市民族团结进步工作的目标责任机制，形成各行政层级层层带动、整体推进、奖优罚劣的工作机制，同时严厉打击极少数借不同民族成员纠纷煽动群众形成违法社会事件者。同年，内蒙古白云鄂博矿区提出"以载体建设促进民族团结"，在矿区积极开展民族理论培训，借助多种形式培养和使用少数民族干部②，区委、区政府把学习使用民族语言文字作为党的民族政策的重要内容和沟通民族之间情感的纽带，增强蒙汉文并用工作的监督检查力度，矿区蒙汉文并用率达到 99% 以上，窗口单位蒙汉文并用率达 100%；矿区政府出资 80 万元新建了矿区蒙古族学校的教学楼，为学校配备计算机等现代化教学设备，将学生助学金也由原来的每人 18 元提高到 45 元；开通蒙古语卫视节目，在矿区调频广播电台配备蒙古语播

---

①　语出列宁。即指各国在资本主义时代打破民族隔阂，在经济、政治、科学等方面实现共同因素的一致化。

②　据统计 2002 年，全矿区少数民族干部、专业技术人员达 700 余人，占全矿区干部、专业技术人员总数的 18.5%。

音员，逐步开设蒙古语广播节目。2009 年，西藏针对本区域民族关系状况，提出民族团结创建活动要使"创新载体形成全社会参与的生动局面"，将富有特色的群众性活动、表彰民族团结先进典型、纪念日和节庆活动、军地双拥共建等作为本地开展民族团结宣传教育活动的有效抓手。同年，新疆石河子大学也在总结促进民族团结时提出"创新民族团结教育载体"。2009 年 7 月，内蒙古提出以双语教学为载体夯实民族团结基础。2010 年，中共中央宣传部、统战部和国家民委提出："争创和表彰民族团结进步模范，是民族团结进步创建活动的重要载体。"2011 年，甘肃张掖、宁夏吴忠、河南淮阳都在实际工作中总结出民族团结进步创建活动的"载体"。其中淮阳县的总结更为系统，"以民族政策法规宣传活动为载体，营造民族团结良好氛围""以结对帮扶活动为载体，帮助少数民族群众解决困难""以'民族工作进社区'活动为载体，不断加强城市民族工作"等。此后，创新和丰富民族团结进步创建载体便成为各级政府积极探索的工作，随着宣传影响的扩大引起社会广泛关注。

第一，民族团结进步创建活动及载体选择。

改革开放以来，社会生活的丰富和媒体技术的发展，使民族团结创建载体选择日益丰富和多样。民族团结创建的活动动员主体虽然是各级政府，参与主体则不限于政府机关，还包括企业、社会组织、社会公众。进入 21 世纪以来，随着社会经济文化生活的演变，无处不在的市场活动对各民族地区社会变革产生深刻影响，民族团结创建活动面临更为复杂的环境和条件，民族团结进步创建活动也日益从一般的宣传教育向广泛的社会生活领域扩展，民族团结本身也承载着保障社会经济政治发展的功能。

民族关系状况以及各级政府民族工作理念方式及成效是影响民族团结进步创建社会成效的根本。民族团结进步创建活动的方式最初以宣教为主。各地最初主要是学习延边州经验，设置民族团结教育方面的特定时间段，如青海 1983 年设"民族政策宣传月"、新疆 1984 年设"民族团结教育月"、贵州 2010 年设"民族团结进步宣传教育月"、甘肃 2004 年设"民族团结进步宣传月"、西藏（1990 年）和宁夏（1998 年）设"民族团结月"、内蒙古 1983 年设"民族团结进步活动月",一般通过媒体或组织各类活动宣传民族政策法规。自 20 世纪 90 年代后,多民族省份地方政府将民族团结工作日益融入日常民族工作,从而推动民族团结进步创建从一般宣教向深入基层社会生活转变。其中较为突出的表现有以下几点。

(1)创设民族团结目标责任机制。1999 年,云南省民委与 16 个地州市民委签订责任书,2000 年后目标责任制向县、乡(镇)、村下移。2002 年,云南全省 1443 个乡(镇)等基层单位与上级民委签订责任书。省民委设立专项经费(每年安排 150 万元专款),全省各地州市也根据当地实际安排专款保障此项工作机制的运行。至 2009 年,全省 1331 个乡(镇)配备民族工作专兼职助理员,设置协调民族关系信息员 7317人。民族团结工作任务重的乡镇设立民族宗教办公室,各民族工作部门按要求把民族团结责任书签订到 1335 个乡镇、9929 个村(居)民委员会和社区、205 个企业、33 个农场、1890 个宗教活动场所、920 个其他活动场所,共签订责任书 14312 份。云南民族团结进步创建活动形成一级抓一级,层层抓落实,各部门齐抓共管的工作局面。民族团结目标责任制促使民族团结工作表现出领导更加有力、民族矛盾纠纷调处和隐患排查更加及时有效。在云南最早探索民族团结稳定责任制的是曲靖地委和行署,曲靖市自 1991 年起实行此项责任制,主要针对少数民族人口比例在当地占 30% 以上的村公所(办事处)及责任单位(共 172 个),以民族团结社会稳定工作为主要内容进行年中检查、年末考核验收,并作为村干部的政绩考核内容,有切实的考核打分机制。可见,云南省民族团结进步创建不再仅仅停滞于一般性政策宣教,而是将民族团结政策精神融入基层日常行政管理和运行过程,结合"团结、教育、疏导、化解"的不同环节,抵御不利于民族团结的行为和思想。云南省的民族团结创建经验在新疆一些县、乡和团场也有所实践,取得了一定社会效果。

(2)探索依法管理民族团结进步创建活动地方性法规先后发布。2009 年新疆率先出台《新疆维吾尔自治区民族团结教育条例》,2010 年2 月 1 日生效,该条例规定了散布不利于民族团结言论的处理方式,采取措施惩处各级组织中不及时处理有损民族团结者。民族团结教育纳入教育规划，融入国民教育的全过程，条例规定每年的 5 月为自治区民族团结教育月。2015 年 12 月 29 日颁布《新疆维吾尔自治区促进民族团结进步条例》，2016 年 1 月 1 日执行，同时废止 2009 年颁布的《新疆维吾尔自治区民族团结教育条例》。《察布查尔锡伯自治县促进民族团结条例》及《察布查尔锡伯自治县促进宗教和谐条例》2015 年 5 月出台，7 月 1 日正式实施，条例的颁布填补了察布查尔立法空白，开创了新疆以地方立法形式促进民族团结创建工作之先例。

以省级地方性法规促进民族团结进步由贵州省首创，即《贵州省促进民族团结进步条例》2015 年 4 月 19 日发布，5 月 1 日施行。该条例自 2012 年启动，经历调研、起草、咨询论证、征求意见、反复修改、省人大常务委员会和专门委员会审议等多个环节。2014 年 11 月，经省十二届人大常委会第十二次会议分组审议，最后经省十二届人大常委会第十四次会议审议通过。此条例明确规定将民族团结进步事业纳入本省国民经济和社会发展规划，相关经费投入列入本级财政预算。民族团结进步繁荣发展示范区、示范点建设成为民族团结进步创建活动重要内容，各民族间相互交往、交流、交融、增进团结得到明确的社会倡导和鼓励；全省民族团结进步创建活动进机关、社区、学校、农村、企业、部队等有了法律依据。此外，在经济、文化、教育、卫生和基层服务等方面都有相应的法律规定。

省会城市民族团结法规首创者为拉萨市。2012 年 3 月《拉萨市民族团结进步条例》颁布（2012 年 4 月 1 日生效），条例设定每年 9 月为拉萨市民族团结进步月，每年 9 月 17 日为民族团结进步节。该条例的出台为着力解决拉萨市民族工作中出现的问题和存在的薄弱环节，实现民族团结进步创建从政策保障到依法保障迈出坚实的步伐，对推进拉萨市民族团结进步创建活动有序开展十分有利。

自治州一级民族自治地方促进民族团结法规首创者为云南省迪庆藏族自治州，迪庆也是全国最早运用条例规范民族团结进步创建的地方政府。2010 年 7 月 1 日生效的《云南省迪庆藏族自治州民族团结进步条例》首创民族团结教育"七进"，并将每年 9 月设为自治州"民族团结进步月"，每年 9 月 12 日为"民族团结日"，州县乡镇定期开展民族团结进步表彰大会，表彰奖励那些在促进民族团结进步事业中有显著成绩的单位和个人。2014 年《青海省果洛藏族自治州民族团结进步条例》出台，规定了州内国家机关、社会团体、企事业单位、城乡基层组织或其他组织在民族团结进步创建中有法定的责任，自治州、各县、乡（镇）定期进行民族团结表彰活动，自治州民族团结进步宣传月设于每年 8 月。2015 年 4 月，《甘孜藏族自治州民族团结进步条例》（征求意见稿）面世。

（3）日益丰富的创建活动形式。争优创先、表彰先进典型、加强宣传教育、组织各种形式的专题活动、利用传统节日开展创建活动、发挥教育基地作用是三部委发布的《关于进一步开展民族团结进步创建活动的意见》（2009 年），是半个多世纪以来民族团结创建活动形式的总结。对于具体地区而言，由于民族人口结构状况、城乡人口居住格局的差异、本地自然环境特征和经济社会发展条件等多因素的约束，不同层级地方政府选取何种更具体且符合本区域民族团结创建活动的形式则考验着地方政府和具体工作部门干部的工作能力和智慧。争优创先、表彰先进典型、加强宣传教育都是人们习见的形式，但是也已有了全新的方式，为发挥典型的示范引领作用，2012～2016 年，国家民委在全国命名四批"民族团结进步创建示范单位" 146 个，其中有州、盟、市、旗、县，也有街道社区和村寨，还有学校、企业、部队等单位；利用专题活动、传统节日也是一些省区获得良好社会效果的方式，如云南省举办民族团结成就展、知识竞赛、演讲比赛、书画摄影展、文艺演出等活动，还借助少数民族传统节日强化联谊联欢，增进各民族交流和团结。发挥基地引导作用则是 21 世纪以来民族团结创建活动拓展的新形式。2006～2016 年，国家民委共命名五批"全国民族团结进步教育基地"，总计达 164 个，这些基地包括博物馆 49 个、纪念馆 38 个、纪念遗址 18 个、烈士陵园 5 个、历史人物故里 3 个、碑和碑园 2 个、军史馆 4 个、历史文化陈列馆 3 个、基地 6 个、学校 8 个、村社区 6 个、文化园 4 个、文化馆和文化宫 6 个，此外，还有少年宫、主题教育馆、校外活动中心、展览馆、艺术馆、海关史馆、档案馆、家庙、宗祠、庄园、文化旅游区和文献展馆各 1 个。尽管这些机构在管理、功能发挥等方面还存在很多空间，但是充分利用博物馆等设施、促进社会有机团结仍是一个必要的手段。为更好发挥这些基地作用，需要规范相应的服务，应有意识引导公众清楚地认识和判断历史上不利于民族团结的思想和文化遗产，真正引领全社会在尊重差异和包容多样中使民族关系得到和谐发展。

第二，在轰轰烈烈创建活动中谋实效。

"轰轰烈烈"是对改革开放以来民族团结创建活动状况的一般感性评价，也是关注这一现象者最易获得的印象。然而，要消解社会上普遍存在的大量因民族间不了解、不信任、缺少充分交往交流等为特征的阻碍民族团结进步的现象，轰轰烈烈的民族团结创建活动实属必要条件。一个热烈宣扬民族团结进步的社会氛围是对公民普遍进行民族政策、法制、原则的宣传教育过程，也是执政党及政府引领公众树立正确的国家观、民族观并走向自觉维护民族团结进步的过程。当然，若仅仅停滞于轰轰烈烈的形式显然不能满足中国社会现代化的基本需求，因而在轰轰烈烈的民族团结进步创建活动氛围里，着意追求实效十分关键，也是深入持久开展民族团结进步创建的更重要目标。

从长远来说，民族团结是党和政府战略性、基础性、长远性的工作，关系到中国民族工作全局，更关系到每个社会成员的福祉。轰轰烈烈的民族团结创建活动在一定范围内取得了良好的社会效应并产生了积极的影响，并在创建活动形式、活动内容、载体等方面日益丰富，但若获得持续的实效，还需要准确把握民族工作的阶段性特征。中央民族工作会议将这些阶段性特征高度概括为"五个并存"，明确了当前民族团结创建活动最基本的社会条件，即物质基础有所提升仍然需要进一步夯实；大规模的民族交往交流伴随着人际关系矛盾和纠纷散发化、普遍化和常态化趋势；民族分裂、宗教极端和暴力恐怖三股势力直接危害民族团结。进一步推进民族地区发展，及时有效调整本区域民族关系，凝聚人心，充分动员社会共识是推动民族团结进步创建形式有效的内在条件，也是抵御外部因素对民族团结产生负面影响的重要方式。换言之，民族团结进步活动创建实效以创建活动与本区域社会关系实际调节状况为基础，同时，创建活动本身也需要一些重要的支撑条件，主要包括以下几个方面。

（1）以科学严谨的态度建构令人信服的知识体系，支撑正确历史观、国家观、民族观的培育。各级政府推动的民族团结进步创建工作本质上是一个凝聚人心和达成社会共识的重要环节，是有利于在社会生活中实现各民族成员密切合作的社会过程。当代中国社会的发展有其特定的历史逻辑，也有其现代化目标，尽管"民族"观念和知识并非土生，但是，数千年间王朝国家政治在多样文化和差异性中运行的传统和文化特质，在国家政治现代化转型时袭用西来"民族""国家"观念和相关理论过程中，使历史上各民族曾经讲究"长幼"有序的臣民间的关系逐步转型为讲求平等、团结、互助、合作的人民间的关系。这一转型进程曲折、漫长且复杂，没有正确的历史观、国家观、民族观和相应的知识体系支撑，难以正视复杂的历史演变，也难以正确对待和认识历史上差异性群体间的冲突、交往和关系。今天，在现实生活中，甚至在人文社会科学领域，有相当多的人不经意间就将"非我族类，其心必异"等传统理念中的糟粕表现出来，或者说走向另一个极端，以西方"一个民族一个国家"的错误观念来分析或解读统一多民族历史的中国，这些都有害于民族团结进步的创建。比如，有的老师讲元、清就缺乏正确的历史观和国家观，不能正确处置历史事件与现实的关系。如北京某中学历史教师号称"史上最牛历史老师"，他在给学生讲元朝历史时，竭力演绎蒙古西征军屠城行为之恐怖，并顺便交代学生们：成吉思汗所建立的蒙古国和中国不是一回事儿，蒙古人对中国的统治是中国第一次亡国，没什么值得骄傲的，成吉思汗和中国没关系，等等。不用说青少年，就连成人如果缺少系统的知识，也很难在他穿越时空的叙事中辨识正误。这类传达当代中国与王朝中国间的区别与联系的言论并未进行严谨论证，更未顾及当代中国蒙古族的历史情感，其产生的负面影响显而易见，以此种态度、语言或混乱的概念讲王朝中国历史，"中华民族共同体意识"将无法实现真正的牢固树立。从社会现实来看，不论是知识界还是教育界，都应首先对当代中国与王朝中国持有正确的观念，这不仅涉及国内民族关系的处置，而且与我国国际关系的处置也有着密切的联系。在"全社会不留死角地搞好民族团结宣传教育"，就要认真对待王朝中国时期各民族关系的历史遗产，去其糟粕，取其精华。令人信服的知识传播才能为学校、社会公众树立客观的观察和看待历史的有力支撑，这也是打造"中华民族共同体意识"的基本观念和知识。从这个意义上来说，没有相应的知识和观念支撑，"尊重差异，包容多样"便难以真正成为滋养社会共识的土壤。

（2）针对不同区域人口民族构成和社会状况，民族团结进步创建活动应在技术层面上多加改造，以提高民族团结进步创建的实际效应。所谓技术改造主要指创建活动要在宣传手段、动员方式等方面有所创新、合民心。目前，多数地区的民族团结进步创建动员或教育还带有强烈的运动式、漫灌式色彩，"进机关、进社区、进学校、进农村、进企业、进部队"亦属自上而下的推动，在机关、学校、社区、农村、企业、部队都还未真正形成具有符合多民族国家人口结构特征和本区域人口结构特征的进取型内生机制，某些地区的社区、农村、企业受到经济社会发展水平的约束，社会治理本身也缺少更有效的保障机制。因此，各级政府在推动社会力量谋求民族团结进步实效时，应重视利用管理良好的社会组织、社会团体等的力量，制定相关规范，广泛地引导其承担相关的创建活动任务，在创建活动中更要借鉴社会组织的运作方式，灵活运用社区的发展项目培训、社会成员交流活动、社区成员互助等，推动多民族杂居的社区、村落的居民自主地开展民族团结进步创建活动，使民族团结进步创建活动逐步成为社会常态、非运动式和更为生活化的创建方式。

（3）灵活多样的社会政策的引导。灵活多样的社会政策是引导社会良性发展的重要手段，一个治理良好的社会需要有相互配套的社会政策，引导个体、各类群体、企业等社会组织为民族团结进步创建做出贡献，将主动维护民族团结作为衡量社会组织承担社会职责的一项重要指标。从理论上讲，不同层级政府可以依据自身权限在税收优惠或抵偿、社会声望或荣誉鼓励等方面，出台相应政策，引导各类经济性组织在其日常经济活动中做出有利于民族团结的选择或行动。比如，通过有针对性的社会政策，引导和鼓励在少数民族人口聚居区开办的企业、事业等单位依据用工需求等实际，通过招收培训当地各民族员工、定期进行公益捐助行动、开展对当地各民族居民技术培训等，使企业更好地融入当地社会；基层政府需要积极引进具有先进管理理念、手段和方式的非政府组织，学习他们的管理经验，在培育基层社会大众自主管理社会事务的同时，与其合作完成推动民族团结进步创建的目标，特别是要借助社会团体的活动平台，使不同民族成员的合作、交流和相互之间的学习更具理性、主动性、有效性和全社会性。

总之，除了那些誓与社会为敌的极少数人，今天中国社会绝大多数成员都可负起推动民族团结之责。民族团结进步创建活动实非一时一事之行动，而应是一种社会常态。随着各区域人口大规模流动及局部地区社会关系紧张现象的出现，社会生活中广泛存在的影响民族团结的歧视等现象备受关注。可以说，社会生活中时时处处有与民族团结进步创建活动相关的事项。虽然，处在社会不同区位的成员负担的责任和应履行的义务有一定的差别，但从本质上讲，人们的行为都在同一体系中发挥作用。如各级政府部门、窗口单位工作人员等若在服务百姓时充分树立"包容多样，尊重差异"的理念，并积极行动起来，约束自身的狭隘观念，规范自己的言行，将会大大推进干部与群众、服务者与服务对象关系的良好发展，并有力地促进民族团结创建活动实效。随着文明水平的提升，中国社会普通民众在充分意识到自身合法权益，并积极维护合法权益的同时，亦需在遵守制度和法律的同时，推进各民族成员间平等、团结、互助、和谐关系的稳步发展。从这个意义上说，民族团结进步创建活动完全是动态的社会过程，可将其视为对当下民族关系调整和处置成果的总结和提升，是良好民族关系进一步延展的基础。

## 三　十八大以来民族团结思想的继承与发展

思想理论总是具有继承和传播的特征，越是能深刻影响人们社会生活的思想理论，越具有继承和传播力，如果思想理论转变为具体有效的社会政策，并能够切实调节现实的社会关系，那么思想理论便会转变为推动社会前进的重要物质力量。民族团结思想是中国共产党参与国际共产主义运动、打造统一多民族当代中国和推动中国特色社会主义建设不断发展过程中日益完善的重要思想之一，也是中国特色社会主义理论体系的重要内容。十八大以来，党中央准确判断当代中国民族工作"五个并存"① 的阶段性特征和民族关系大势，继承 90 多年来探索人民中国建构和中国特色社会主义建设中所发展的民族团结思想成果，推进民族工作，不断丰富、完善和创新民族团结进步思想，为营造民族团结新氛围、拓展维护民族团结的新方式新举措、面对民族团结新挑战提供了直接的思想支持，使民族团结思想不仅具有了更符合时代特征的新话语体系，内容也更加丰富，政府主导、全社会参与的民族团结进步创建实践有了新遵循和新的理论指导。

**（一）中国共产党民族团结思想的特性**

我们说中国共产党的民族团结思想，主要是指作为政党组织，其如何依据自身政治道路选择以及社会基本历史和现实条件，通过党组织的高层领导人、各级党组织动员，将民族团结原则引入政府社会政策和各类社会规范、党内法规约束等，在认识、定位和协调各民族关系中对民族团结目标所持有的系统观念和认识。在政党组织长远目标引领下，理性思考并处理中国特色社会主义建设进程中影响民族关系的各类问题，这些系统观念和理性思考引导中国这样一个处于并将长期处于社会主义初级阶段的统一多民族社会发展的方向，不断推动中国社会的运行维持在一个稳定和谐的状态，使国家和社会更有能力处理、应对现代化进程中不断出现的新问题、新挑战，保障各民族在共同团结奋斗中实现中华民族伟大复兴的中国梦。推动民族团结进步创建符合党的组织性质②，从中国共产党的性质来说，中国共产党民族团结进步思想和理论有如下特性。

第一，以追求民族平等和维护国家统一为基础条件。

中国共产党民族团结思想的提出以各民族获得解放和建构统一的大

---

① "五个并存"，即"改革开放和社会主义市场经济带来的机遇和挑战并存，民族地区加快发展势头和发展低水平并存，国家对民族地区支持力度持续加大和民族地区基本公共服务能力建设仍然薄弱并存，各民族交往交流交融趋势增强和涉及民族因素的纠纷上升并存，反对民族分裂、宗教极端、暴力恐怖斗争成效显著和局部地区暴力恐怖活跃多发并存。"载国家民族事务委员会编《中央民族工作会议精神学习辅导读本》，民族出版社，2015，第58页。
② "中国工人阶级的先锋队，同时是中国人民和中华民族的先锋队，是中国特色社会主义事业的领导核心。"引自《中国共产党党章》，法律出版社，2015，第1页。

中华民族的人民国家为核心。早在建党之初，中国共产党纲领就根据当时中国社会政治状况，提出"消除内乱，打倒军阀，建设国内和平""推翻国际帝国主义的压迫，达到中华民族完全独立""统一中国本部（东三省在内）为真正民主共和国""蒙古、西藏、回疆三部实行自治，成为民主自治邦""用自由联邦制，统一中国本部、蒙古、西藏、回疆，建立中华联邦共和国"。① 1934 年，中国共产党在革命实践中进一步探讨民族政策并明确提出："争取一切被压迫的少数民族环绕于苏维埃的周围，增加反帝国主义与反国民党的革命力量，是苏维埃民族政策的出发点。"② 中国共产党提出了源于"共同的革命利益，使中国劳动民众与一切少数民族的劳动民众真诚地结合起来了"③ 的团结目标，民族团结成为民族自由联合代替民族压迫的重要历史路径选择。随着中国共产党对国内民族问题的深入了解，国家独立和民族解放成为各民族共同团结奋斗的重要推动力，并逐步纳入中国共产党的政治实践和理论探索之中。中国共产党人在参与国际共产主义运动中，积极参与中国的民族民主革命，以"对外求中华民族的彻底解放，对内求各民族之间平等"为目标，提出民族团结思想。抗日战争爆发后，中共中央进一步提出"一切民族应当在平等自愿的原则上最亲密的团结起来，反对共同的敌人，应当彼此帮助，以加强抵抗侵略者的力量。中国各民族间的仇视与离散，将被日本帝国主义利用来奴役这些民族"④。可以说，中国共产党民族团结思想构建过程、国家发展道路选择与各民族平等追求密切相关，这也是中国共产党民族团结思想与王朝中国的民族团结内容和目标的根本差异之所在。"实现各民族平等、团结和共同繁荣，是中国共产党和我们

---

① 中央档案馆编《中共中央文件选集》（第 1 册）（1921～1925），中共中央党校出版社，1989，第 62 页。
② 毛泽东：《中华苏维埃共和国中央执行委员会与人民委员会第二次全国苏维埃代表大会的报告》（摘录）（1934 年 1 月），《民族问题文献汇编》，中共中央党校出版社，1991，第 210 页。
③ 毛泽东：《中华苏维埃共和国中央执行委员会与人民委员会第二次全国苏维埃代表大会的报告》（摘录）（1934 年 1 月），《民族问题文献汇编》，中共中央党校出版社，1991，第 211 页。
④ 中共中央统战部：《民族问题文献汇编》，中共中央党校出版社，1991，第 418 页。

国家奉行的基本原则"①，改革开放以来，党和政府一直坚持这一原则，依此促进各民族团结进步的深入开展。

第二，以无产阶级民主革命和社会主义制度为依托。

1847年马克思就指出："一个国家中个别资产者之间虽然存在着竞争和冲突，但资产阶级却总是联合起来反对本国的无产阶级；同样，各国的资产阶级虽然在世界市场上互相冲突和竞争，但总是联合起来反对各国的无产阶级。要使各民族真正团结起来，他们就必须有共同的利益。要使他们的利益能一致，就必须消灭现存的所有制关系，因为现存的所有制关系是造成一些民族剥削另一些民族的原因；对消灭现存的所有制关系关心的只有工人阶级。"② 也就是说在以私有制为基础的阶级社会中，民族间的关系只能表现为相互间的剥削与压迫，不可能有真正的民族平等、建基于民族平等基础上的联合与合作。从民族团结关联主体和中国共产党民族团结思想形成过程来看，没有无产阶级革命性，中国共产党便不可能被历史和人民所选择，也不可能打破数千年来延续未绝的阶级剥削和压迫制度，不可能在民族地区顺利开展民主改革和社会主义改造，也不可能有机会开展中国特色社会主义建设的实践。从民族团结提出之时，中国共产党民族团结思想就具有无产阶级民主革命和人民的属性。它团结了各民族人民，经过土地改革、民主改革和社会主义改造等，推翻了阶级压迫和民族压迫的制度基础，宣布了阶级压迫和民族压迫的非法性，使民族团结在全新的社会制度基础上得到重新建构，中国特色社会主义制度成为维护民族团结的制度依托和保障，中国特色社会主义不断取得胜利的进程与民族团结的进程相伴随。

第三，以广泛的人民利益保障为追求目标，民族团结具有显著的大众特征。

毛泽东早就指出："国家的统一，人民的团结，国内各民族的团结，这是我们的事业必定要胜利的基本保证。"③ 中国共产党的性质和中国社

---

① 《关于中华人民共和国宪法修改草案的报告》，王维澄主编《有中国特色社会主义大典》，天津人民出版社，1993，第546页。

② 《马克思恩格斯选集》（第1卷），人民出版社，1972，第287页。

③ 《建国以来毛泽东文稿》，中央文献出版社，1992，第316页。

会发展的基本国情决定了其民族团结思想的国家性和人民性特征，正是从这个意义上说"中国共产党是中国工人阶级的先锋队，同时是中国人民和中华民族的先锋队"①。中国人民以及中华民族凝聚的历史进程都要求党的组织系统要始终不渝地坚持推动各民族群众之间的团结、合作，人民群众在日常交往中的团结互助将随着各民族交往交流范围和深度的正向演变成为民族团结最终得以维护的深厚社会基础。中国共产党的第十四次代表大会报告也曾明确指出在社会主义的依靠力量问题上"党必须依靠各民族人民的团结"②。"新中国成立后，把民族平等作为立国的根本原则之一，各民族共同当家作主，反对任何民族压迫和歧视，确立和巩固社会主义新型民族关系，确保了国家大局稳定。"③

中国共产党的民族团结思想是以鲜明的无产阶级性、以人民利益和中华民族国家建设为利益导向的社会凝聚思想，这一思想产生和形成于马克思民族理论与中国特定历史国情和现实国情演变的结合，是中国特色社会主义建设进程中社会关系调节原则的重要理论基础之一，也是中国特色社会主义理论体系的重要组成部分。

### （二）中国共产党民族团结思想的构成要素

民族团结作为民族理论研究最为基础的专有名词，其内涵和外延却并非可以随意使用。从一般意义上来说，民族团结是指特定社会条件下民族间或民族内部成员的联合与合作。从社会性的角度来说，民族团结属于社会团结的范畴，包括民族内部团结和民族间团结两大部分。中国共产党民族团结思想所思考和所要促成的主要是指在革命和建设中不同民族之间的联合与合作，事实上民族内部的团结状况对推动国家统一目标下的民族团结也有着一定的影响。因此，民族内部的团结也常常成为中国共产党推动民族团结需要面对的问题。

① 《中国共产党章程》，法制出版社，2016，第 1 页。
② 《加快改革开放和现代化建设步伐　夺取有中国特色社会主义事业的更大胜利》，《人民日报》1992 年 10 月 21 日。
③ 《中央民族工作会议精神学习辅导读本》，民族出版社，2015，第 94 页。

中国共产党民族团结思想的提出，基于推动传统社会现代化实践进程所面临的王朝国家的多样性和差异性文化群体关系转型的实际需求，以及资本主义时代的国家政治转型进程所要处置的国际国内多重因素对民族关系的复杂影响，中国共产党民族团结思想的提出有其特定的民族观、阶级性和社会发展目标追求，这也决定了中国共产党民族团结思想的构成要素所具有的特征，主要包括如下几点。

第一，观念要素。

维护中国民族团结有特定的观念体系，其中国家观、民族观、政党观和历史观最为基础。中国共产党民族团结思想的核心观念基础就是马克思主义民族观、国家观，具体而言就是"中华人民共和国是全国各族人民共同缔造的统一的多民族国家"。正确的国家观就是坚决维护国家统一，这是各民族人民利益的根本保障，也是国家最高利益所在。正确的民族观就是各民族都是中华民族大家庭的一员，必须保障各民族享有和履行平等的权利和义务，禁止对任何民族的歧视，反对资产阶级民族主义。中华民族是一个有着共同奋斗目标且以共同繁荣发展为目标的命运共同体，这也是当代中国能够继承历史上多样性文化构成的根本动力。与一般的政党政治不同，中国共产党是以人民利益维护为根本目标的政党组织，中国共产党领导核心的稳固则是各民族团结进步最有利的政治保障。中国有着漫长王朝国家的历史，正确的历史观也是保障和推进民族团结的重要观念基础，任何不以历史史实和特定历史条件为基础分析历史事件的思想和行动，或借历史事件破坏现实民族关系的思想和行动都应被社会摒弃。

第二，组织保障要素。

中国共产党及其所领导的各级政府机构、人民团体及各类社会组织是民族团结进步创建行动的系统组织保障。中国共产党作为中国特色社会主义事业的领导核心，承担着领导、引领和规范社会行动的历史任务。在推动民族团结进步创建进程中，各社会主体在中国共产党的坚强领导下，对有利于民族团结进步的法律规范、规则的遵守和执行是对中国共产党民族团结理论的实践，也是中国共产党作为国家治理的领导核心对民族事务管理的最根本成果，正如2014年中央民族会议指出的："做好民族工作，最关键的是搞好民族团结，最管用的是争取人心。"①民族团结进步创建的过程就是民心凝聚的过程，也是不断提升人们在变动的社会生活中理性认知自我，以及调整与社会关系的进程。

第三，基本制度要素。

中国共产党在革命和建设过程中，紧紧围绕国家建设和人民生活改善等一系列社会目标，在继承丰富民族团结思想历史资源的前提下，超越"大一统"王朝政治制度"因俗而治"的传统，借助马克思主义民族理论中国化，在新中国建构中采用单一制国家体制下的民族区域自治制度保障社会主义民族关系的建立和巩固。经过半个多世纪的社会主义建设探索实践，民族区域自治制度日益成为各民族人民共同团结奋斗共同繁荣发展的制度平台。在中国特色社会主义建设的政治实践中，民族区域自治制度既保证了国家集中统一，又实现了各民族当家作主，从而使平等、团结、互助、和谐的社会主义民族关系得到具体的基本制度保障。

**（三）十八大以来民族团结思想的创新**

十八大以来，新一届中央领导集体面对民族关系出现的新情况、民族地区改革发展稳定面临的新问题、新挑战，强化了对民族工作的全面领导和推动，出台了一系列强有力的措施，在继承和创新民族团结进步思想方面获得更具特性的理论成果，表现出显著的创新特性。

第一，民族团结话语创新。

形成具有中国特色、中国气派、中国风格的一套民族团结新话语是十八大以来中国共产党民族团结思想创新的突出特色，也是马克思主义民族理论中国化过程中共产党人在实践中修正错误谋求变革的一贯品格。新话语不仅继承了中国共产党民族团结思想的核心成果，还融入了中国特色社会主义建设中民族团结实践的新经验、新实际，使马克思民族理论中国化在更大范围吸纳人类社会推进社会团结的理论方法。话语创新主要体现于民族团结话语在国家政治层面保持强大的影响力，不断触及各民族公众社会生活，更接近人们的期盼，更接地气，在话语创新方面主要成果包括以下几个方面。

---

① 《中央民族工作会议精神学习辅导读本》，民族出版社，2015，第104页。

（1）中华民族多元一体辩证统一论。王朝中国各民族演进的过程"造就了我国各民族在分布上的交错杂居、文化上的兼收并蓄、经济上的相互依存、情感上的相互亲近，形成了你中有我、我中有你、谁也离不开谁的多元一体格局"，"中华民族的多元一体格局，一体包含多元，多元组成一体，一体离不开多元，多元也离不开一体，两者辩证统一"。"'多'和'一'是一个不可分割的多元一体"，"如果过分强调'一体'而忽视各民族客观存在的历史和现实，中华民族就失去源头、活力；过分强调'多元'而忽视各民族的内在联系和中华民族的共同利益，我们的国家和人民就会变成一盘散沙"。① 从这个意义上来说，"一"和"多"是成对出现相互依存的辩证关系，在现实生活中两者的关系需要精心调节和维护。

（2）强化中华民族共同体意识论。2014 年中央民族工作会议指出："加强中华民族大团结，长远和根本的是增强文化认同，建设各民族共有精神家园，积极培养中华民族共同体意识。""各民族只有把自己的命运和中华民族的整体命运紧紧连接在一起，才有前途，才有希望。"② 中华民族共同体意识的培育以祖国认同、中华民族认同、中华文化认同、中国特色社会主义道路认同和认同中国共产党的领导为核心。因此，中共中央强调"全党要牢记我国是统一的多民族国家这一基本国情，坚持把维护民族团结和国家统一作为各民族最高利益，把各族人民智慧和力量最大限度地凝聚起来，同心同德为实现'两个一百年'"，实现中华民族伟大复兴的中国梦而奋斗。

（3）民族团结主流论。如何看待现实民族关系是判断民族团结状况的重要维度，民族团结从来不是固定不变的，也很难做到消灭矛盾和冲突，而是民族关系动态的调整过程。从中共中央关于"三个离不开"、"三和"到"三交"论述变化过程来看，这不仅标志着中国共产党人对各民族间关系理论认知的深入，也标志着各民族关系在新的环境条件下出现的新态势。中华民族团结进步是历史大势，中共中央始终对此大势

---

① 《中央民族工作会议精神学习辅导读本》，民族出版社，2014，第 25、27、29、31 页。
② 《中央民族工作会议精神学习辅导读本》，民族出版社，2014，第 252、27 页。

有清醒而深入的认识。1990 年中共中央根据民族关系的历史发展进程，以 "汉族离不开少数民族，少数民族离不开汉族，少数民族之间也互相离不开" 来概括民族关系的现实状况。2005 年中共中央又根据新型民族关系发展的需求，以各民族 "和谐相处、和衷共济、和谐发展" 概括为民族关系发展的主流。2010 年中共中央进一步提出促进各民族交往交流交融，并指出这是历史趋势，有利于加强民族团结、增强中华民族凝聚力，"促进各民族交往交流交融，要正确处理差异性和共同性，要尊重差异、包容多样；通过扩大交往交流交融，创造各族群众共居、共学、共事、共乐的社会条件，让各民族在中华民族大家庭中手足相亲、守望相助"①。在中华民族多元一体辩证论指导下，中共中央特别指出："交融不是要取消民族之间的差异性，更不是要消灭哪个民族。"② 而是尊重民族发展规律，为各民族和谐共处提供良好的社会条件，支持各民族成员的自然接近，反对以强迫手段消灭民族差别。

（4）"六个相互" 论。民族团结是民族关系的特定状态，如何处理好日常的民族关系也成为推动民族团结进步发展的关键。十八大以来党中央不断强调："各族干部群众都要像爱护自己的眼睛一样爱护民族团结、像珍视自己的生命一样珍视民族团结。""各民族要相互了解、相互尊重、相互包容、相互欣赏、相互学习、相互帮助，像石榴籽那样紧紧抱在一起。"③ 随着国家交通通信等基础设施条件的不断改善，全国市场紧密化程度的加深，各民族成员有了更广泛的交往交流平台，在交往中实现相互了解和尊重、相互包容和欣赏、相互学习和帮助，那么各民族成员便会凝聚在一起，团结一致奔小康。

（5）生命线论与福祸论。"民族团结是我国各族人民的生命线" 是 2014 年中央民族工作会议上党中央对民族团结的新定位和新认知，对于中国这样一个多民族国家而言，民族团结和社会稳定与各民族人民的生存和福祉密切相关，"团结稳定是福，分裂动乱是祸。全国各族人民都要珍惜民族大团结的政治局面，都要坚决反对一切危害各民族大团结的

---

① 《中央民族工作会议精神学习辅导读本》，民族出版社，2014，第 107 页。
② 《中央民族工作会议精神学习辅导读本》，民族出版社，2014，第 111 页。
③ 《第二次中央新疆工作座谈会上的讲话》，《中国青年》2014 年第 12 期。

言行，使各民族同呼吸、共命运、心连心的光荣传统代代相传，筑牢民族团结、社会稳定、国家统一的铜墙铁壁"①。

（6）促进各民族共同繁荣发展核心论。"增强团结的核心问题，就是要积极创造条件，千方百计加快少数民族和民族地区的经济社会发展，促进各民族共同繁荣发展。"② 没有各民族经济社会的全面发展，便没有各民族群众民生的改善和生活水平的不断提高，也没有民族平等权益保障的物质基础，民族团结进步创建也缺少相应的社会条件，中国特色社会主义建设的核心目标亦不可能真正实现，因此，推动各民族全面发展是民族团结必要的物质基础。"各民族都是一家人，一家人都要过上好日子。"③

（7）重申两种民族主义是民族团结大敌论。防范大汉族主义和狭隘民族主义对民族团结的破坏是中国共产党一直以来保持的明确态度，在马克思主义经典作家看来也是实现无产阶级跨民族团结必须抵御的资产阶级思想。十八大后，新一届中共中央再次重申党的主张，并强调指出："加强民族团结，要坚决反对大汉族主义和狭隘民族主义"，"大汉族主义要不得，狭隘民族主义也要不得，它们都是民族团结的大敌"。④ 反对两种民族主义"要各去所偏，归于一是，自觉维护国家最高利益，民族团结大局"⑤。

（8）民族团结工作用心用情说。任何社会关系的调节都与人们的情感认知相关。推进民族团结进步离不开对工作对象心理状态的把握，也离不开真情的付出，各地经验也不断证明，那些在促进民族团结进步工作中用心深用情专的地区，民族团结工作成效就显著，否则就会问题频现。因此，习近平总书记视察新疆时曾指出："新疆各族群众是我们的兄弟姐妹，宗教极端思想和恐怖主义是我们共同的敌人。团结兄弟姐妹，我们要付出真情、献上真心；打击共同敌人，我们要针锋相对、毫不留

① 《习近平总书记"两会"重要论述》，《时事报告》2014 年第 4 期。
② 《筑就民族团结进步的中国梦》，《解放日报》2014 年 9 月 28 日第 1 版。
③ 《各民族都是一家人，一家人都要过上好日子》，《中国民族报》2015 年 1 月 20 日第 1 版。
④ 《中央民族工作会议精神学习辅导读本》，民族出版社，2014，第 127 页。
⑤ 《中央民族工作会议精神学习辅导读本》，民族出版社，2014，第 129 页。

情。要深入开展各种形式的群防群治活动，着力打好反恐怖人民战争，筑起铜墙铁壁，使暴力恐怖分子成为'过街老鼠、人人喊打'，通过打击极少数教育团结大多数。"①

第二，维护民族团结进步方式创新。

在各级政府推动下，自20世纪80年代以来，全国各地都逐步有序地开展民族团结表彰活动，在不同层级的行政区域评选出了大量民族团结典型人物，使那些在日常社会生活中为民族团结进步做出贡献的人物和事件得到表彰，为日常社会生活中的民族团结进步创建提供了良好的社会氛围。党中央强调坚持各民族大团结成为各民族人民负有宪法规定的"维护国家统一和全国各民族团结的义务"。如何以更适宜且多样性的方式维护民族团结需要更为创新的方式来维护民族团结局面。其中包括以下几个方面。

（1）民族团结进步维护保障方式创新。"各族群众自觉按法律办事，民族团结才有保障，民族关系才会牢固。"② 依法保障民族团结进步实践在民族地区不断获得成果，一些民族自治地方除了遵守宪法和法律相关规范外，还依据上位法出台专门规范民族团结进步创建的条例，提升依法保障民族团结的能力。2014年以来，青海省的海北藏族自治州和果洛藏族自治州、贵州省、新疆维吾尔自治区察布查尔锡伯自治县等民族地区先后出台了民族团结进步条例，探索规范本区域民族团结进步创建活动，使民族团结进步维护保障方式向制度化、法制化方向有序发展。新颁布的《中国共产党纪律处分条例》第五十四条也明确规定：挑拨民族关系或参加民族分裂活动及违反党和国家民族政策行为的相关处分方式。③

---

① 《把祖国的新疆建设得越来越美好》，《新疆日报》2015年9月27日第2版。
② 《中央民族工作会议精神学习辅导读本》，民族出版社，2014，第123页。
③ "挑拨民族关系制造事端或者参加民族分裂活动的，对策划者、组织者和骨干分子，给予开除党籍处分。对其他参加人员，情节较轻的，给予警告或者严重警告处分；情节较重的，给予撤销党内职务或者留党察看处分；情节严重的，给予开除党籍处分。对不明真相被裹挟参加，经批评教育后确有悔改表现的，可以免予处分或者不予处分。有其他违反党和国家民族政策的行为，情节较轻的，给予警告或者严重警告处分；情节较重的，给予撤销党内职务或者留党察看处分；情节严重的，给予开除党籍处分"。《中国共产党纪律处分条例》，《法制日报》2015年10月22日。

在党规和地方性法规方面探索民族团结进步法规保障有利于提升民族团结进步创建的制度化水平。

（2）民族团结宣传教育创新。民族团结宣传教育是当代中国民族工作的重要组成部分，十八大以来民族团结宣传教育创新取得成果，突出表现在以下几点。

其一，目标创新。"要在全社会不留死角地搞好民族团结宣传教育"。

其二，方式创新。注重人文化、大众化、实体化，"改变单一的'大水漫灌式'的宣传教育，针对不同对象和受众特点，多做'滴灌式'的宣传教育"①"充分运用新技术、新媒体、多渠道、全方位开展宣传教育和创建活动"。

其三，载体创新。将民族团结宣传教育全面融入民族节庆活动、国民教育、干部教育、社会教育之中，创建民族团结进步教育基地、示范社区、乡村、单位、学校、连队等。利用好网络平台，促进各民族的交往交流交融。②

总之，十八大以后，中国共产党民族团结思想在继承、发展和不断实践探索中取得了重要的理论和实践成果。在实事求是和理论创新目标引领下，中国共产党民族团结理论以话语创新、载体创新和方式创新为指引，充分利用深厚的历史文化资源，进行广泛的社会动员和正面引导，使法制约束在各级政府的积极探索中取得一定成果。虽然杂音、噪声等未绝于耳，但是各民族人民在交往交流中不断团结凝聚的步伐并未停止，各民族共同团结奋斗共同繁荣发展的大势也未改变。各民族团结进步为中华民族伟大复兴、中国特色社会主义建设和人民生活水平的不断改善提供坚强保障。内蒙古的民族团结进步正是主权中国和人民中国建构中的重要组成部分，也是一个值得研究的典型。

---

① 《中央民族工作会议精神学习辅导读本》，民族出版社，2014，第117页。
② 《中央民族工作会议精神学习辅导读本》，民族出版社，2014，第119页。

# 第 二 章
# 历史基础：内蒙古民族关系

对于当代中国而言，民族团结进步的建构是社会现代化进程中必须不断推进的社会任务，没有民族团结的持续，就没有现代中国民族的多元性和文化多样性之间的良性互动，更没有统一多民族人民共和国的不断发展，也就不可能实现中华民族的伟大复兴。当代内蒙古民族团结进步的构建基于王朝国家转型为主权国家历史进程中最引人瞩目的问题之一——蒙古民族问题的解决。在漫长的王朝历史上，内蒙古区域范围也是王朝时期中国农牧冲突最为激烈的区域，更是游牧社会对中央王朝政治产生持续影响最直接的区域之一。当代内蒙古民族团结新格局的建构基于丰厚而多样的历史遗产，这些历史遗产从不同层面影响着民族团结新格局的方向、路径，当代内蒙古是在清王朝中国遗产中创建的民族团结进步新境界。

## 一 王朝时代内蒙古民族关系

内蒙古在王朝时代并非一个行政区划，在清王朝之前的历代王朝演进中，这一区域主要是游牧社会的活动区域，在不同时期分属于不同称谓的族类群体，东胡系、突厥系和蒙古等历史族体都以此为舞台谱写了各具特色的历史篇章。在今天内蒙古地域内，从先秦直至元代，见诸汉文史籍的群体主要有：肃慎、山戎、濊貊、乌桓、鲜卑、挹娄、靺鞨、契丹、女真、獯鬻、猃狁、鬼方、昆夷、匈奴、突厥、回纥、铁勒、柔然等，而蒙古人是这一区域游牧文化最后的承载者，元中央王朝的建构对于打通农牧隔离发挥了重要的历史作用，清王朝的建立及在这一区域构筑的盟旗制度成为深刻影响这一区域发展的根本性政治制度，为这一区域政区的形成奠定了基础。"蒙古以瀚海为界画，其部落之大类有四：曰漠南内蒙古，曰漠北外蒙古，曰漠西厄鲁特蒙古，曰青海蒙古。"[1] 所谓漠南蒙古一般指"哲里木、卓索图、昭乌达、锡林郭勒、乌兰察布、伊克昭内扎萨克六盟、二十四部、四十九旗和归化城土默特二旗"，察哈尔八旗自成一区；呼伦贝尔隶属于黑龙江；口外诸牧场隶属于内务府、太仆寺；套西厄鲁特二旗有时归属外蒙古，有时自为一区，均不在内蒙古范围内。晚清以后，始用内蒙古一词泛指大漠以南、长城以北，东起哲里木盟，西至河套西厄鲁特二旗的所有盟旗牧场。[2]

　　从地望上来看，今日内蒙古区域内在王朝时代一直是一个多元文化和多族类群体分布区域。从生产方式来看，清王朝统治建立之前，游猎、游牧、粗放农业曾是这一区域主要产业结构，对中原农业和手工业产品的依存成为这里谋求与中原社会建立长期稳定联系的基本动力，这一联系的基本目的也在于追求农牧互补的特定目标。明朝以前的诸王朝，除有元一代外，在内蒙古地区不断上演着不同游牧群体间相互争夺之战，或游牧群体间联合与中原王朝对抗之战，抑或是游牧社会自建政权并向外拓展势力，以至于常常与中原政权发生对抗或其中某一群体联合中原王朝政权扩大自身的影响力并取得在这一区域的优势地位。自然科学的研究为游牧人南下牧马找到了新的影响因素，即北部草原地区降水的减少和严寒天气的形成，危害人们的生存，成为牧人不断南下的一个重要外部原因。从数千年的历史长时段来看，这里是一个政治兴衰更迭更为频繁的区域，其兴衰和更迭又多与中原王朝统治有着各种各样的联系。在冷兵器时代，游牧社会的流动性和社会组织特点在特定意义上与中原社会相较也有一定优势。作为"行国"其与中原政权的竞争更具军事优势，任何一个中原王朝都得处理好与这一区域游牧社会的关系，否则政权的稳固便缺少良好的保障条件。中国共产党人认识到蒙古社会的发展

---

①　赵尔巽等撰，许凯等标点《清史稿》（卷三二～卷八四），吉林人民出版社，1976，第1635页。

②　谭其骧等：《我国省区名称的来源》，《复旦学报》1980年第1期。

与农业社会并非"……彼此隔离的，孤立的；正相反，蒙古社会的发展，和中原社会有着不可分的密切联合与重大的互相影响"①。

抛开西来"民族"视角，回到王朝中国历史情境，在汉文史籍中我们会看到，今日内蒙古区域，不同族类共同体互动有着漫长的历史过程，游牧社会的流动性和开放性并存，不同族类共同体间的相互融合、冲突、战争、和解亦属这一区域的历史常态。由于史籍信息的记载较粗略，今人很难说清楚各族类共同体间相融互动的具体历史场景，但是，草原地区几个大的族类群体的最终形成及内部文化的差异性告诉人们，是多样性的文化来源在王朝政治整合中推动了这些群体的凝聚。换言之，这些群体的形成是地缘或利益相近群体不断互动、相融和凝聚的结果，如汉朝时匈奴南入塞，灭东胡，并丁零、白羊、坚昆等，乌桓人与汉王朝的联合，魏晋南北朝时期突厥系和东胡系各族类群体的频繁征战与融合，辽、金的兴衰等均是这一历史常态的某些片段。

回溯历史并结合已有的考古成果我们不难发现，王朝时代在内蒙古留下了丰富的文化遗存，除了深埋于地下的文化遗存信息外，传承于人们社会生活中的种种文化习俗、古老的游牧技术等非物质性的遗存亦是历史上各不同族类共同体互动融合所成。文化多样性和交汇性是内蒙古区域文化的突出特点，成吉思汗时代正是在多样的文化基础上，通过蒙古游牧帝国的建立，整合各种不同文化群体，推动蒙古社会的建构，使蒙古人成为蒙古草原文化最终的继承者，也成为蒙古草原文化最终的发展者。在蒙古游牧文化的发展中，对周边族类共同体文化的吸收和利用则是其文化生命力持久性的重要源泉。

## 二　中华民族新格局与内蒙古民族团结

所谓中华民族新格局是指清末以降中国在主权现代国家建构进程中"五方之民"关系在国体变更中的重置过程，在这一过程中，王朝中国"五方之民"关系的建构不仅受到王朝时代"华夷"关系框架的影响，

---

① 民族问题研究会编《蒙古民族问题》，民族出版社，1993，第8页。

而且种族、民族、平等、自治、科学、国家等源于西方民族国家和推动资本主义发展的新观念逐步产生影响，并逐步改造着王朝中国传统的"华夷"观念，成为构建"五方之民"新关系的新理念。在清王朝国家政治解体和中华民族国家建构过程中，与革命派主张的"汉族民族"国家目标不同的是包容"五方之民"后人的中华民族国家新格局建构的社会趋势最终成为决定内蒙古走民族团结之路而不是走民族分离之路的根本力量。

"无论如何，长城以南的资源领域是各王朝的基础；所有的中原王朝统治者所为，简单地说，都在维护、扩张此资源领域，并在内部进行资源阶序分配。……即使是在辽、金、元、清等时期，王朝统治者仍将许多北方游牧部族隔于此资源界线之外，也因此不断有新的北方游牧政治群体崛起，尝试突破此资源界线。"[①] 的确，长城在相当程度上成为农牧资源分界的突出标志，长城以南自然环境和社会环境资源也是支撑"大一统"王朝运行的基础资源。在清王朝统治时期，由于对蒙古各部实施"众建之而分其力"的政策，加上盟旗制度的长期运行，逐步终结了游牧社会古典式的冲击长城以南资源的历史。在中华民族国家新格局建构中，王朝中国向主权中国转型，"共和"政体包容了"五方之民"后人的历史发展方向，内蒙古民族团结的建构获得了新的历史起点。需要特别指出的是这一区域民族团结的构建自清末以降，在经历了痛苦选择、血与火的洗礼并付出沉重代价之后，直至抗日战争时期才逐步寻得正途。

### （一）内蒙古的蒙汉冲突与清末蒙古社会分化

清末民初蒙汉冲突是蒙汉之间历史之痛。早在 19 世纪 60 年代，随着清王朝边疆危机不断以及社会矛盾的不断激化，蒙地的封禁政策日益松动，朝廷的放垦措施和蒙古王公为满足自身对财富的需求而扩大招垦等，促成中原民人不断进入内蒙古草原耕种的情况日益增多。早在同治年间，清政府就先后开放了东北地区，同治七年（1868）首先开发今河北围场一带。光绪六年（1880），清政府正式放荒免税，鼓励内地农民

---

① 王明珂：《游牧者的抉择》，广西师范大学出版社，2008，第 225 页。

移垦东三省，进入"移民实边"政策实施时期，1902～1908 年则是"移民实边"政策猛烈推行时期，是蒙古社会抗垦"最烈"时期①，这一时期，仅伊盟就有 2.38 余万顷土地以各种名目被开垦。至 1902 年，北部所开蒙地即达 13.5 千亩。② 据估计，内蒙古 12 部 21 旗所开垦耕地至少在 3400 万亩以上，已开耕地比例占旗地总面积的 40.47%。③ 在这一进程中，蒙汉冲突和矛盾日常化、表面化，有时矛盾激化甚至酿成区域性社会动荡，造成流血冲突。如 1891 年兴起于敖汉旗并波及热河地区的金丹道之乱，是清末东部蒙古地区蒙汉冲突影响最广大的历史事件，史称这一事件"声势雄猛，焚杀蒙古，蔓延半载之久，蹂躏十旗之众"，"初则蒙古之被害固多，而后来汉人死者亦复不少，约略言之，两方死者，不下数万余人"。这在相当程度上使蒙汉关系陷入敌对和紧张状态，直至民国元年当地仍有关于汉人杀蒙或蒙人计划杀汉的谣言散布。④ 在西部蒙古地区，同样存在着蒙汉农牧民间日常的矛盾，关于牧场与耕地、租种与租金等的纷争十分常见。蒙汉农牧民矛盾的普遍化和冲突的日常化，成为唤醒蒙古社会下层蒙古人意识的牢固社会基础。蒙古社会内部的阶级矛盾与汉族矛盾以及与清王朝中央的矛盾交织在一起并造成社会动荡，这一时期在东西蒙旗发生的抗垦运动实际上具有强烈的蒙古民族主义色彩，牧民们焦虑于牧地的减少、生活陷入无着，他们认为这些状况出现的直接原因在于农民的大量涌入。此外，汉族地主和蒙古王爷间的利益冲突也掺杂其中，各民族不同阶层有着不同的要求，在一些社会性冲突事件中除了直接的利益之争也常常混有日常的民族矛盾因素，从而使问题复杂化。由于政府社会管理失序，社会矛盾和冲突得不到及时调解，更没有适宜的管理机制。清末以后的旗县并置行政，在某种程度上侵害了王公贵族权益，加之蒙古社会贫困化及阶级矛盾的尖锐化，以上诸多问题的叠加，在内蒙古社会矛盾激化的大背景下，使蒙汉关系陷于水火。成书于 1913 年的《哲盟实剂》对当时蒙汉关系评价为："蒙汉

---

① 《蒙古族通史》（下），民族出版社，2001，第 65 页。
② 邢亦尘：《略论清末蒙古地区的"新政"》，《内蒙古社会科学》1986 年第 3 期。
③ 《蒙古族通史》（下），民族出版社，2001，第 103 页。
④ 汪国钧：《蒙古纪闻》，内蒙古人民出版社，2006，第 1、19 页。

感情，若秦人之视越人，极形膜隔。至设治较早地方纯属汉人寝馈范围，蒙人则另图栖止。"① 此实当时蒙汉之间普遍关系的真实记录。这一时期的蒙汉冲突的实质则属农牧冲突的历史余续和阶级冲突的叠加。

### （二）民初"共和"政体和内蒙古的历史选择

王朝中国在资本主义时代难以为继之时，近代中国的主题已为"走向世界的新中国"②，然而这一历史跨越并非易事。王朝末年的中国在与西"夷"打交道时日益显示出其政治劣势。在"师夷长技以制夷"难见成效的情势下，不断被资本主义社会打击的王朝社会，不仅失去了往日"天朝上国"的气势，似乎也只有亦步亦趋地追随"夷"的路径图生存之一途，并以"夷"的标准来衡量自己的一切。于是，在西人的国家标准面前，王朝中国发展历史方向问题便成为显著问题，特别是王朝政体的走向及政体变革中清王朝治下的领土、人民如何处置等问题在立宪派与革命派之间有着极大差别。君主立宪派要求开国会、立宪法，挽救王朝政治；革命派则要求"驱逐鞑虏"，推翻清王朝统治，建立汉民族国家。

在政体变更中，"君主立宪"与"共和"是两个不同发展方向的选择，在政体变更中如何处置清王朝治下的具有文化差异特点的人民，二者也持有不同观点。立宪派认为如果汉人组织共和国家，则蒙回藏中持民族主义者会在政府初立之时建立各自国家，形成"四小中国"，由于其实力差，结果会使俄得蒙回、英得西藏，法德日等必向21省下手，从而"影响波及汉人之国，亦就灭亡"③。从保全领土、人民的角度出发，他们认为："故中国之在今日世界，汉满蒙回藏之土地不可失其一部，汉满蒙回藏人民不可失其一种，必使土地如故，人民如故，统治权如故。三者之中，不可失其一焉有所变动，一有变动，则国亡矣。……人民既不可变，则国民之汉满蒙回藏五族，但可合五为一，而不可分一为五。"④ 有学者研究指出立宪派人物杨度"早在革命以前的阶段，通过领

---

① 王士仁：《哲盟实剂》，哲盟文化处，1987，第3页。
② 罗志田：《近代读书人的思想世界与治学取向》，北京大学出版社，2009，第52页。
③ 李晴波主编《杨度集》，湖南人民出版社，1985，第211页。
④ 李晴波主编《杨度集》，湖南人民出版社，1985，第304页。

土的划定和国民的定义……已经把怎样处理清朝皇帝与藩部的'羁縻'关系（宗藩关系），这一关系到国家统合的基本原理，提前一步提出了"。"辛亥革命后，作为民族统合标语的'五族共和'论，并不是过去所想的那样，是孙文等革命派在民国元年时提起的，也不是在辛亥年南北讲和会上由北方代表初次提出的构想，而是在 1907 年阶段，立宪君主主义者杨度以'五族合一'论的形式提出来的。"① 革命派则主要考虑自身的革命目标，确立了满人是其革命需要驱逐的对象，蒙、回、藏作为清朝藩属则随其来去自由。②

　　辛亥革命首义之后，军政府一经成立，便宣言布告天下，其主要内容仍为"驱逐鞑虏""恢复中华""建立民国""平均地权"，坚持着革命最初的建立汉民族国家的目标，军政府只对"满洲汉军人等"有悔悟来降者免罪③，并未涉及诸省以外的事项，由此正式宣告共和政体的历史选择。南京临时政府成立后，以孙中山为首的革命派从革命者转变为执政者，不得不考虑如何继承清王朝领土、人民的遗产问题，因而在共和政体确立的过程中，包容了"五族"，从中国历史国情和其政治需要出发，南京临时政府接受了"五族共和"承继王朝的历史格局，推动王朝国家转型进程实现从"汉民族国家"向统一多民族国家路径的转向。④1911 年 11 月，孙中山代表的南京临时政府发布的《中华民国临时约法》规定"中华民族人民一律平等，无种族、阶级、宗教之区别"。与此同时，主权属于国民全体，领土则由 22 行省、内外蒙古、西藏、青海构成。⑤ 在《临时大总统就职宣言》中正式宣布："国家之本，在于人民。合汉、满、蒙、回、藏诸地为一国，如合汉、满、蒙、回、藏为一人，

---

① 〔日〕村田雄二郎：《孙中山与辛亥革命时期的"五族共和"论》，江中孝、王杰主编《跨世纪的解读与审视：孙中山研究论文选辑（1996 - 2006）》，天津古籍出版社，2006，第46、48 页。

② 章太炎：《中华民国解》，《民报》1907 年第 15 号。

③ "此中华之谓纯为汉族而已。其称：'驱逐鞑虏后，光复我民族的国家'。"陆学艺、王处辉主编《中国社会思想史资料·晚清卷》，广西人民出版社，2007，第 228 页。

④ 王柯：《民族与国家：中国多民族统一国家的思想系谱》，冯谊光译，中国社会科学出版社，2001，第 194 页。

⑤ 黄彦编《孙文选集》（中），广东人民出版社，2006，第 275 页。

是曰民族之统一。"① 显然在这些具有法律效力的文本中充分肯定了"共和"政体包容"五族"的现实。共和政体也得到了清王朝的承认，清王朝最后的掌权者借助《清帝逊位诏书》的形式，确认中华民国共和政体，承认人民主权："清帝以和平逊位的方式，把君主政权转让与一个新生的立宪共和国，由此弭平了两个断裂，一个是古今政治天命之断裂，一个是民族畛域之断裂。"② 清帝逊位，不仅成就和强化了中华民国宪政意义上的合法性，也推动了满、蒙、回、藏由藩部臣民向中华民国国民转变的历史进程，使其在共和中国统一和民族团结中具有了特殊重要意义。③

1912 年 2 月，孙中山在致电何宗莲时称："共和民国，系结合汉、满、蒙、回、藏五大种族，同谋幸福，安有自分南北之理……国家之事，由全国五族人共组织之。"④ 1912 年 9 月在面对蒙藏回等相关组织时，孙中山亦一度以"五族共和"相号召，如孙中山在北京蒙藏统一政治改良会演讲时称："我国民以自由平等博爱三主义，造成共和国家。凡我蒙藏同胞，首即当知共和国家，异于专制国家之要点。专制国家，其利益全属于君主，共和国家，其利益尽归于国民。……今我共和成立，凡属蒙藏青海回疆同胞，在昔之受压制于一部者，今皆得为国家主体，皆得为共和国之主人翁，即皆能取得国家参政权。方今共和初建，各种政治，条理尚未发生，将来国家立法，凡有利于己者，我同胞皆得赞同之，有不利于己者，同胞皆得反对之。"⑤

尽管"共和"政体由于袁氏为满足自己的政治野心而未能如孙中山所期许的那样真正实现，"五族"无论如何从形式上还是法律文本上或已为"共和"政体所包容。袁世凯取得政权并且希望建立袁姓皇帝当政的国家，但"共和"已将王朝政治终结，因此，袁氏在就任大总统的誓词中仍不得不称"深愿竭其能力，发扬共和之精神……俾五大民族同臻

---

① 胡汉民编《总理全集》（下，第 2 集），上海书局，1930，第 5 页。
② 高全喜：《立宪时刻——论〈清帝逊位诏书〉》，广西师范大学出版社，2011，第 151 页。
③ 支振锋：《民族团结与国家统一的法律确认——辛亥革命中的清帝〈逊位诏书〉》，《理论视野》2011 年第 10 期。
④ 《孙中山全集》（第 2 卷），中华书局，1982，第 60 页。
⑤ 胡汉民编《总理全集》（下，第 2 集），上海书局，1930，第 82 页。

乐利",并亦称其"添承五大族推举"①,还称:"现在五族共和,凡蒙藏回疆各地方同为我中华民国领土,则蒙藏回疆各民族即同为我中华民国国民,自不能如帝政时代再有藩属名称。此后蒙藏回疆等处自应通筹规划,以谋内政之统一,而冀民族之大同。民国政府于理藩不设专部,原系视蒙藏回疆与内地各省平等,将来各该地方一切政治具属内务行政范围。现在统一政府业已成立,其理藩部事务著即归并内务部接管,其隶于各部之事仍划归各部管理,在地方制度未经划一规定以前,蒙藏回疆应办事宜,均各仍照向例办理。"② 一时间"五族共和"成为满蒙回藏等社会上层与民国政府谋取权益的重要旗帜。袁氏当国之后,共和政体延续受到威胁,民初对"五族"的包容并未发生反向变化。

正是在"共和"政体包容"五族"的总体形势确立的情况下,响应喀尔喀蒙古独立号召,还是参与"共和"中国建设,这对内蒙古僧俗上层来说是一个颇为两难的选择。1911 年 12 月 1 日,外蒙古发布《告蒙古人民书》称:"我们蒙古自来就是一个单独的国家,因此,根据由来已久的权益,兹特宣布蒙古为独立国,并成立新政府,行使自行处理国内事务不受他人约束的权力。"③ 还称"现值南方大乱,各省独立,清皇权势日就凌夷。国体变更,指日可待","我蒙古亦应联合各盟,自立为国,以便保我黄教,而免受人权力压迫之苦"。④12 月 2 日,沙俄驻库伦总领馆致其驻北京公使馆密报称:"喀尔喀王公们因中国内部出现动乱而受到鼓舞,遂决定积极达到脱离中国之根本目的。……建议切勿错过中国革命这一对喀尔喀独立有利的大好时机。……满洲办事大臣只有 40 名卫士和近 300 人的步兵与骑兵,但王公们并不感到可怕,因为所有军官已宣誓倒向葛根一方。"⑤ 当武昌起义公开对清王朝宣战后,清王朝进入了历史的最后时刻,其曾经的藩属和同盟者喀尔喀蒙古人在沙俄的支持下也举起"独立"旗帜,自立国家,至此内蒙古诸盟旗僧俗封建上层

---

① 参见徐有朋编《袁大总统书牍汇编》,上海广益书局,1926,卷首第 1 页。
② 《临时大总统令》,中国第二历史档案馆档案一〇四五·120。
③ 《蒙古人民共和国通史》,科学出版社,1958,第 217 页。
④ 《西盟会议始末记》,远方出版社,2007,第 33 页。
⑤ 栾景河编译《俄罗斯有关外蒙古独立问题未刊档案选译》,《近代史资料》,中国社会科学出版社,2003,第 52 页。

被置于一个历史选择的困境。

在历史选择时刻，内蒙古各盟旗，那些掌管旗政的扎萨克王爷，他们的决策对本旗选择方向产生着根本影响，最初有的"进"而组织军事行动者积极响应，有的"退"而公开宣布不与喀尔喀人合流，也有的在两者间观望并最后选择"退"。有史证表明，各旗王公贵族们面对曾经依赖的王朝中央政权的崩溃，他们最初从情感上首先选择的是"库伦"。据统计，外蒙古独立后，计有昭乌达盟12旗（原为11旗，1910年析增敖汉右旗）中的6旗，伊克昭盟7旗中的5旗，锡林郭勒盟10旗，乌兰察布盟6旗，卓索图盟5旗中的2旗，哲里木盟10旗中的6旗，共35旗。[①]虽然，这份名单中没有巴尔虎、阿拉善、土尔扈特等旗的信息，但是，内扎萨克旗已有73%都表示了对哲布尊丹巴的效忠，宗教、传统政治关系和利益期待及情感是其向哲布尊丹巴投诚的复杂原因。在当时蒙古社会和中央王朝政治结构变革方向未明的情况下，王公贵族们的行动无论从阶级的视角，还是从民族的视角来看，都有其一定的合理性。有相当一部分王公将情感化为行动，积极参与到"独立"行动之中。参与者分为两种情况，一种是在本旗举事，响应"独立"行动；另一种则直接投向库伦，参与实际行动，以表明对活佛的忠诚。

东部蒙古各旗中，科左前旗的乌泰[②]反应最为迅速和激烈。1912年8月，乌泰与旗内上层人物和科右后旗镇国公拉喜敏珠尔联合，集结两旗壮丁5000余人，散发《东蒙古独立宣言》，袭瓦房镇，兵指洮南，驻防郑家屯的巡防都统吴俊升等奉命进剿，乌泰和拉喜敏珠尔逃向哲布尊丹巴政权辖地，旗民从者达上万人。扎鲁特左旗扎萨克贝勒多布杰原已通款哲布尊丹巴政权，但是踌躇未决。该旗协理台吉官布扎普在乌泰之乱后便行动起来，他先缚旗扎萨克，而后焚烧王府，又集结东西扎鲁特、阿鲁科尔沁各旗台吉、壮丁及乌泰余党数千人，袭开鲁，蹂躏开鲁县治

---

① 汪炳明：《关于民国初年表示归顺外蒙古哲布尊丹巴政权的内蒙古盟旗、王公》，《蒙古学信息》1996年第1期。

② 有研究认为早在1904年乌泰便与沙俄相勾结，有"倾心联俄"之意并已有种种行动，但是日俄战争中俄国失败使他们的计划被打乱。详见阎光亮《清代内蒙古东三盟史》，中国社会科学出版社，2006。

下的巴什哈、旧庙、胡家岗、公营子各地，致使 5 万余人流离失所，并扬言进攻赤峰、林西。热河都统急调军马镇压，官布扎普等逃往库伦。①

受到清末改革维新思想的影响，驻京蒙古王公中已颇有一些心怀改革者，可称为蒙古历史上最早的革新人物，其中最著名的有喀喇沁扎萨克郡王贡桑诺尔布、科尔沁左翼后旗扎萨克博多勒噶台亲王阿穆尔灵圭②、科尔沁左翼前旗扎萨克宾图郡王棍楚克苏隆、蒙古旧土尔扈特东路右翼旗郡王帕勒塔、科尔沁左翼后旗辅国公博迪苏、喀尔喀蒙古赛音诺颜部扎萨克和硕亲王那彦图。③ 他们大多数人都曾寄希望于 "新政" 能够挽救清王朝的命运，然而，辛亥革命打破了他们的希望，将他们置于旧朝利益与情感、现实利益两难的选择之中。驻京蒙古王公在竭力维护清王朝无果的情况下，不得考量自身的前途并做出新的选择。

蒙古王公们 "最怕中国革命，怕朝廷倒台。他们的唯一希望是怎样才能够保持住他们世袭罔替的爵位和继续维持住他们的封建统治特权，但大家没有主意。宾图王④乘此机会，怂恿各王公响应哲布尊丹巴活佛。他提议从哲里木盟起事，北联呼伦贝尔，西结西部各盟，和外蒙古统一起来，搞一个蒙古独立王国，这个计划曾得到各王公的赞同。其中最与宾图王密切的是科尔沁左翼后旗的博多勒噶台亲王阿穆尔灵圭和阿尔花公，科尔沁左翼中旗的卓里克图亲王色旺端鲁布，科尔沁右翼前旗的扎萨克图郡王乌泰，科尔沁右翼后旗的镇国公拉喜敏珠尔，奈曼旗的郡王苏珠克巴图尔"⑤。宾图王、阿尔花公直接投奔库伦。阿穆尔灵圭则两面从事，一方面他在情感上更倾向外蒙古；另一方面他上书民国政府以争取保护蒙古王公权益，称："鄙人自去冬联合蒙族，同赞共和，本意冀

---

① 〔日〕滨田纯义、〔日〕柏原孝久：《蒙古地志》，邢复礼节译，《内蒙古文史资料》（第 32 辑），内蒙古文史书店，1988，第 183 页。

② 据称阿穆尔灵圭先后攻读蒙汉文十多年，散文、韵文功底深厚，擅长诗词书法，曾奉旨为御前行走，任崇文门都督。在本旗设立第一所小学并在旗内开设股份公司，振兴本旗畜牧业。《内蒙古文史资料》（第 32 辑），内蒙古文史书店，1988，第 96 页。

③ 现在没有资料表明那彦图最初在听到外蒙古 "独立" 后的表现，但是在随后的媒体中那彦图坚决地站在民国政府一边，维护 "五族共和"。

④ 棍楚克苏隆，1915 年死于外蒙古。

⑤ 博彦满都：《我所知道的宾图王棍楚克苏隆》，《内蒙古文史资料》（第 32 辑），内蒙古文史书店，1988，第 133 页。

免分崩，共谋幸福。今乃争议日滋，危机日烈，既无以自解于本族，岂易为继续之维持。瓦解之意，尤所心怵。"① 当贡王等王公回旗之时，阿王则留在北京观察形势，最终阿王没有选择库伦。有研究指出，其与主张"满蒙独立"的日人川岛浪速有过联系，并有过以自保为名练兵等行动，似颇有异志，但最终一事无成。史称其与那彦图等合作，以"驻京蒙古联合会"之名积极争取权益，对促成有利于调整当时蒙汉关系的《蒙古待遇条例》出台颇有贡献。② 他在长春会议上演说时曾明确表示拥护共和，称："试思共和政体，五族平等，国家系五族所公有。大总统一职，系五族所公举，无论汉人、蒙人均有被举权。国会为全国立法最高机关，又系由五族选举议员，公同议政，较之历代国家为皇帝一家之私产，奴隶全国，以少数贵族把持政权者，宁有同乎。共和政体于我蒙古不特无损，实大有利益。"③ 在维护共和体制良好想象的同时，他也表示："本王深愿保持蒙古之权利，扩充而巩固之，故自今年以来，历次派员赍文到各旗劝谕在案。则对于政府、对于参议院，一切言论作事，无时不为蒙古兴旺起见。"④ 年轻时他对旗政振兴也颇有志向⑤，中华民国成立后曾于1912年当选为北京临时参议院议员，参加哲里木十旗的王公代表会议，对稳定东北蒙旗社会秩序颇有影响。1913年，当选第一届国会参议院议员等职。⑥

1912年正月，贡桑诺尔布与巴林王札嘎尔回旗，准备招兵买马，并与日本泰平公司订立了一份购买枪支的合同，贡王随后在喀喇沁旗举行高级官员的秘密会议，称："这几年来，开办学校，训练军队，振兴实业，这一切都是为了蒙古民族的独立做准备工作。现在清朝颠覆，民国肇造，外蒙独立，正是我们行动起来的好机会，如果再拖延下去，就要

① 《阿穆尔灵圭呼吁速任定国务员成立统一政府致孙中山等电稿》，《中华民国史档案资料汇编》（第2辑），江苏人民出版社，1981，第121页。
② 乌力吉陶克陶：《辛亥革命时期阿穆尔灵圭的政治活动》，《内蒙古社会科学》2002年第6期。
③ 《北洋政府档案》，南京中国第二历史档案馆，卷宗号：一〇四五（2）917。
④ 《北洋政府档案》，南京中国第二历史档案馆，卷宗号：一〇四五（2）917。
⑤ 达瓦敖斯尔：《僧格林沁后人》，《内蒙古文史资料》（第32辑），内蒙古文史书店，1988，第96页。
⑥ 佟佳江：《清末民初东北蒙古王公传略》，《黑龙江民族丛刊》1994年第4期。

前功尽弃了……"①，他的思想和行为带有蒙古民族主义理想特征，出席会议的多数人未响应之，加之其未能及时获得日本方面的武器。与此同时民国政府则加强了对蒙古王公上层的影响，他最终接受民国的安抚，成为民国政府的高官。哲盟的宾图王棍楚克苏隆②，科右后旗的拉喜敏珠尔、阿尔花公③、陶克陶台吉，喀喇沁右旗的海山，克什克腾旗的诺勒嘎尔扎布台吉，浩齐特左旗郡王色隆托济勒等投向哲布尊丹巴，他们中的很多人成为哲布尊丹巴建设政权的重要骨干力量。比如喀喇沁右旗的前梅林章京海山，有很高的汉语水平，通晓数国语文，曾在哈尔滨担任《蒙古新闻》（这是当时沙俄鼓吹蒙古"独立"的宣传工具）的编辑。很多研究成果表明，他在策划1911年喀尔喀蒙古"独立"过程中起了重要的作用，比如曾在彼得堡协助车林齐密特与俄国政府交涉援助事宜，之后又在伊尔库茨克、恰克图与俄国有关当局联络，俨然是蒙古"独立"不可多得的智囊。④ 还有曾在内蒙古坚持多年反清抗垦的陶克陶，由于抗垦失败受到沙俄援助，逃入沙俄境内，最终加入哲布尊丹巴政权⑤，成为哲布尊丹巴"神权政府"的得力干将。来自于呼伦贝尔的达木丁苏隆，更成为哲布尊丹巴"神权政府"倚重的力量，曾担任进军内蒙古的总司令。而察哈尔镶黄旗总管陶布钦派伊达木扎布、扎木苏荣、甘珠尔、松木布如、特木尔5人前往库伦，带去志愿申请加入蒙古"独立运动"的文书，并请求支援武器装备。1911年5人领回200支"毕尔丹"枪，50支"连珠"枪。⑥

---

① 吴恩和、邢复礼：《贡桑诺尔布》，《内蒙古文史资料》（第1辑），内蒙古人民出版社，1979，第113页。

② 1912年棍楚克苏隆到库伦后担任了哲布尊丹巴的副总理大臣，据说给哲布尊丹巴提了不少"治国安邦"之策，但是不为哲布尊丹巴集团所容，1915年死于库伦。至于其死因有说病死，有说被仇人毒死。

③ 即那逊阿尔毕吉呼，被库伦封为科左后旗辅国公。1912年他从外蒙古回到科左后旗与该旗协理台吉官布扎布、二等台吉图们乌勒吉、梅伦护印参领阿呢杨噶、台吉明嘎等逼迫副盟长林沁诺依鲁响应库伦，并于1913年作为外蒙古进军内蒙古的第三路统领进攻苏尼特二旗和乌盟四子王旗。

④ 其活动详见樊明方《海山与1911年外蒙古独立》，《中国边疆史地研究》2005年第2期。

⑤ 起义经过详见苏赫巴鲁《陶克陶呼起义始末》，《内蒙古民族大学学报》1984年第1、2期。

⑥ 《内蒙古近现代总管录》，《内蒙古文史资料》（第51辑），内蒙古政协文史委员会，2001。

经过短期的犹豫，一些王公坚决地选择不参与哲布尊丹巴"神权政府"独立活动。哲盟盟长兼兵备扎萨克齐默特萨色木丕勒先是声称在双方的战争中严守中立，乌泰之乱后又欲从之，10 月参加过第一次长春王公会议后又通电拥护共和。[①] 1912 年，伊克昭盟在郡王旗的苏布尔嘎召集全盟各旗王公会盟，并取得乌兰察布盟的同意，由郡王旗西协理台吉贡布扎布执笔代表乌伊两盟十三旗，质疑外蒙古独立[②]，他们承认蒙古民族是一体，但是提出"此事虽由各部落王公等承认，但应行商定之件，为数尚多"。并拟定质疑 13 条，从君位与教主关系的处理、兵力财力、治国人才、俄国人吞并之心等方面发出质疑，称"我蒙古二百年来即为中华领土，环球各国共见共闻"，并怀疑他们的行为是否能够得到世界各国的承认。在回复库伦第二次檄文中，伊盟也实事求是地指出："本盟边墙一带早与内地人民耕种杂居，孰莠孰良，势难辨证析。且本盟游牧，多与南面毗连，而力又微薄，颇难自保，则拥卫大局，本盟不能胜此重任也。"[③] 这并不表明乌伊两盟王公均能够团结一致不参与独立活动，只表明乌伊两盟大多数王公反对参与独立活动。其中被革职的乌审旗扎萨克察克都尔色楞及其哈屯纳仁格日勒，勾结额尔敦仓、贡布扎布等，向该旗衙门呈文，要求响应库伦，但是全旗文武官员会议，一致商决反对库伦"独立"，使他们的要求未能得到响应。他们只能私下串通，准备马匹，并勾结喀尔喀蒙古军队，企图劫走成吉思汗陵橡，终为"独贵龙"群众发现，被捉拿送至旗府，游街示众，由盟长按罪行轻重分别定罪。实际上，乌盟不仅有王公派人到库伦表示效忠哲布尊丹巴佛，甚至"六旗扎萨克联衔"向国民政府发文，大意为"共和国扰害蒙古，毁弃佛教，破坏游牧，以销除藩属名称为混乱蒙人种族"，乌盟呈"背民国而向库伦之势"[④]。

各盟旗所处地理区位的确对王公们的选择有着较为强烈的影响，比

① 佟佳江：《清末民初东北蒙古王公传略》，《黑龙江民族丛刊》1994 年第 4 期。
② 奇宝玺口述，武智勇整理《图布升吉尔格勒生平简述》，《内蒙古文史资料》（第 32 辑），内蒙古文史书店，1988，第 135 页。
③ 《西盟会议始末记》，远方出版社，2007，第 39 页。
④ 《西盟会议始末记》，远方出版社，2007，第 36 页。

如与喀尔喀蒙古直接接壤的乌兰察布、锡林郭勒两盟便呈现出极为复杂的状况。一方面是盟长、阿巴嘎左旗世袭执政王公杨桑扎布①力主不与库伦合作，另一方面也有东浩齐特扎萨克率全旗半数人迁移至哲布尊丹巴神权政府治下，西浩齐特也有大量牧人外迁。这些人主要听从旗扎萨克或喇嘛等的宣传而外迁，他们的外迁的确为哲布尊丹巴神权独立活动壮了声威。

鄂尔多斯、察哈尔、归化城土默特都未积极响应库伦的召唤，其中，察哈尔正黄旗巧尔基庙的西仓活佛拉木腾积极响应哲布尊丹巴的号召，并且多次动员总管巴彦孟克。巴总管虽然很尊重活佛，但是"他对事件发展不抱乐观态度"，"也不赞成把国家搞的四分五裂"②，正红旗总管富林阿也反对库伦独立活动，他甚至认为人们参与"牛年动乱"是因为不识汉字，不懂民国政府。③ 巴林左旗的色丹那木扎勒旺宝在收到哲布尊丹巴的檄文后，并未附和之，"在陶克陶、巴布扎布大军未到旗境之前便晓谕境内之汉民工匠、小商贩等，劝其从速迁移出境，并派王府之兵丁护送到老哈河沿，令速过河，各回原籍，免遭涂炭"。④ 敖汉左旗扎萨克多罗郡王棍布扎布干脆将从库伦回来响应库伦动员的科左后旗阿尔花公驱逐出旗境。⑤

随着王朝中国的终结，由于"五族共和"新政治架构尚未真正建成，日俄帝国主义乘势加紧谋求自己在中国的利益。蒙古社会所处特殊的地理区位被置于激烈的历史选择进程中，在沙俄的支持下，喀尔喀蒙古逐步走向"独立"发展之路，内蒙古绝大多数的旗则选择在"共和"政体理想中谋求发展。与此同时，在民族矛盾日益突出的背景下，民族

---

① 其归顺外蒙古的函则写于 1912 年冬他被外蒙军掳往外蒙古后。见《蒙古民族通史》（第五卷），内蒙古大学出版社，2002，第 233 页。
② 《内蒙古近现代总管录》，《内蒙古文史资料》（第 51 辑），内蒙古政协文史委员会，2001，第 72 页。
③ 《内蒙古近现代总管录》，《内蒙古文史资料》（第 51 辑），内蒙古政协文史委员会，2001，第 73 页。
④ 彭祝三：《巴林郡王色丹那木扎勒旺宝的一生》，《内蒙古文史资料》（第 32 辑），内蒙古文史书店，1988，第 143 页。
⑤ 忒莫勒：《民国元年昭乌达盟扎鲁特左旗事变研究》，《中国边疆史地研究》1994 年第 4 期。

意识日渐强化，主要表现为以下几个方面。

1. 从民国政府到国民政府蒙汉关系日形恶化，激发民族解放诉求

尽管北洋政府时期建立了管理蒙古事务的机构，并对蒙古王公贵族实施了一套优惠政策以联合其巩固统治，但是北洋政府本身政治目标不清明，特别是袁氏的民初政府并未真正推进"共和"制度的理想，政府政治不良，使民初社会陷于政治乱象和权争，根本无力实现"五族共和"的目标。当时，居留京城的影响蒙古社会的政治精英，大多来自蒙古封建僧俗上层，他们除了关注自身利益，绝少考虑蒙古民族利益，更不可能思虑民族团结利益。在这样的政治和社会背景下，内蒙古区域内的民族关系日形恶化，最终为日本侵略者所利用。

民国政府和国民政府相继对内蒙古进行了政区改革，这类改革没有遵守"共和"原则，不过是王朝政府的遗续而已。1914年，民国政府置热、察、绥三特别区，分别管辖长城近边的各盟旗，表面上看这似乎在一个更高层面上提升了对内蒙古区域的政区管理，事实上仍然不过是清王朝分化政治的翻版。民国政权性质决定了其施政目标，三特别区的设置不过成为各路军阀都统肥私的途径而已。据统计，绥远特别区8任都统在16年时间里，无休止清丈土地达11万余顷[1]，其中所得自然无算。1928年，国民政府执政后，三特别区改省，今日内蒙古所辖大部分区域在辽、吉、黑、热、察、绥、宁等省境，由是盟旗制度被完全置于省县控制之下，蒙古王公扎萨克支配旗地，牧场权力基本上转移至省县当局，"旗县并治""蒙汉分治"局面形成[2]。蒙汉矛盾受农牧矛盾影响，也表现于旗县之制和汉族地主与蒙古王公之间，蒙汉矛盾日益表面化，农牧已从互补转至互相冲突，蒙汉互相欺压现象普遍出现。手中有兵权的军阀成为最大的获利者，他们通过清理地籍和移民放垦壮大自身实力。1929年，大军阀张作霖和张学良父子在科尔沁草原放垦蒙地总计达653840垧[3]，约合980余万亩。

蒙地放垦无度，造成"垦地日广，牧场益狭……蒙官之权力渐失，

① 郝维民、齐木德道尔吉主编《内蒙古通史纲要》，人民出版社，2006，第546页。
② 郝维民、齐木德道尔吉主编《内蒙古通史纲要》，人民出版社，2006，第545页。
③ 郝维民、齐木德道尔吉主编《内蒙古通史纲要》，人民出版社，2006，第547页。

蒙民之生计日蹙"①，对阶级矛盾和贫困化交困的蒙旗而言形成新的挑战，各旗旗政亦日形衰败，以至于草原上盗贼蜂起，汉族农民常常是其侵害的对象。而汉族地主土豪也有霸耕霸种、抗欠租粮者，这也损害了王公利益，社会矛盾和纠纷丛生。但是地方官员在处理纠纷时缺少公正理念并进行公然歧视，因此，察哈尔蒙古代表曾向南京政府表示："民国之官吏，则显分轩轾；而县与旗之感情，遂日趋隔阂；因文字之不同，重征捐税，蒙人无从争论；因言语不通，诉讼覆冤，蒙古人无恁申辩；供差徭役，则蒙古出资独多；享受权利，则蒙古不得参预。"时人指出：蒙古社会知识分子认识到民国所谓对蒙政策"在形势上，虽有不分种族之美观，而实际上，实有致蒙古民族死命之虞"②。也就是说，蒙古社会在"共和"体制下并未感受到平等待遇，反而认为"民国之无公理，反甚于前清时代之专制，饮恨吞声，无所控诉，是以蒙人对于官办垦务，皆上下一心，群起反抗"③。蒙汉关系至此进入敌对化状态，国民政府也无力改善这一状况。以具有近代知识和权益意识的蒙古知识分子为主要力量的蒙古自治运动兴起，成为向民国政府伸张民族权益的重要力量。尽管社会上不乏蒙汉团结的号召者，但是由于在总政策、体制、机制上缺少对民族矛盾的调解，因而民族团结号召便仅止于一种社会愿望而已。

2. 蒙古民族振兴与内部团结诉求更为显著

蒙汉矛盾的尖锐化和蒙古社会具有近代知识和观念的知识阶层的成长，使蒙古民族命运问题成为他们关注的重要问题。这些知识分子内受孙中山"扶持国内弱小民族"之承诺和中国共产党支持蒙古民族解放的主张影响，外受共产国际和国民革命中成长起来的蒙古社会新知识分子影响，成为内蒙古民族振兴的新生力量。

第一个探索蒙古民族解放的政党，即内蒙古人民革命党。④该党于1925年10月在张家口召开第一次代表大会，共产国际、冯玉祥的国民

---

① 马福祥：《蒙藏状况》，蒙藏委员会印行，1931，第13页。
② 范长江：《范长江新闻文集》（上），新华出版社，2001，第388页。
③ 刘仲仁：《垦辟蒙荒议》，转引自闫天灵《清代及民国时期塞外蒙汉关系论》，《民族研究》2004年第5期。
④ 又译作内蒙古国民革命党和内蒙古国民党。

军、中国国民党代表、中国共产党、蒙古人民共和国中央委员会等分别派代表参加会议，参加大会的有来自当时内蒙古呼伦贝尔、哲里木、卓索图、昭乌达、锡林郭勒、乌兰察布、伊克昭、察哈尔、阿拉善等盟部旗的100多名代表，另有青年学生代表50多名。① 大会通过宣言制定了基本政治纲领，内容包括：争民权，争民族安全，与国民党联合协力打破帝国主义与军阀专制和实现真正五族共和国家，夺王公扎萨克之实权实行自治，保全蒙古人民共有之土地，争蒙古民族平等，与被压迫汉人团结完成国民革命，等等。② 随着国共合作破裂，内蒙古人民革命党也于1929年走向分裂，最终于20世纪30年代结束了自己的历史使命。在内蒙古人民革命党成立的同时，为了广泛团结蒙汉人民共同对敌，1925年冬中国共产党组织领导下的内蒙古农工兵大同盟成立大会在张家口召开，热、察、绥各地工人、农民、牧民和冯玉祥国民军代表、内蒙古各地中国共产党组织代表、国民党代表200余人参加大会，这也成为中国共产党早期开展民族团结工作，建立统一战线的重要尝试。这些行动对内蒙古民族团结和革命斗争起到了重要的组织和宣传作用，极大地推动了内蒙古反抗民族压迫和封建压迫斗争的发展。

随着内蒙古地区社会矛盾日益尖锐化，蒙古知识青年与封建王公之间的矛盾不断加深，内蒙古人民追求民族解放的运动方兴未艾。正是在这一时期，日本帝国主义势力日益深入内蒙古东部地区，1932年2月，伪满洲国成立，将东蒙古地区纳入其管辖范围，开始了十多年的殖民统治。在此期间，日本统治实行瓦解盟旗制度并通过"特权奉上""蒙地奉上"等获得蒙地的占有和管理权，以强化其殖民统治。此后东部蒙古便深陷于日本帝国主义的殖民统治③，这里一度活动着几位著名的蒙古民族先觉者，主要有特木尔巴根、朋斯克、哈丰阿、阿思根等，他们主要受到共产国际影响。

受东北和东蒙古沦陷的影响，内蒙古西部蒙古王公继续追求其1928

① 郝维民：《第一、二次国内革命战争时期的内蒙古人民革命党》，《内蒙古近代史论丛》（第2辑），内蒙古人民出版社，1983。
② 白拉都格其等：《蒙古民族通史》（第5卷，上），内蒙古大学出版社，2002，第327页。
③ 《蒙古族通史》编写组：《蒙古族通史》（下），民族出版社，2001，第430~437页。

年就提出的自治目标，自治自决的呼声日高，并得到蒙古社会知识分子的广泛同情。1933 年 7 月 26 日，西部各盟王公在百灵庙召开第一次自治会议，筹备内蒙古自治，成立统一的自治政府。同年 10 月，在百灵庙召开第二次内蒙古自治会议，讨论通过《内蒙自治政府组织法》并选出自治政府主要官员，西盟王公自治活动援引外蒙古自治得到承认的先例，蒙古西部王公与国民政府进行了多次谈判。日本侵占东蒙古地区后，一点也没放松对内蒙古西部王公的渗透，一方面他们盯准各盟旗王公，使用各种手段利诱他们；另一方面则加紧对这些地区进行特务活动，掌握情报和西蒙古地区情况，为其侵略活动服务。1932 年，日本关东军参谋田中玖率员到锡林郭勒盟乌珠穆沁右旗索王府，劝诱其赴"伪满"参观，并要求在该旗设立日本特务机关和电台被索王婉拒。索王被排挤后，掌握了代理盟长大权的德王则积极掩护关东军特务的活动。日本特务笹目正是在德王掩护下，冒充喇嘛，潜伏在该旗的喇嘛寺院中，长期进行特务活动。① 日本特务还以帮助"独立建国"为由诱惑德王，从 1935 年夏起，日本逐步向德王提供越来越多的枪械和物资，使德王成为日本侵略者的帮凶。②

1945 年，中华民族共同敌人——日本帝国主义走向末日，中国社会政治将如何重建成为重大社会问题，国共提出走和平民主协商之路。与此同时，中国共产党依据中国国情，为蒙古民族主义的消解指明了方向，那便是走民族区域自治之路。日本无条件投降后，内蒙古一些知识分子重燃蒙古民族主义之火，一些人"要走外蒙道路，内蒙要同外蒙合并成为一个人民共和国"③。一时间，东西蒙古各有不同的核心和领导者，形成了以苏尼特旗、王爷庙、呼伦贝尔三个不同的民族运动中心。

1945 年 8 月 10 日，在锡林郭勒盟苏尼特右旗陶克陶庙躲避战火的部分伪蒙疆政权的高、中级官员征得苏蒙驻军的允许，成立由前伪蒙古自

---

① 德王即德穆楚克栋鲁普，详见卢明辉《德王其人》，远方出版社，1998。
② 乌兰少布：《中国国民党对蒙政策》，《内蒙古近代史论丛》（第 3 辑），内蒙古人民出版社，1987，第 265 页。
③ 达瓦敖斯尔：《我的经历见闻》，《内蒙古文史资料》（第 31 辑），中国人民政治协商会议内蒙古自治区文史资料委员会编，1988，第 157 页。

治邦高级官员吉尔嘎朗（德古来）、穆克登宝、补英达赖、苏尼特左旗扎萨克都古尔苏荣和蒙古青年革命党主要负责人等 13 人为核心的内蒙古临时人民委员会，设立参议府、参军府及若干分委员会，并与各盟旗联络，向苏蒙驻军指挥官罗布桑、伊万诺夫正式提出"内外蒙古"合并的请求，罗布桑建议其组成代表团赴乌兰巴托与蒙古人民共和国高层领导人直接洽谈。限于《雅尔塔协定》和苏联的压力，蒙古人民共和国拒绝了他们的主张，于是他们便转而谋求建立独立政体，即内蒙古人民共和国临时政府，9 月 9 日他们在苏尼特右旗召开内蒙古各盟旗人民代表大会，参加会议者达 80 余人，主要代表来自于锡盟各旗、察哈尔 7 旗和乌兰察布四子王旗，代表大会选举了相关机构，形成了一系列文件，通过《内蒙古独立宣言》和《内蒙古人民共和国临时宪法》。会议一结束，临时政府便派代表至乌兰巴托寻求支持和承认，期待蒙古人民共和国军事和经济援助，他们的要求依然未能得到蒙方支持。①

同年 8 月 14 日，部分伪兴安省军政官员组成内蒙古人民解放委员会，与进驻王爷庙（今乌兰浩特市）的苏联军队取得联系，提出建立自治政府，组建军队，驻地苏军要求其在军事管制期间组建兴安省，并同意恢复内蒙古人民革命党。4 天后，博彦满都、哈丰阿等以内蒙古人民革命党东蒙古本部执行委员会名誉发表《内蒙古人民解放宣言》，《宣言》称在苏联和蒙古人民共和国的指导下加入蒙古人民共和国，同时要求以"接收为名"在东蒙古地区活动的国民党在内蒙古地区的一切活动须与内蒙古人民革命党各级党部联系后方可进行，并限制国民党在东蒙古的活动。10 月 20 日，派 20 余人组成代表团前往乌兰巴托，递交请愿书，要求实现"合并"，被蒙古人民共和国劝回。1946 年 1 月 19 日宣布正式成立东蒙古人民自治政府，原各旗保安队成为东蒙古自治政府军事组织，自治政府以"哲里木、昭乌达、卓索图三盟、呼伦贝尔、布特哈二部及伊克明安、齐齐哈尔、苏鲁克三旗为自治区域"。"实行高度民族

① 参见白拉都格其等《蒙古民族通史》（第 5 卷，下），内蒙古大学出版社，2002，第 547 ~ 548 页。

自治","建设自由平等的民主政治"。①

1945 年 8 月 23 日,呼伦贝尔也提出"内外蒙古合并"的要求,在那里有发动群众签名活动,并组成 7 人代表团到乌兰巴托,提出"内外蒙古合并",被蒙方拒绝后决定发动民族自治运动,并得到驻地苏军和蒙军指挥官的支持,10 月 1 日成立呼伦贝尔自治省政府,宣布以呼伦贝尔为中心实行"高度的民族自治"。自治省辖新巴尔虎左右两旗、陈巴尔虎旗、额尔古纳左右两旗和海拉尔市、满洲里市。自治省政府抵制并迫使国民党在海拉尔等地的活动无法公开。②

单从民族情感而言,1945 年建立的蒙古人民共和国对内蒙古的蒙古社会极具吸引力,当时在苏联的直接帮助下,那里经济社会发展面貌产生巨大变化,同时,蒙古人民共和国某些怀有"大蒙古"情结者,及自 1911 年留在蒙古的内蒙古人,成为支持内蒙古独立自治活动的重要力量。苏联红军进驻内蒙古西部、东北地区后也鼓励或默许一些人去蒙古要求合并便是明证。

这一时期,追随中国共产党推动蒙古民族解放的革命者也在积极行动。首先,面对在苏尼特旗温都尔庙成立的内蒙古人民共和国临时政府,乌兰夫受党中央指派率奎璧、田户等一批蒙古族干部前去协商解决。他们到苏尼特旗后,与苏尼特临时政府方面的人进行广泛接触,积极宣传中国共产党解决内蒙古民族问题的主张,这些主张获得了当时在苏尼特旗很多蒙古青年们的理解和支持。当乌兰夫与苏蒙联军驻扎在西苏尼特旗的政治委员交换意见时,这位苏军军官却主张内蒙古实行自决,拥有独立和分离权,乌兰夫据理交涉,同时继续对临时政府人员进行艰苦细致的动员和说服工作,使中国共产党的主张得到了蒙古青年革命党大部分成员的支持。在大量耐心细致的思想工作基础上,苏尼特重新召开了内蒙古人民代表大会,改组了临时政府,补英达赖等伪蒙疆人员落选,乌兰夫当选为政府主席,与乌兰夫同来的蒙古族干部则任部长、副部长。

---

① 参见白拉都格其等《蒙古民族通史》(第 5 卷,下),内蒙古大学出版社,2002,第 536 ~ 540 页。

② 参见白拉都格其等《蒙古民族通史》(第 5 卷,下),内蒙古大学出版社,2002,第 551 ~ 553 页。

乌兰夫以当地给养困难的现实说服临时政府成员将政府迁到张北（今张家口）。至张家口后，一部分原伪蒙疆上层官员联名发表声明，表示要在中国共产党领导下，为蒙古人民服务，改造后的临时政府"悄悄地自生自灭"了，由此共产党人获得了西蒙古自治运动的主导权。① 1945 年 11 月 6 日，在中共推动下，张家口组成内蒙古自治运动联合会筹备委员会，以求统一内蒙古自治运动。乌兰夫领导的内蒙古运动联合会作为内蒙古人民自治运动的领导机关，积极开展东西蒙古自治的统一工作。1945 年 12 月底，自治运动联合会派人经承德、赤峰到王爷庙与东蒙古自治运动接洽和会谈。与此同时，中共东北局西满分局也积极工作，推动东西蒙古自治运动的整合，3 月中旬，东蒙古代表团到达承德，与西蒙古自治运动为联合而会谈。②

　　1946 年 3 月 30 日会谈正式开始，东蒙古代表为博彦满都、哈丰阿、特木尔巴根（张成）等。会谈过程中，先后举行 5 次准备会议，双方要解决一些关键性分歧，比如内蒙古自治运动的领导权交给共产党还是交给内蒙古人民革命党？东蒙古代表主张由内蒙古人民革命党来领导自治，并走"内蒙古"独立之路，认为内蒙古没有产业工人，不能成立无产阶级的政党，应当成立"内蒙古人民革命党"，有人还提出"退出内战""不参加国共之争""独立自治"等主张。在这种情况下，乌兰夫向东蒙古代表着重宣讲内蒙古民族解放的方向道路，申明内蒙古自治运动联合会的政治主张，指明这是中国共产党解决内蒙古民族问题的一贯方针、路线、政策。他与东蒙古会谈代表回顾内蒙古革命斗争的历史，讲述几百年来蒙古民族求生存谋取自身解放的斗争均以失败告终的历史，中国共产党成立后，蒙古民族才在中国共产党的领导和帮助下，不断胜利的形势。这些关于内蒙古革命实践理论是许多东蒙古代表闻所未闻的，他们受到强烈的震撼，有些人开始觉悟，可东蒙古的主要代表仍然不能接受乌兰夫的主张。在会谈中，为了统一思想认识，除了集体会谈，乌兰

①　参见白拉都格其等《蒙古民族通史》（第 5 卷，下），内蒙古大学出版社，2002，第 549～550 页。

②　参见白拉都格其等《蒙古民族通史》（第 5 卷，下），内蒙古大学出版社，2002，第 550～571 页。

夫还利用个别谈话的等多种办法，促使双方深入交流思想，寻求内蒙古解放可行的途径，由于特木尔巴根曾与乌兰夫在苏联留学时有同学之谊，他们都是经共产国际派回工作者，共同的经历和思想意识使得两人的谈话坦率且直指要害。乌兰夫指出他们不了解内蒙古革命运动与中国革命运动之间的联系，东蒙古发动群众的自治运动没有前途，不可能真正解放蒙古民族，特木尔巴根认同此说。①

经过激烈的思想交锋和深入的协商，东西蒙古民族自治统一找到解决途径，内蒙古人民革命党党魁哈丰阿加入中国共产党，代表团主要成员特木尔巴根由联共党员转为中共党员。他们加入中国共产党后，便积极宣传中国共产党的民族平等自治政策，承认内蒙古革命斗争和民族解放必须在中国共产党的领导下才能取得彻底胜利，这也使大多数的东蒙古代表转变了立场，由此解决了民族自治运动领导权之争，也解决了东蒙古自治政府和内蒙古人民革命党等重大问题。4 月 3 日，内蒙古自治运动联合会和东蒙古人民自治政府的代表在承德举行内蒙古自治运动统一会议，史称"四·三"会议。东、西蒙古代表 14 人参加会议，有 4 名列席代表，其中内蒙古自治运动联合会代表有乌兰夫、刘春、克力更、包彦、乌勒吉那仁、田户、庆格勒图；东蒙古自治政府代表有博彦满都、哈丰阿、特木尔巴根、包玉昆等。会议通过《内蒙古自治运动统一会议的重要决议》并决定扩大原联合会的组织机构，选举执委 63 人，候补执委 12 人，常务委员 26 人。会议选举乌兰夫（云泽）为执委会主席和常委会主席，博彦满都为副主席。此次会议结束了东、西蒙古长期分离的局面，成为内蒙古民族解放史上具有里程碑意义的重要会议，加强了蒙古民族内部的团结，为完整民族自治地方的形成奠定了坚实的历史基础。②

东、西蒙古的蒙古民族运动在内蒙古自治运动联合会的统一领导下全面发展，一批蒙古民族干部在自治运动中成长起来，特别是依托于东北解放区的特定政治环境，民族平等政策执行并日益探索实施。蒙古民

---

①　参见王树盛《乌兰夫传略》，中国档案出版社，2007，第 36 ~ 40 页。
②　参见白拉都格其等《蒙古民族通史》（第 5 卷，下），内蒙古大学出版社，2002，第 589 页。

族自治地方的成立是在军事对抗国民党的同时，积极与各阶层和各种追求蒙古民族发展力量的协商中不断增进内部团结，使蒙古民族获得解放。

1946 年 5 月东蒙古在王爷庙召开第二次临时代表会议，并执行"四·三"会议决议，取消东蒙古人民自治政府，撤销所属各省建置，成立兴安省政府和临时参议会。自此，兴安省受东北行政委员会领导，特木尔巴根任省政府主席、张策任副主席；组成兴安省参议会，博彦满都任议长，克力更任副议长。同时，内蒙古自治运动联合会东蒙古总分会成立，哈丰阿任主任，胡昭衡任秘书长。此后，兴安盟分会、哲里木分会、昭乌达分会、纳文慕仁分会、呼伦贝尔分会等机构渐次成立，1946 年 7 月 3 日，察哈尔省为推进民族自治，正式将锡林郭勒、察哈尔二盟划归内蒙古自治运动联合会领导。[①]

1946 年 6 月，国民党撕毁和平建国协议，内战全面爆发，国民党调集大批军队向各解放区发动进攻，东北、华北、西北解放区逐步陷于战火之中，战火蔓延到内蒙古广大地区，内蒙古民族自治政府运行受到冲击，当年 7 月，为适应战时需要，兴安省政府机关迁往海拉尔。9 月下旬，国民党傅作义部进攻张家口地区，内蒙古自治运动联合会总部开始有计划、有组织地撤出张家口，转移到锡林郭勒盟贝子庙（今锡林浩特市）。乌兰夫等人于 10 月到达贝子庙后，召开锡林郭勒、察哈尔二盟会议，成立中共锡（林郭勒）察（哈尔）委员会。自治运动工作的推进并未因国民党军队的进攻而停止，11 月 7 日，内蒙古自治运动联合会在贝子庙召开第六次执委会议，成立自治运动联合会锡察行政委员会，作为联合会总部的代表机构，并行使行政机关的权力与职责。11 月 9 日联合会总部机构进一步调整，在执委会下设军事部、政治部、行政部、财政经济部、社会部、总务部。军事部长乌兰夫、政治部长刘春、行政部长奎璧、财政经济部长特木尔巴根、社会部长吉雅泰、总务部长哈丰阿。[②]当时，中共西满分局根据东北解放战争和全国的形势，分析内蒙古地区革命斗争的发展状况时也认为成立内蒙古自治政府的条件已成熟，中共

---

① 参见白拉都格其等《蒙古民族通史》（第 5 卷，下），内蒙古大学出版社，2002，第 592 ~ 594 页。

② 参见白拉都格其等《蒙古民族通史》（第 5 卷，下），内蒙古大学出版社，2002，第 596 页。

中央支持内蒙古民族自治运动，并于 11 月 26 日指示内蒙古自治运动联合会，准备成立内蒙古自治政府。[①]

1947 年 3 月 3 日，中共东北局邀请内蒙古自治运动联合会的负责人到哈尔滨参加会议，研究成立内蒙古自治政府的有关事宜，乌兰夫、博彦满都、哈丰阿、特木尔巴根、刘春、乌力吉敖喜尔、奎璧、克力更等参加了此次会议。会议确定了内蒙古自治政府的性质、形式，明确了组建自治政府的各项文件的指导思想，并协商起草了《内蒙古自治政府施政纲领（草案)》《组织法（草案)》《参厅组织条例（草案)》等几个重要文件，同时协商拟定了自治政府组成人员和参议会成员名单，两份名单包括了各方面人员，具有广泛代表性，得到各方面的认可。可以说，内蒙古自治政府成立过程，也是蒙古社会各阶层深入认知中国共产党的民族政策过程。曾经领导东蒙古民族自治运动的哈丰阿曾指出："我们蒙古，今天是大团结，反对大汉族主义的国民党勾结美帝国主义向我们蒙古民族的进攻，再来奴役我们。这样大团结，不分富贵、贫贱、男女、老少，甚至于王爷喇嘛，只要愿为蒙古民族解放反对国民党的压迫，我们都能在一条战线上团结起来。但是国民党反动派在南京北平，养活着蒙古的反动派，以德王为首的王公喇嘛等，是想利用他们再来压迫我们的头上，进行民族压迫和封建统治。我们对这种出卖民族利益，被国民党利用，来奴役人民的蒙奸必须坚决反对。"[②]

内蒙古自治运动联合会经过积极磋商和准备，1947 年 4 月 3 日在"四·三"会议一周年之际，在王爷庙召开内蒙古自治运动联合会执行委员会扩大会议，会议开了 19 天，这次会议总结联合会成立一年多的工作，部署召开内蒙古人民代表大会和成立内蒙古自治政府有关事宜。会后第 3 天，内蒙古人民代表大会召开。除伊克昭盟、阿拉善、额济纳等由于处于国民党统治之下，未能派代表参加会议外，东西部蒙、汉、回等各族代表共 392 人赴会，其中包括工人、革命军人、农民、牧民、妇女、青年以及蒙古族上层人士及宗教人士。在临近选举前，有些人思想

---

①　参见白拉都格其等《蒙古民族通史》（第 5 卷，下），内蒙古大学出版社，2002，第 611 页。

②　辽南书店编《新生的内蒙古》，辽南书店，1958，第 62 页。

发生动摇，他们不能从全国大局和民族发展前途的大局出发认识选举，而是受到封建上层的影响，有人甚至企图建立一个由封建上层控制的政权，消除共产党对内蒙古民族自治运动的领导。对此乌兰夫等蒙古族干部开展了积极工作，经细致的思想工作和多方协商，最终使会议一致通过乌兰夫的政治报告和内蒙古自治政府自治宣言、施政纲领、组织大纲等文件，顺利选举产生内蒙古自治政府临时参议会及组成人员，乌兰夫等 121 人当选为参议员。1947 年 5 月 1 日，代表大会选举政府委员 21 人，乌兰夫当选为内蒙古自治政府主席，哈丰阿当选为副主席。同时，选举出 11 名驻会参议员，博彦满都为议长，吉雅泰为副议长。5 月 2 日，内蒙古自治政府在王爷庙召开第一次委员会，确定各部负责人。5 月 3 日，会议结束。由此，一个承载着蒙古民族解放和梦想的省级民族自治地方便在战火中诞生。5 月 30 日，内蒙古自治政府颁布第一号布告，宣布 5 月 1 日为内蒙古自治政府成立纪念日；原内蒙古自治运动联合会会旗为自治政府旗；内蒙古自治政府所在地暂设于兴安盟王爷庙街（今乌兰浩特）。① 在中国共产党执掌全国政权的前夜，一个内蒙古自治政府宣布隶属于中华民国。我们把凡是赞成实行民族平等、民主自治，反对蒋介石在美国人支持下打内战的人都团结起来，形成了广泛的民族、民主统一战线，正是这样一个统一战线，内蒙古的民族团结达到一个历史新水平。

## 三　内蒙古自治政府与民族团结新时代

如果说王朝时期内蒙古在不同层面和范畴存在差异性族类共同体之间联合、团结的现象，那么，这并不能算是真正的民族团结，只能是不同族类共同体之间相互需求和相互依存的社会结果。在主权现代中国建构进程中的内蒙古，是在民族意识和民族权益意识觉醒中进行的不同民族成员间的联合和团结，这一联合和团结建基于各民族平等的法定地位

---

① 参见白拉都格其等《蒙古民族通史》（第 5 卷，下），内蒙古大学出版社，2002，第 609～625 页。

得到承认和各民族间相互信任的制度基础之上，已引入新的制度和理念，并竭力克服"华夷"畛域的旧观念，内蒙古自治政府的成立所探索的民族团结正是民族平等、民族团结引领并获得的成果。

《内蒙古自治政府施政纲领》规定："内蒙古自治政府是内蒙古蒙古民族各阶层联合内蒙古区域内各民族实行高度自治的区域性的民主政府"，"是中华民国的组成部分"，其目标为"蒙、汉、回等各民族一致团结起来，坚决粉碎帝国主义及封建买办法西斯大汉族主义者，对内蒙古蒙古及各民族人民的侵略压迫，并联合一切赞助内蒙古自治的民主党派及中国境内各民族为实现内蒙古民族彻底解放而奋斗"。"蒙、汉、回等各民族一律平等，建立各民族间亲密合作团结互助的新民族关系，消除一切民族间的隔阂与成见。各民族互相尊重风俗、习惯、历史、文化、宗教、信仰、语言、文字，各民族自由发挥本民族的优良历史文化与革命传统，自由发展本民族的经济生活，共同建设新内蒙古。"[①] 内蒙古民族自治政府以全新的理念和制度来保障区域内各民族间的团结，"……自治政府的成立，不仅为内蒙古民族解放运动中一极有历史意义之举，而且象征着蒙古民族内部和蒙汉之间的团结"。[②] 内蒙古自治政府的成立，在内蒙古历史上首次建立了一个基于民族平等原则的推动各民族团结的民主政府。在中国现代国家建设进程中，第一次在内蒙古区域终结了民族压迫和剥削制度，为各民族平等、团结和共同发展奠定了制度基础。

（一）在中国共产党的领导下，动员各民族团结奋斗，组建人民武装力量，保卫自治成果，建立维护人民利益的军事政治制度

内蒙古自治政府建立之时，中国国家政治处于非常态，国共两党关于中国未来发展道路之争仍存在尖锐矛盾冲突，战争仍然威胁着自治政府的生存，与此同时，旧军队、土匪和反动封建上层等仍然纠合力量，试图阻挠和消灭人民政权。因此，人民武装力量建设成为自治政府建设

---

① 内蒙古自治区档案馆编《内蒙古自治运动联合会档案史料选编》，档案出版社，1989，第231页。

② 内蒙古自治区档案馆编《内蒙古自治运动联合会档案史料选编》，档案出版社，1989，第238页。

的必要条件，是各民族人民之间团结的强力保障。早在1945年内蒙古自治运动联合会就开始组建内蒙古人民自卫军，并在部分八路军、抗日游击队、整编部分起义旧军队基础上组成基本队伍，自治政府成立后，对军队进行了全面整训和改造，组织整顿、清理不合格人员，发展军队基层党组织，在东北军政大学、内蒙古军政学院、内蒙古自治学院培养大批蒙古族政工和军事干部等。在中国共产党的领导下，汉蒙等各族干部浴血奋战，到1948年内蒙古民族革命武装部队已发展成为具有6个骑兵师、1个炮兵团、1个警卫团、3个独立团，计约15000人的武装力量，成为保卫自治运动的基本军事力量。① 中国共产党组织把握军队的领导权，这支部队在剿匪、保卫解放区的战争中发挥了重要作用。

**（二）推动农村土地改革和牧区民主改革，解决蒙汉冲突的关键问题**

内蒙古农村存在土地较为集中、封建剥削残酷的特点，与此同时，汉蒙农民与土地关系存在差异，阶级和民族关系复杂交织。蒙古族农民一般占有较多土地，并有租给汉族农民耕种的现象，而僧俗王公中常将土地交给汉族"二地主"转租给汉族农民经营，农民交"蒙租"，使农民遭受双重剥削。土地问题成为解决民生问题的一个根本，也成为人民政权巩固的一个关键。1947年11月，内蒙古自治政府在其管辖的呼伦贝尔、纳文慕仁（今呼伦贝尔市东部）、兴安、锡林郭勒、察哈尔5个盟的农村、牧区中，普遍开展土地改革，当时辽北省所辖哲里木盟、热河省的昭乌达盟、卓索图盟农村亦有同样的行动。在这一过程中，内蒙古自治政府实施了一套前所未有的推进民族团结的政策，解决农牧冲突和农牧民贫困化问题，为民族团结的达成创造了最基本条件。这些政策在牧区、农村和半农半牧区的具体内容虽有差别，但是根本目标都是废除封建土地所有制和牧场所有制及统治阶级特权，建立各级人民民主政权，农村实行耕者有其田，牧区实行保护牧群、保护牧场、放牧自由、牧工牧主两利等，促进社会生产发展，提高贫苦农民与牧民的生活水平，加强蒙汉人民团结，落实民族平等。② 依据半农半牧区域的情况，确立

---

① 郝维民：《内蒙古自治区史》，内蒙古大学出版社，1991，第26~34页。
② 《当代中国的内蒙古》，当代中国出版社，1992，第48~49页。

实行以牧为主，兼顾农业，保护牧场，禁止开荒，有计划有步骤发展生产的方针，确定半农半牧区范围，划分农田与牧场的界限，大力提倡"蒙汉互助，发展生产"，调整农牧关系和民族关系。① 封建剥削制度由此走向解体，各民族劳动人民在谋求民生改善的根本利益上团结一致，参与到民族团结新格局的建设之中。正如有研究者指出的："土地改革运动不仅废除了蒙旗农村封建土地所有制，摧毁了封建统治的要基，而且还正确地划分了蒙古族农民的阶级成分……没有出现打击面过宽的'左'的倾向，团结了90%以上的蒙古族农民。""在分配土地改革胜利成果时，特殊照顾了蒙古族农民生产和生活上的困难。对无地和少地的蒙古族农民多分配了一倍左右的土地。据土默特旗的估计，在土地改革中，蒙古族雇农、贫农和中农分得的土地相当于当地汉族农民的1.6倍，临河县的蒙古族农民每户分得一份至二份的好地。因此，不仅没有因为土地改革而引起新的民族纠纷，而且消除了由反动统治阶级造成的蒙汉农民之间的猜疑、歧视和不团结现象。"② 在进一步推进社会变革进程中，多民族杂居地区生产组织方式发生重大变革，合作化使民族人口杂居区居民的关系更加密切，民族联合社成为一种跨民族的组织方式，民族联合社中有的是蒙汉农民联合组建，有的是蒙、汉、朝鲜族联合组建，有的是蒙、汉、满、达斡尔族联合组建，到1956年民族联合社达到3530个。③ 民族联合社的组建，对民族人口杂居区各民族间的合作团结起到了重要组织作用。

**（三）推动民族区域自治，完成内蒙古政区整合，促进蒙古民族内部的团结和各民族团结合作的内蒙古政区形成**

在促进内蒙古民族团结进程中，没有这一区域蒙古民族内部的团结为基础，便无法进一步推进各民族的团结，因此，早在1935年12月，中华苏维埃中央政府就宣布："原来内蒙六盟，二十四部，四十九旗，察哈尔土默特二部，及宁夏三特旗之全域，无论是已改县治或为草地，

①　郝维民：《内蒙古自治区史》，内蒙古大学出版社，1991，第43页。

②　庆格勒图：《绥远省蒙旗土地改革运动》，《中国共产党与少数民族地区的民主改革和社会主义改造》（上），中共党史出版社，2001，第444～445页。

③　裴小燕：《内蒙古农业合作化中的民族联合社》，《内蒙古大学学报》1999年第3期。

均应归还内蒙人民，作为内蒙古民族之领土，取消热察绥三行省之名称与实际行政组织。"① 对于这一宣言应进行具体的历史分析，总体来看这是一个在民族自决原则指导下发布的宣言，与当时中国社会具体的国家政治架构相关，本意是尊重民族平等处理民族关系原则。内蒙古自治政府成立后，鉴于当时的政治军事形势，内蒙古自治政府所辖区域面积只有 54 万平方公里，还有一些盟旗尚未纳入人民政府管辖之中。1949 年 2 月，中国共产党召开的七届二中全会讨论内蒙古的区划问题，毛泽东提出"恢复内蒙古历史的本来面貌"的方针，并指定承德、张家口、归绥三个城市为内蒙古首府的选择地点。由此可见，中国共产党人执行民族平等和民族团结原则的真实性。随着东北解放区的扩大，1949 年 5 月，原属热河省辖区的昭乌达盟、原属辽北省管辖的哲里木盟先后划归内蒙古自治政府管辖，东蒙古政区的整合取得进展。1950 年，自治政府主席乌兰夫受邀到北京与周恩来总理商谈内蒙古自治区划问题，中央依据"尊重历史，照顾现实"的原则，划出内蒙古自治区的区划，确定了"蒙绥合并"的目标。② "恢复内蒙古历史的本来面貌"的步伐加快，东西蒙古统一提到日程，蒙古民族内部团结日益获得良好条件。1953 年 11 月，内蒙古自治区人民政府与绥远省人民政府合署办公，翌年 1 月，依照法定程序，绥远省建制撤销，统一由内蒙古自治区人民政府领导，所属乌兰察布、伊克昭改为盟建制，归绥市改称呼和浩特，为自治区首府所在地。此后于 1955 年，热河省的翁牛特、喀喇沁、乌丹、赤峰、宁城、敖汉 6 个旗县划入内蒙古自治区管辖。1956 年 4 月，甘肃省所辖巴彦浩特蒙古自治州和额济纳蒙古自治旗划入内蒙古自治区，设巴彦淖尔盟。③ 至此，恢复历史本来面貌的内蒙古自治区成为蒙古民族内部团结和各民族团结奋斗建设新内蒙古的政区保障。

---

① 中央档案馆编《中共中央文件选集》（第 10 册），中共中央党校出版社，1991，第 801 页。
② 刘介愚：《恢复内蒙古历史的本来面貌——就内蒙古自治区行政区域的划定记述原国家副主席乌兰夫的忆述》，《内蒙古文史资料》（第 50 辑），内蒙古自治区政协文史和学习委员会，1997，第 259～263 页。
③ 《当代中国的内蒙古》，当代中国出版社，1992，第 44 页。

在自治区级政权建设和政权功能不断完善的同时，基层政权建设充分考虑到"旗县"并治区域的状况，人民政府通过大量工作，协调农牧民关系，消除历史上积淀的蒙汉矛盾，最终在新的社会环境条件下，提升了各族群众思想觉悟，逐步解决了"旗县并存""蒙汉分治"这一影响内蒙古民族团结的制度性问题，在基层组织建设中充分注意各民族之间的合作协商机制的形成。如1954年1月，绥远省第一届第三次各界人民代表会议，做出《关于结束绥东"旗县并存"问题的决定》；3月19日，内蒙古自治区人民政府公布《结束绥东"旗县并存"的划界方案的命令》，方案规定撤销陶林县建制，合理调整绥东四旗与各县毗连的部分地区，建立察哈尔右翼前旗、中旗、后旗3旗，其余地区划归各县管辖。1955年春完成相应工作，在该区域消除了蒙汉矛盾的制度性基础，为实现内蒙古统一的民族区域自治创造了条件。[①] 在解决旗县并存和蒙汉历史矛盾和现实农牧冲突过程中，中国共产党组织充分考虑了蒙古社会本身发展状况和生产力状况，开创了民族关系解决的新道路。

## 四 优化民族团结建构的经济文化环境

内蒙古自治政府一成立，就着手恢复和发展地区经济文化，以优化民族团结构建的经济文化环境，促进民族团结的物质文化基础的形成。在经历了恢复建设和制度性重建的阶段之后，1947～1957年，全自治区的经济文化环境发生重大变化，民族团结在各民族合作发展中得到巩固。

（1）农牧业基础经济秩序恢复并发展。在10年的时间内，农牧业经济从最初逐步恢复，到第一个五年计划的执行完成，基础设施建设、技术进步、农牧业生产的组织方式以及建设投入都有了空前的发展。据统计，农牧业生产步伐加快，1956年全区粮食总产达91亿斤，牲畜头数达2436万头。[②] 1957年全区农田有效灌溉面积达910多万亩，造林

---

① 钱占元：《"绥东四旗"的历史变迁》，《档案与社会》1995年第1期。
② 《十年民族工作成就》（1949～1959年）（上），民族出版社，1959，第132页。

480万亩以防风固沙；除耕作技术等方面得到改善外，全区还建立1所农业科学研究所、3处试验站、413处农业技术推广站、27处种子繁殖场、5处拖拉机站；牧业生产围绕解决水草畜等问题，开展基础设施建设，如开辟水源和打井、建立人工饲料基地、划区轮牧、封滩育草、改良牲畜品种、加强牲畜疫病防治等，到1957年牧区共打井6000余眼。①农牧民生活得到极大改善，农牧业生产组织方式变革也在一定程度上促进了生产的发展，牧区的初级社生产组织为牧业合作提供了新型生产组织基础。

（2）国营工商业系统逐步建立和完善，成为保障区域经济整体发展和人民生活改善的基本条件。在这一时期，森林、电力、煤炭、农畜产品加工、建筑材料生产、纺织等工业企业逐步建立，交通运输业不断进步，这为经济发展和民生改善提供了重要物质保障。具有机械化设备的肉联厂、乳品厂、皮革厂和毛纺厂的建立，使这里农畜产品加工工业日益发展，并直接为改善农牧民的生产生活服务。当时较著名的有海拉尔、集宁肉类联合加工厂，包头、海拉尔、锡林浩特的皮革厂，包头糖厂等。到1957年，全区有753个大小厂矿，其中规模较大和设备良好的国营和地方国营工厂有396个，工业产品由1952年的92种增加到1957年的1000多种。②1957年全区商业网点（包括饮食业、服务业）发展到2.24万个，从事商业工作职工队伍达10万余人，商业服务业的发展和合理价格政策，促进了区域物价的稳定，保证了人民生活和国家建设的需要。③在这一时期商业很好地承担了为生产建设和人民生活改善服务的任务，也成为各民族接触和关系改善的重要媒介。"国营商业与合作社营商业，深入到广大的城镇、农村、牧区和林区，贯彻了公平合理的价格政策，执行了有时虽有赔累也要收购农、牧、猎民的土特产品，并供给他们生产、生活必需品的方针，使贸易合作事业成为工、农、牧相互支援的纽带。"④

---

① 《当代中国的内蒙古》，当代中国出版社，1992，第77页。
② 郝维民：《内蒙古自治区史》，内蒙古大学出版社，1991，第142页。
③ 《当代中国的内蒙古》，当代中国出版社，1992，第79页。
④ 乌兰夫：《十年来的内蒙古》，《人民日报》1957年4月30日。

（3）交通条件改善和新兴城镇的出现强化了各民族之间的联系。交通设施的改善大大强化了本区域与全国各地的联系，同样也改善了区内各民族群体之间的社会联系的条件。在内蒙古自治区成立10年时间里，公路、铁路、内河航运等均得到重大改善，到1957年全自治区公路网初步形成，公路总长达1.36万余公里，虽然路况与等级公路无法相比，但是实现了全区各旗、县均可通汽车的目标，大大改善了交通条件。1957年，伊克昭盟到银川、榆林、包头、呼和浩特的公路正在建设之中，而呼和浩特至海拉尔长达1400余公里的公路建设测量工作已完成[①]，包兰铁路也正在积极修建。随着现代工业与铁路的发展，包头、呼和浩特、集宁、海拉尔、牙克石等工业城市初步形成，在林区和草原上出现了一批新兴城镇，成为不同民族交往互动的新的区域。

（4）公共文化教育逐步普及，各民族人民受教育机会逐步增加，文盲和半文盲人口不断减少，不利于民族团结的思想被抑制，少数民族传统文化发展繁荣获得应有的法律保障。保障公共文化教育系统功能发挥依靠图书馆、书店、文化馆、广播站、出版社和文艺团体等组织和机构的建设，各级各类学校建设则为各民族群众受教育水平的提高和增加受正规教育的机会创造了条件。自治区成立5年以后，全区建立小学9615所，比1947年增加了近1.55倍，学生达68.4万人，比1947年的21.4万人，增加了2.2倍，其中蒙古族学生增加了10倍以上。普通中学达到24所，比1947年增加3所，学生12999人，比1947年增加了3.02倍，其中蒙古学生增加了5.28倍。1952年建立的3所高等学校，招收学生616人，其中蒙古族学生有146人，占23.7%。[②] 1952年3月，成立第一所民族中学——归绥民族中学，提出"民族平等，亲密团结，互相尊重，共同发展"的方针，大批有奉献精神的汉族知识分子积极为自治区民族教育发展而工作，民族教育作为改善民族关系的重要渠道，不断得到充实和加强。1948年，全区蒙文出版教科书仅有4种，文艺读物和一般读物仅43种，到1955年，蒙文教科书和文艺读物出版169种，全区

---

① 《内蒙古公路网初步形成》，《人民日报》1957年2月24日。
② 《当代中国的内蒙古》，当代中国出版社，1992，第461页。

中小学教师和学生用书得到满足。[1] 1957 年，内蒙古全区青壮年文盲仍有 300 多万人，各级政府积极组织扫盲活动，全区有 4299 个扫盲基层组织，成立扫盲协会，动员社会力量参与扫盲活动。[2]

内蒙古自治区成立以后，各项发展政策能够从本区域的实际出发，也坚持了本区域与全国"一盘棋"的发展路径。在计划经济体制条件下，自治区利益服从国家利益需求，特别是三年困难时期，内蒙古执行"先中央后地方，先区外后区内"的原则，在本区域粮食产量连年下降的情况下，三年共上缴粮食 10 多亿斤；20 世纪 60 年代初更是积极输出畜力，解决农区耕畜难问题。1963 年 11 月，在内蒙古自治区党委常委扩大会议上乌兰夫明确提出："我们支援国家闯过粮食关要有两条：一条是多拿出些商品粮给国家；一条是调出大量耕畜和肉、奶、毛、皮等畜产品给国家，帮助解决吃、穿、用的问题。"[3] 内蒙古还容留了大量因灾流入的临近省份农业人口，据统计，1954 年流入呼盟、巴盟的山东、河北农业人口近万人；1955 年 5 万余山西、河北人进入呼盟、巴盟、乌盟等地；1956～1957 年安置了数十万人口从事农牧业；1960 年这类流动人口达到数百万余人，其中只有 15 万余人被遣送回原籍。[4]

总之，在内蒙古的农区、半农半牧区和牧区等实施了有针对性的各项社会政策之后，从 1947 年到 1957 年，内蒙古自治区民族团结制度建设取得了极大的进展，民族群体成员间传统的制度性隔离、生产性隔离和社会性隔离逐步被打破。在民族区域自治实践过程中，少数民族干部的培养和使用政策得到执行，这些都标志着各民族之间的相互信任和合作，民族关系得到根本改善，民族团结所依赖的整体社会制度环境也发生了根本性变化，特别是中华人民共和国成立以后，实现了内蒙古民族统一的自治区的建构，完成民主改革，消除了封建剥削制度；农业、手工业和资本主义工商业改造亦完成。因此，社会经济政治文化生活的组织方式、组织理念，以及经济社会逐步发展，使得内蒙古民族团结经济

---

[1]　《内蒙古出版大批蒙文书籍》，《人民日报》1955 年 9 月 1 日。
[2]　《内蒙古成立扫盲协会》，《人民日报》1957 年 3 月 28 日。
[3]　王树盛：《乌兰夫传》，中央文献出版社，2007，第 353 页。
[4]　马玉明主编《内蒙古资源大辞典》，内蒙古人民出版社，1999，第 1644 页。

文化环境发生良性转化，民族团结的经济文化条件得到前所未有的改善，全自治区经济文化发展新秩序经历了从建设到稳定发展的历程，民族团结建构的社会环境优化。在执政党的统一领导下，内蒙古自治区与国家的整合得以加强，民族团结得以巩固。

# 第 三 章

# 风云突起：内蒙古民族团结经受考验

中国共产党在中华人民共和国成立之初为各民族人民绘就一幅全新的社会发展图景：经济文化发展，社会物质财富日益丰富，绝大多数群众生活水平得到改善和提高，社会政治稳定有序。在此条件下，时人在热望中看待社会生活发生的一切，一系列社会政策基于这种普遍的社会热望得以推行。自 1958 年至 1978 年，中国共产党领导的人民国家发展受到来自国际社会和国内发展矛盾等的极大挑战。在此期间，影响内蒙古民族团结的根本因素来自于国内，特别是执政党在如何建设中国特色社会主义方面存在的不同选择和政策偏移的政治动荡，这一时期的曲折对中国社会现代化进程以及内蒙古民族团结进程均产生了深远的负面影响。从"大跃进"至"文化大革命"都不过是这类选择在社会生活中的表象。内蒙古民族团结的发展在风云突变之中接受考验。

## 一 依然强调团结

内蒙古自治区建立后，在大多数情况下，民族团结在方方面面得到强调，就是在风云突变的 20 年中，至少前 10 年，自治区政府一直强调民族团结并认真执行党的民族政策，在"文化大革命"中虽然没有放弃民族团结总目标，但政策混乱事实上损害了民族团结的长远发展。在群众生活中，民族团结得到社会的高度认同，绝大多数不同民族群众在增进了解的同时，相互帮助和支援，互通有无，相互依存，表现出显著的团结精神。

首先，自治区政府在"文化大革命"前始终强调民族团结。

1957 年 4 月，内蒙古自治区第一届人民代表大会召开第四次会议，正确认识和处理人民内部矛盾是这次会议讨论的主题，代表们针对农村、牧区和民族关系存在的问题进行了讨论，正确指出在民族关系中大民族主义和某些地方民族主义倾向依然存在，主要表现为忽视民族情感和民族特点，造成具体政策执行的偏差。如农业区和半农半牧区重农轻牧，强迫散畜作价入社，造成这些地区大量宰杀牲畜的严重后果；某些农业社不注意民族特点，使部分蒙古族社员收入减少。为此会议提出解决问题的措施，包括充分听取群众意见、健全人民来访制度、加强群众政治思想和民族政策教育等。[①] 进入 1958 年之后，经历了"反右"和批判地方民族主义运动，自治区第二届人大第一次会议上，乌兰夫主席所做的政府工作报告首先肯定自治区内民族团结得到了进一步加强，针对社会上存在的两种民族主义倾向，强调："我们还必须继续批判大汉族主义和地方民族主义，特别是批判地方民族主义思想，以进一步加强各民族的团结。"[②] 1959 年自治区人大二届二次会议和 1960 年自治区人大二届三次会议年度政府工作报告均有关于民族团结的内容。1959 年自治区人大报告强调："全区工人、农牧民、知识分子和各族各界人民必须迅速行动起来，在党中央和毛主席的正确领导下，团结一致，同心协力，坚持政治挂帅，鼓足更大干劲，坚决地贯彻执行党的社会主义建设总路线和一整套两条腿走路的方针……"[③] 1960 年自治区第二届人大三次会议报告指出："各族人民通过共同劳动、共同生活、互相学习、互相帮助，社会主义的民族关系有了新的发展。"并强调："把全区一千多万各族人民的智慧和力量拧成一股绳，团结一致。"[④]

在党的八届九中全会决定对国民经济实行"调整、巩固、充实、提

---

① 《正确处理内部矛盾，继续加强民族团结》，《人民日报》1957 年 4 月 27 日。
② 乌兰夫：《坚决执行社会主义建设总路线为加速建设社会主义的内蒙古自治区而奋斗》，《民族工作资料月报》1958 年第 7 期。
③ 杨植霖：《总结经验，鼓足干劲，为实现 1959 年继续跃进而奋斗》，http://www.nmgrd.gov.cn/sjk/bg/dbdh/zfgzbg/200912/t20091228_63533.html。
④ 杨植霖：《开展以粮钢为中心的增产节约运动为实现 1960 年持续跃进而奋斗》，http://www.nmgrd.gov.cn/sjk/bg/dbdh/zfgzbg/200912/t20091228_63523.html。

高"方针的背景下，1962年4～5月全国民族工作会议召开，会议明确了民族工作方向，强调了民族问题的长期性和重要性，重申了民族政策，由此也促进了内蒙古自治区对本区域民族政策执行的力度。因此，自治区人大二届四次会议的政府工作报告中强调经济调整问题的同时自治区政府强调："各地区、各部门都应当根据新的形势和任务，进一步贯彻执行党的民族政策，增强各族人民的大团结。必须对这几年社会主义建设中，在贯彻执行民族政策方面存在的问题，深入调查研究，认真检查、总结，按照党的民族政策，妥善地加以解决。必须大力进行党的民族政策的宣传教育工作，不断提高各族人民的爱国主义思想和社会主义觉悟，防止和克服大民族主义和地方民族主义思想，进一步增强各族人民的大团结。"① 1962年恰逢自治区成立15周年，自治区在克服"左"的思潮影响的同时，总结了工作经验，并通过召开全区民族工作会议，布置相关工作任务，在土地、文教卫生、民族贸易、农牧关系处理等方面出台相应政策，解决实际问题。

1964年自治区人大三届一次会议除了当时重要的经济社会问题外，强调民族团结和反对民族分裂也是一项重要内容，特别是批判了苏联、蒙古国对内蒙古民族关系的破坏活动、各地民族分裂分子的活动。随着政治动荡的出现，特别是1967年11月成立了自治区革命委员会，人民代表大会制度遭破坏，政府也不再向人民代表大会报告工作。

直到1965年，自治区领导层仍然强调在内蒙古要做好民族工作，加强民族团结，自治区主席乌兰夫最为强调的是不同民族干部和新老干部的团结问题，指出干部要在坚持毛泽东思想和社会主义道路基础上相互了解和加强团结。同时他以民族语言为例指出：毛主席说，民族问题归根到底是阶级问题，但有的民族问题就不能完全用这个理论去硬套，它不完全是阶级问题，还有民族形式问题，因为民族之间还有差别。"我

① 乌兰夫：《政府工作报告》，http://www.nmgrd.gov.cn/sjk/bg/dbdh/zfgzbg/200912/t20091228_63521.html。在这个报告中乌兰夫指出："我区地区辽阔，经济类型复杂，而且是一个多民族地区，这些特点必然会从生产、流通、分配领域当中表现出来，必然会在政治生活中表现出来，只有我们从实践当中逐步摸索出一套成功的经验，才能更好地指导今后的实际工作。"这也进一步说明推进内蒙古民族团结的一切措施都是在实践中逐步摸索的过程，并没有神仙药方。

们提倡汉族向蒙古族学习，蒙古族向汉族学习，各民族在语言、文字、风俗、习惯等方面都要相互学习，互相尊重。"① 同时也批评了现实工作中有些干部还存在地方民族主义，不欢迎汉族干部，汉族干部瞧不起少数民族干部，认为他们落后等现象。在极左思潮助推下，大汉族主义与造反有理合流，成为破坏民族团结的力量。乌兰夫等领导人所强调的民族团结思想或政策措施也成为被批判的对象。

其次，自治区内人口较少民族群体自治权得到初步实践。

内蒙古自治区在促进民族团结进程中，不仅注意促进蒙汉民族之间的团结，也十分注意蒙古族与区内其他人口较少民族之间的团结，人口较少民族群体自治权的初步实践为增进民族团结提供了制度性条件。早在 1951 年内蒙古自治区就成立了鄂伦春自治旗，使这个人口只有 1000余人的游猎民族群体社会组织整合进入一个新时代，获得法律赋予的自治权。1956 年后，内蒙古自治区依据执政党民族区域自治制度的安排，进一步落实区内人口较少民族群体实践区域自治权政策。根据居住于呼伦贝尔盟境内的索伦、通古斯、雅库特等群体成员的意愿，经过深入的调查研究，将三个群体统称为鄂温克族，并依据其人口分布状况建立自治地方。当年 8 月，在原索伦旗的基础上成立鄂温克族自治旗。

1956 年 4 月，应达斡尔干部群众的要求，确认达斡尔族为一个民族单元，并着手推动其建立自治旗的工作。1957 年建立自治旗方案得到中共内蒙古自治区委员会和内蒙古自治区人民委员会批准，在原莫力达瓦旗基础上建立莫力达瓦达斡尔族自治旗。此外，至 1957 年该旗先后成立15 个民族乡以保障区内其他人口较少民族自治权的实现。除了上述三个人口较少民族外，还有满族、朝鲜族也实现了自治。

再次，不同民族大多数群众之间团结意识显现。

自治区建立后，政府在民族政策的宣传、教育和执行方面做了大量工作，取得了显著的成效，各民族群众在统一的政府领导下共同生活，因而强化了人们的日常交往和了解，尽管传统的"非我族类"思想仍然

① 乌兰夫：《做好民族工作加强民族团结》（1965 年 11 月 22 日），《乌兰夫论民族工作》，中共党史出版社，1997，第 391 页。

在社会上普遍存在，但由于社会生活全新的组织方式，打破了旗县分治的局面，不同民族群众之间无论是在交往规模还是在交往深度方面都发生了前所未有的变化。各级政府相应政策的实施和社会组织工作的加强，使不同民族之间团结一致、相互合作在社会生活中较为普遍出现，社会经济文化生活各领域都有不同民族之间团结合作的范例。主要表现在以下几个方面。

（1）通过政府行政干预，消解不同民族群众因自然资源使用等发生的冲突或矛盾。如通过行政区划变革消解农牧矛盾，原属察哈尔省的商都县于1952年划归河北省，传统上这一区域是牧民的牧场，清末以后形成蒙汉杂居局面，农牧矛盾突出，以致发生察右后旗、兴和县的农牧民因被制止进入牧区放牧和开荒，与商都县农民发生冲突伤人事件。在开荒、开矿问题上，商都与锡盟的镶黄旗和乌盟的兴和县、察右后旗也发生过纠纷。为此，在华北局主持下，河北与内蒙古协商，在尊重历史和有利于民族团结的条件下达成一致意见，将商都县划归内蒙古自治区[1]，在统一的行政区域内调整农牧关系，消除利益纠纷，最终取得了良好社会效果。

（2）大量的汉族知识分子、技术人员投身于内蒙古文化教育卫生事业和发展中，各民族知识分子和技术人员充分团结合作，推进内蒙古自治区文化教育卫生事业的发展。自治区成立后，积极建设高等教育体系，在这一过程中得到内地各高院的广泛支持和支援，大量极具奉献精神的各领域专家来到内蒙古支援区域建设，他们中间有生物方面专家、治沙专家等。如内蒙古大学组建过程中就调入来自北京大学、南开大学、复旦大学、南京大学、武汉大学、西北大学等国内14所著名院校130多名教授、副教授、讲师等教学人员[2]，他们不仅成为内蒙古大学很多专业的奠基人，而且为自治区经济社会发展培养了大量各方面人才。相当多的汉族学者、技术人员为蒙古族文化教育的发展做出了直接贡献，如出生于上海的陈乃雄先生大部分时间在内蒙古大学工作，为蒙古语教学、

---

① 林干、王雄等：《内蒙古民族团结史》，远方出版社，1995，第360页。
② 林干、王雄等：《内蒙古民族团结史》，远方出版社，1995，第362页。

科研奉献了终生。

（3）不同民族群众在生产生活中增进了解，相互合作，互相支援。有组织的社会生活，使不同民族的群众相互合作和支援更为日常化。成建制进入内蒙古企业等单位的成员大多有较强的民族政策意识，单位体制规约促使其常常对牧区或牧民给予物资等多方面的支持，而牧区和牧民也在多方面为其生产生活提供便利。1957 年，白云鄂博矿区调运大批草料，帮助附近牧区群众过冬，牧民则帮助矿山找饮用水和供应矿区畜产品，相互支援传佳话。[①] 经过特殊途径进入内蒙古的人们会更多融入该地社会生活，如，1960～1961 年，内蒙古接收上海、浙江、江苏和安徽等省市 3000 多名孤儿，这些孤儿有的成长为教师、科技工作者，有的成长为新一代牧民或干部，成为内蒙古民族团结史上最动人和最富情义的故事。1958 年 8 月，中共中央就曾做出《关于动员青年前往边疆和少数民族地区参加社会主义建设的决定》，计划从 1958 年到 1963 年，从内地动员 570 万名青年到边疆和少数民族地区工作[②]，计划中从河北到内蒙古的知青为 50 万名。[③]

最普遍的情形是农牧民或不同民族农民间有组织的支援、合作，这些活动影响更为普遍，在农牧交错和民族人口杂居区，不同民族间的合作成为社会生活的常态。如在察哈尔地区，牧民种植饲草和蔬菜，附近农民提供技术帮助和农具等方面的支援，在同一公社中的牧民则大量借给农民农耕用畜，至于牧区受灾，农区支援亦不在少数。而牧业社为农业社提供粪肥支援，农业社为牧业社提供饲料，这在很多盟市公社都曾发生。[④]

人民公社体制从另一个层面将具有不同生产特点的农牧民组织起来，使各民族不同成员的合作更为便利、常态化且有良好的组织保障。在半农半牧区不同民族农牧民的直接接触与合作更为突出，如科右中旗西杜尔基公社，当时由蒙、汉、朝鲜 3 个民族组成，合作化以后，各民族合

---

① 林干、王雄等：《内蒙古民族团结史》，远方出版社，1995，第 364 页。
② 《当代中国的民族工作大事记》，民族出版社，1989，第 122 页。
③ 定宜庄：《中国知青史》，中国社会科学出版社，1998，第 148 页。
④ 林干、王雄等：《内蒙古民族团结史》，远方出版社，1995，第 367～368 页。

作推动公社生产，朝鲜族农民派稻作能手教蒙古族社员种植水稻，蒙古族社员帮助朝鲜族发展牧业，汉族社员向蒙古族社员学习牧业生产技术和经营经验，又向朝鲜族学习稻作技术。① 人民公社会生产管理体制使蒙古族牧民从事农业生产者大大增加。

（4）全区商业和民族贸易发展对各民族新型合作关系影响深远。传统的蒙汉关系中，除存在农牧冲突外，还有旅蒙商中存在的奸商欺凌和盘剥行为产生的负面影响。旅蒙商是牧区日常商品需求主要提供者，旅蒙商无止境的逐利行为没有受到相应的社会规则调节，常常成为牧人的债务人或利益盘剥者，不平等贸易直接影响民族关系，史载："旅蒙商的高利盘剥，严重的不等价交换和瞒哄欺诈等超经济剥削，也在广大蒙古民众中引起强烈不满，他们对旅蒙商信不过但又离不开，造成了鄙视商业，厌恶商人的历史隔阂"②。针对此种情形，自治区政府积极增加国营、合作社商业网点，大力组织物资交流和民族特需用品的生产、供应，实行公平合理的价格，消除不等价交换。第一个五年计划时期，民族贸易按保证少数民族特需用品供应，城乡都需要的商品优先供应边牧猎区，并推广新商品，改善边牧猎区群众的生活水平。随着自治区商业贸易体系的建立和国家民族特需用品供应体系的形成，商业行为与满足牧人日常生活需求的相关服务有了相应的规范，为牧区和牧人日常生活水平的提高创造了重要条件。

最后，自治区政府领导层对民族团结认知度高。

尽管受到"大跃进"等运动的影响，"文革"前自治区领导层仍然会强调民族团结的重要性，在推动自治区内各项工作进程中思考和解决民族团结的实践。1965 年 10 ~ 11 月，内蒙古自治区党委二届三次全委扩大会议，传达了中央工作会议精神，并安排了当时内蒙古的主要工作，专门谈到民族问题。自治区领导层认识到：在民族问题上，民主革命时期各民族团结起来，推倒"三座大山"，打倒共同敌人，以求民族解放，民族平等；社会主义革命时期各民族团结起来，进行"三大改造"，为

---

① 林干、王雄等：《内蒙古民族团结史》，远方出版社，1995，第 369 页。
② 《内蒙古自治区志·商业志》，内蒙古人民出版社，1998，第 42 页。

共同发展、共同富裕奠定基础。这些任务现在都已经完成了，经过两年"大跃进"的严重失误，又经过两个三年调整总结了经验教训，被严重破坏了的国民经济得到恢复并已经全面好转，内蒙古和全国就要开始进入建设现代化强国的新发展时期。自治区除了解决"共性"问题外，还要解决"特性"问题，发展生产是"共性"，为巩固祖国统一和加强民族团结从政治、经济、文化三个方面创造可靠基础是"特性"。政治基础核心是民族平等，一视同仁，使各民族在共同政治基础上团结起来；经济基础核心是共同利益，在内蒙古就是搞农牧结合，解决农牧矛盾，将农牧矛盾变成农牧相互支援，让经济上的共同利益成为民族团结的可靠基础；文化基础核心是情感的沟通，在自治区内蒙汉民族要相互学习语言，以便相互交流思想、沟通感情，在文化方面为民族团结创造可靠基础。[①]

## 二 极端伤害初现

1958 年 12 月，第十一次全国统战会议提出："加速少数民族地区的社会主义建设，争取在今后 15 年、20 年或者说更长一点时间内，使少数民族能够在经济和文化方面先后赶上或接近汉民族的发展水平，共同建成社会主义。"今天看来这个目标本身并非错误，错误的关键是在当时的条件下，更多的人认为"赶上或接近汉民族的发展水平"就是民族融合或差异消失，更为重要的是为了实现这一目标，人们选择"一刀切"的简化路径。而民族地区普遍开展的批判"特殊论""条件论""渐进论"等，使人们不敢正面表达对民族间差别的正确认识，因而"主要是汉族人口占多数的民族杂居地区，刮起了一股'民族融合风'"，直接妨碍了业已出台的民族政策的执行，损害了业已发展起来的汉族和少数民族间的互信关系。[②]

在反右过程中，民族政策的确成为争议的一个中心问题，从当时的

---

① 王树盛：《乌兰夫传》，中央文献出版社，2007，第 378 页。

② 《当代中国的民族工作》，当代中国出版社，1992，第 131～132 页。

右派言论来看，主要有"内蒙虽然解决了区域自治问题，但未解决民族问题"；"自治区的主体民族被冲淡了，主而不主"；包头工业基地的建设，使右派分子称"汉人占了蒙古人的便宜，对汉人有利，对蒙古人没利"；"蒙古人需要的是与畜牧经济有联系的工业"等。时任自治区副主席的哈丰阿对此进行了系统的、有理有据的批驳。① 今天看来这些说法的确不利于民族团结，除了其中极个别的别有用心之言，更多的是表达一种危机感或对民族政策执行状况的不满及不理解，需要通过耐心细致的思想教育加以纠正，也需要较长的良政予以证反。但是，随着"左"倾思潮影响的扩大，这些思想的清理缺少了有利的环境，而在反右派斗争扩大化中，一批知识分子、爱国人士和党内干部被错划为"右派分子"，并且按民族身份划出一批"民族右派"和"民族分裂分子"。在反对地方民族主义过程中，将一批具有民族感情、关心民族发展繁荣进步，积极为执政党民族工作出主意、提意见和建议的干部被打成民族主义分子。在社会主义革命观念指导下，一切对现实政策的意见和建议都将划入阶级斗争范围，在极左氛围浓厚的形势下，内蒙古反地方民族主义和反分裂主义斗争日益扩大。国际方面，苏联和蒙古国在边境上的小动作也加剧了这一氛围的形成，他们在1963～1964年预谋非法越境800多次，越境人员上至省长下至一般人员，越境后他们找旧的情报人员、与蒙古有社会关系的人员、有反革命身份的人员搜集中方情报，煽动一些人外逃和挑拨民族关系，等等。② 正是这些信息和环境，使人们比较容易地接受了民族问题实质是阶级问题的判断，似乎这也更易于使人们无条件地相信阶级敌人的破坏大量存在，为阶级斗争扩大化准备了重要的社会基础。

民族地区的民族贸易是执政党民族工作的组成部分，但是，在"大跃进"形势下，内蒙古一些地方的民族贸易机构被撤并，民族特需用品的生产被排挤，货源中断，经营品种减少，民族贸易工作受到挫折。③

---

① 哈丰阿：《驳斥右派分子攻击党的民族政策的谬论》，《学习与实践》1958年第3期。
② 《政府工作报告》，http://www.nmgrd.gov.cn/sjk/bg/dbdh/zfgzbg/200912/t20091228_63520.html。
③ 《内蒙古自治区志·商业志》，内蒙古人民出版社，1998，第46页。

1962 年全国人大民委会和国家民委共同召开全国民族工作座谈会，总结忽视民族特点、少数民族地区的经济问题、少数民族的平等权利和自治权利问题以及民族宗教上层人士的统战问题等方面的缺点错误，提出调整民族关系、加强民族团结的各项方针政策，强调民族问题的长期性和重要性。民族贸易工作恢复，特别是第五次民族贸易工作会议后，中央政府的规定纠正了农牧土特产品收购方面高征购的错误，出台相关政策，确立按照历史上的正常收购比例大体上做到相对稳定的征购原则。在具体品种上，亦确定适当的购留比例，照顾少数民族生产和生活必需品供应，商业部门以专项指标解决民族地区的特殊困难和特殊需要，对边远山区、边远特区的民族贸易企业实行"三项照顾"政策等。①

在"左"的思想影响不断扩展的情况下，自治区政府对本区域民族关系现实评估陷于乐观，脱离了内蒙古社会实际，也低估了旧有的民族关系遗产的影响，更未顾及当时代内蒙古社会各阶层的文化文明素质状况，比如 1958 年自治区政府副主席王再天先生撰文称："……中国共产党成立以后，蒙汉民族团结起来争取民族民主解放；解放以后，由于区域自治的实现，蒙汉民族之间平等团结互助友爱的新的民族关系，代替了过去的民族压迫、互相歧视的旧的民族关系。这种新的民族关系，在社会主义改造完成以后更获得了巩固和发展。"②"大跃进"和"反右"政治运动实际从另一个侧面证明了蒙汉民族的新型关系未真正建成，虽然剥削制度的消除使民族压迫失去了政治基础，但是民族歧视和不平等现象仍然存在，需要在社会主义建设进程中和各民族繁荣发展过程中不断克服。正是由于对民族关系状态的超现实认知，民族政策在执行中缺少配套性和基本制度保障，正常的民族情感表达甚至被政治化、妖魔化和敌对化，各民族中本民族中心主义的思想没有得到相应的制度和法制约束，运动式的约束或消除方式并未取得持久实效，反而造成新的民族隔阂和矛盾。从民族事务管理，到民族关系调节，执政党和政府仍然只依重行政力量，而缺少对民间社会支持力量的动员。更为重要的是执政

① 《内蒙古自治区志·商业志》，内蒙古人民出版社，1998，第 47 页。
② 王再天：《把反对民族主义的斗争坚持到底》，《民族工作资料月报》1958 年第 1 期。

党所持民族平等理念和原则并未得到全社会的普遍认知，更未在理论上厘清达成民族平等的路径和面临的困难，忽视了人本身对自身利益诉求和保护的合理性，大大简化了民族关系的调节方式。民族区域自治只要建立起来，民族干部队伍以及民族地区经济社会只要发展起来，民族关系就一劳永逸地走向平等团结互助合作，这正是"跃进"式思维的结论。

## 三　沉重的历史教训

在"文化大革命"初期，非理性的"亢奋"是很多人的思想常态，忠诚、个人野心、日常恩怨等因素的纠合，使一些人在"亢奋"中失去了判断力，而各项社会制度约束的失范，也使"斗争"成为最具影响力的武器。理性认知已为运动性的激扬所替代，"斗争"是生活中的关键词。这从当时的媒体报道中就可窥一斑："从大兴安岭林区到巴彦淖尔沙漠，从呼和浩特到广大牧区，从工厂到农村，从机关、学校到街道居民，从社会到家庭，统统走上了两个阶级、两条道路、两条路线大搏斗的战场。"① 如此激扬的话语今天听来似乎已十分陌生，却是当时"阶级斗争"观念对社会生活的所有层面影响的一个侧影，以"阶级斗争"为纲，使人们思考一系列社会问题受到局限并走向极端。"文化大革命"不仅使内蒙古社会生产、生活秩序受到强烈影响，正常的行政秩序混乱，民族工作机制和民族政策保障机制尽失，一系列处理社会关系的极端行动伤及保障民族团结的根本——民族平等基本政治制度和民族之间的信任，损害了初步形成的新型民族关系，造成了民族关系的紧张，从根本上影响到民族团结的巩固发展。

第一，保障民族团结的工作和政策机制受损。

为纠正20世纪50年代后期民族工作中出现的问题，1962年6月中共中央强调"应当让同志们知道，民族问题的彻底解决，是长期的，必须进行长期的经常工作，才能逐步实现。如果不看到这种长期性，不重

---

① 《万里草原红烂漫》，《人民日报》1967年11月4日。

视社会主义革命和社会主义建设过程中的民族问题，不照顾民族特点和地区特点，不按党的政策办事，在工作中就势必犯错误。……务使同志们切实按着党的方针政策办事，不得在党的方针政策外另出点子，另兴章程。过去行之有效的规章制度，被忽视了的要恢复，经常工作也要恢复起来。"① 但是，"文化大革命"开始后，中共中央统战部李维汉、徐冰被认为在统战、民族工作中长期执行投降主义、修正主义路线，中央和各地方主管民族工作的部门及其他执行民族政策的机构运行受到冲击。对乌兰夫等一大批各民族干部的冲击也全面影响到内蒙古自治区旨在保障各民族平等权益的区域自治制度的正常运行，特别是在 1968 年 8 月革命委员会常委扩大会议召开后，自治区各部、委、厅、局一律停止行使职权，革命委员会替代了自治地方的自治机关，民族工作机构功能丧失则成为必然。在这一过程中，中国共产党处理民族关系的一系列基本原则和政策被虚置。

在"阶级斗争"原则指导下，民族干部政策被抛弃，各民族干部之间的基本信任关系被破坏。早在 1964 年"四清"中，中共华北局就曾批评内蒙古工作，称"内蒙古一潭死水"，华北局领导对内蒙古民主改革和社会主义改造中的特殊政策提出质疑，于是在牧区社教中否定牧区民主改革"三不两利"政策，提出要在牧区划阶级；在城市社教中批判民族分裂主义，追查民族分裂组织。② 当时中苏关系恶化的国际环境从一个侧面强化了人们对"阶级斗争"严峻形势的判断和感知。正是在这样的内外氛围中，1966 年 5 月，中共中央华北局在北京前门饭店召开工作会议，乌兰夫被指犯了"反党、反社会主义、反毛泽东思想的错误，是破坏祖国统一，搞独立王国的民族分裂主义、修正主义错误，实质上是内蒙古党组织中最大的走资本主义道路的当权派"③。乌兰夫等一批老干部受到冲击也使党的民族政策破坏殆尽，正如有研究者指出的："前门饭店会议从乌兰夫开刀，株连内蒙古西部地区一大批蒙古族老干部，

---

① 中央档案馆、中共中央文献研究室编《中共中央文件选集（1949 年 10 月—1966 年 5 月）》（第 40 册），人民出版社，2013，第 368 页。
② 郝维民、齐木德道尔吉：《内蒙古通史纲要》，人民出版社，2006，第 599 页。
③ 郝维民、齐木德道尔吉：《内蒙古通史纲要》，人民出版社，2006，第 431 页。

制造了'乌兰夫反党集团案'；通过'挖肃'运动，把内蒙古东部地区的一大批蒙古族老干部打入所谓'乌兰夫反党叛国集团'；通过挖'内人党'又把各方面的蒙古族干部连结在所谓乌兰夫'黑线'上，蒙古族绝大多数或被打倒或靠边站。"[1]

　　这一时期，内蒙古的主政者否定民族差别和民族特点，否认民族问题，公开称"社会主义了，还有什么民族不民族""蒙古族脱下长袍与汉人一样"，否认少数民族地区特点，停止民族特需商品的生产和供应，民族特需用品被视为"封资修"的东西，全区20多家生产少数民族用品的厂社绝大部分转产或撤销，许多民族特需用品被迫停产停售，民贸机构和民族用品专柜被撤销，从事民族贸易工作的干部受到批判和迫害。这一状况直到1972年才有所转变。1972年4月，商业部向国务院提交《关于少数民族特需商品生产和供应情况的报告》，国务院在批转这一报告中指出："我们党对少数民族历来是关怀的，对少数民族特需商品的供应一向是重视的。但是，近几年来由于受到极'左'思潮的影响，有些地方不考虑少数民族的特殊需要，任意取消少数民族特需商品的生产和供应，这种做法是错误的。要教育我们的干部认真执行党的民族政策，尊重少数民族的风俗习惯，切实搞好对少数民族特需商品的生产和供应。"[2]

　　极左思潮横行也使内蒙古自治区的许多民族学校被取消，大量民族文字的图书资料被烧毁。蒙古族干部不敢用蒙古语发言，教师不敢用蒙古语授课，演员不敢用蒙古语歌唱，否则就有被打成"民族分裂主义分子"的危险。[3] 民族文字刊物也被迫停办。分区军管还造成了内蒙古自治区政区的变化，1969年7月5日内蒙古自治区政区被拆分，呼伦贝尔盟（突泉县、科尔沁右翼除外）被划归黑龙江省；哲里木盟和呼伦贝尔盟所属的突泉县、科尔沁右翼划入吉林省；昭乌达盟划归辽宁省；巴彦淖尔盟的阿拉善左旗和阿拉善右旗的巴音诺尔、乌力吉、塔木素、阿拉

---

① 陶健等主编《内蒙古区情》，内蒙古人民出版社，2006，第135页。
② 《内蒙古自治区志·商业志》，内蒙古人民出版社，1998，第48～49页。
③ 《内蒙古广泛使用和发展蒙古语文》，《人民日报》1979年1月7日。

腾敖包、笋布尔公社划归宁夏回族自治区；巴彦淖尔盟的阿拉善右旗、额济纳旗划归甘肃省。

第二，冤案频现严重破坏全区干部队伍的稳定，损害各民族干部之间业已形成的信任与合作关系。

"文化大革命"中所制造的一系列政治案件直接损害了各民族干部之间业已建立起来的合作信任关系，社会政治秩序开始混乱。在突出"政治"和"斗争"的前提下，人们失去了最基本的理性。这一时期内蒙古的一系列政治大案中，"乌兰夫反党叛国集团案"最为典型，影响最为广泛和深远，对民族团结的负面影响也最大。"文化大革命"开始之后，内蒙古党委常委以及自治区各有关部门、部分盟市旗县和"四清"工作团的负责人约计146人被中共中央华北局召集到北京开会，此即"前门饭店会议"，会议传达中央政治局扩大会议精神同时组织对乌兰夫的揭发、批判，会议长达43天（自1966年6月7日至7月20日）。7月27日，中共中央华北局做出《关于乌兰夫错误问题的报告》，认定犯乌兰夫的五宗罪，五宗罪中宗宗与"阶级斗争"和"政治立场"相关，其中包括"否认阶级斗争，取消阶级斗争"、反对突出政治和以阶级斗争为纲、反对毛泽东思想并"另打旗帜，自立体系""用生产代替阶级斗争"，等等。[1] 乌兰夫的华北局第二书记、内蒙古党委第一书记职务被撤销。与此同时，内蒙古党委书记处书记、自治区副主席奎璧，自治区副主席、党委统战部长吉雅泰，书记处书记毕力格巴图尔等乌兰夫的战友、部下均成为"乌兰夫反党叛国集团"成员。此后，河北、天津、山西等地调入一批干部担任内蒙古盟、市及重点旗县领导职务。内蒙古党委和各地政府干部结构发生重大变化，各民族干部之间的信任合作关系受到严重破坏。

第三，在牧区重划阶级和以粮为纲，造成新的农牧矛盾。

"从历史上看，农牧矛盾，是民族关系上的一个突出问题。从现在来看，这个问题还没有完全彻底解决。……要认真贯彻执行农牧林结合、多种经营、因地制宜、各有重点的方针，再加上人民公社的优越性，集

---

[1]　郝维民、齐木德道尔吉：《内蒙古通史纲要》，人民出版社，2006，第605页。

体经济的进一步巩固和发展，就能变农牧矛盾为农牧互相支援、互相促进的关系。特别是农区和半农半牧区也要经营牧业，有了共同的经济利益的要求，就会促进自治区农业进一步发展。"① 这是 1965 年乌兰夫对内蒙古农牧矛盾的认识和思考，这一认识符合各民族共同团结进步、共同繁荣发展的大趋势。但是，在极左思潮横行的社会环境下，牧区重划阶级成为顺应运动要求的行为，在当时被视为"进步"和"成就"。这些成就和进步，大大加剧了农牧矛盾和民族间的不信任，制造了许多新的社会矛盾，有的牧区大量牧民被划为剥削阶级，数以千计的蒙古族农牧民被定为"牧主"、"富牧"、"地主"和"富农"等，成为所谓剥削者。据统计，在牧区由于重划阶级打击面平均达到 10%，一些地区受打击面奇高，乌兰察布盟察右中旗打击面达 50%，锡林郭勒盟一般为 15%以上，有的社队则高达 43%，土默特左旗沙尔沁大队被重划为地主富农的占全队总户数的 49.4%。②

牧区"以牧为主"的发展政策被破坏。以粮为纲在牧区的实施形成深远的社会影响，也造成了新的农牧矛盾。在"牧民不吃亏心粮"的口号下，大办生产建设兵团和国营农场，加剧了滥垦草场的行为。据统计，"文革"十年全自治区开垦 97.3 万公顷草原。呼伦贝尔的陈巴尔虎旗截至 1979 年累计开荒 13.3 万公顷；锡林郭勒盟的东乌珠穆沁旗的草场约 40% 被开垦；伊克昭盟累计开垦达 40 万公顷。③ 在这一过程中，多数垦区垦前缺少科学的调查、勘察，在土地利用上缺乏统筹规划，特别是对水草条件较好的夏牧场或打草场的开垦，影响了集体所有制畜牧业的发展，激发了农牧矛盾。

民族间的不信任也波及普通群众日常生活。比如，1962 年自治区政府还在强调执行边民生活供应政策，以保障边民主要生活物品供应水平。进入"文化大革命"之后，政治失序，加之国际关系紧张，内蒙古革委

---

① 乌兰夫：《做好民族工作加强民族团结》（1965 年 11 月 22 日），《乌兰夫论民族工作》，中共党史出版社，1997，第 398 页。

② 浩帆主编《内蒙古蒙古民族的社会主义过渡》，内蒙古社会科学院民族研究所，1986，第 309 页。

③ 刘珍主编《内蒙古人口、资源、环境》，内蒙古人民出版社，1989，第 774 页。

会强令边境地区的一部分蒙古牧户内迁，又动员大批汉族农民到边境地区落户，号称"掺沙子"。这一过程不仅造成边民的财产损失，而且加剧了民族间不信任的负面影响，阻碍了民族团结社会氛围的形成。

第四，社会秩序混乱使各民族成员间矛盾得不到有效调节，为相互伤害事件的发生提供温床。

良好的社会秩序是各民族成员和睦相处、共同团结奋斗的基本保障条件。"文化大革命"期间，革命委员会总揽党、政、军、财、文、司法大权，自治区各工作系统普遍受到冲击，一些机关被查封，党组织被迫停止活动，公检法系统被"砸烂"，整个社会秩序失常，社会秩序混乱且与政治运动合流，严重危害人民生命财产安全。在政治秩序混乱时期，一切社会基本规约都在"革命"风暴下被摧毁，特别是"由于大搞逼、供、信，使大批领导干部和群众遭到惨无人道的迫害，有的甚至被致死，伤残不计其数。广大蒙古族干部和群众受害尤为严重，民族团结遭到极大破坏，社会处于极度恐怖和混乱之中。"① 随着全区行政局势的混乱，1969年12月，内蒙古不得不进入全面军管时期，军管在内蒙古自治区实施了干部大换班，从1970年1月始将自治区革命会领导成员、区直机关大部分干部和群众组织"派头头"7769人送至唐山毛泽东思想学习班、将各盟市干部3337人分别送入河北柴沟堡和山西省阳高等地学习，在学习班里继续开展"革命大批判"和"清理阶级队伍"、"一打三反、整建党"，规定学员不准通信；不准会客接待亲友；不准用民族语言书写和会话；不准串联；不准私自出入院校，以隔断干部与内蒙古自治区的联系。② 由此，在一个行政和社会秩序已混乱的区域，不同民族成员之间在"革命"行动下造成的相互伤害业已常见，在迫害知识分子、干部等行动中一些人大打出手，使民族歧视、民族偏见公开化。

当代中国内蒙古自治区民族团结建构并非传统中国政治的简单延续，而是建基于民族平等和主权多民族中国建设的新理念之上。因此，中国

---

① 中共内蒙古自治区委组织部等编《中国共产党内蒙古自治区组织史资料》，内蒙古人民出版社，1995，第237页。

② 中共内蒙古自治区委组织部等编《中国共产党内蒙古自治区组织史资料》，内蒙古人民出版社，1995，第241页。

共产党借助民族区域自治调整和推动各民族关系向平等、团结、互助、和谐方向发展。大力培养和使用民族干部、推动民族地区经济发展、发展各民族教育文化、尊重少数民族风俗习惯等政策的细化和落实为民族团结建构和巩固提供了政策保障，这些政策的落实也有效抵制大汉族主义和民族地区大民族主义的滋生，并有利于逐步消除历史上形成的民族隔阂、不信任。"文化大革命"十年，破坏了党和政府民族工作机制和民族政策机制，动摇了初步建立起的新型民族关系的干预和调节机制，影响民族团结的负面因素不断滋长和潜在化，由此，也使内蒙古的民族团结进步面临最严峻的社会挑战，付出了惨痛的代价。

# 第 四 章

# 改革开放：内蒙古民族团结修复

中国共产党十一届三中全会是内蒙古民族团结修复的一个重要转折点，当时，大多数人生活艰难，物资短缺，社会在"整人与挨整"的政治运动循环中终于迎来一个重构常态社会秩序的时代。"文革"期间出现的理论和实践错误逐步得到纠正，探索修复新型民族关系的路径也随之成为必要的社会需求，由此推动了内蒙古民族团结的修复和发展。

## 一　纠正错误　调整方向

经历了一系列政治运动之后，内蒙古经济社会在曲折中变迁，这一时期内蒙古自治区无论在人与自然关系还是在民族之间关系、干群关系等方面都付出了沉重的代价。党中央工作重心的重新确立成为内蒙古民族团结修复的关键。

第一，内蒙古自治区政府依据党中央部署，以批判的手段清理"四人帮"及其帮派体系在内蒙古各级政府中的影响。1977年，内蒙古自治区第五届人民代表大会上，革委会工作报告称："四人帮"在内蒙古资产阶级帮派体系的挂帅人物为吴涛，黑干将是李树德、雷代夫，帮派头目是郝广德、那顺巴雅尔、王金保、高树华、刘立堂等。报告中提出："全面地正确地落实党的干部政策、知识分子政策、民族政策、经济政策等各项无产阶级政策，调动一切积极因素，团结一切可以团结的力量。要教育广大干部和群众，顾全大局，识大体，讲原则，讲风格，一切从革命的利益出发，不断增强军政军民之间、干部之间和干部与群众之间的团结。要经常地广泛地进行民族政策的教育，检查民族政策的执行情况，注意培养、选拔蒙古族和其他少数民族干部，认真做好民族工作。要着重反对大汉族主义，也要反对地方民族主义，搞好汉族和少数民族的关系，巩固和发展全区各族人民的革命大团结。"① 尽管民族团结仍被限定于"革命"大团结的话语，但是好在关于民族政策的落实等已提出。

　　第二，逐步恢复内蒙古自治区常态的地方政府政治架构。"文革"开始后，夺权大潮中内蒙古党政管理地方事务的机制失灵，夺权后所建立的革命委员会实行党政合一，"政治运动"是革委会的中心工作，各项社会事务管理均已脱离原有制度性的轨迹，党政军权集于一身。革命委员会并非常态的地方政务管理机构，革命委员会地方政治架构尽废民族自治地方人大、政协等基本制度功能，完善社会事务管理的制度建构进程中断，红头"文件"成为唯一的行政规范的依据。1969 年的分区军管是内蒙古地方事务管理全面向"左"发展的一个重要节点。军管不仅未能及时纠正"左"倾错误，还在某种程度上助长了"左"的错误，对因"内人党"案受冤者不作平反，给要求落实政策的干部戴上"有民族情绪"的帽子，并作为高职低用甚至不用的"理由"。② 直到 1971 年 5 月，中共内蒙古自治区第三次代表大会召开，会议选举产生了内蒙古自治区第三届委员会，会后自治区各级党组织陆续恢复和建立，但是这次大会"全面坚持了'文化大革命'的错误理论和错误实践"，执行了思想、政治、组织上的错误方针③，"文化大革命"的错误未得到及时纠正。1973 年 9 月，自治区党委的组织部、宣传部和统战部机构先后恢复，健全的党组织机制渐次得到重建。1974 年内蒙古党委成立落实政策办公室，各盟市也相继成立落实政策领导小组下设办公室，着手解决清队和挖"内人党"中的遗留问题。至此，有利于社会稳定和民族团结的

---

① 《内蒙古革命委员会工作报告》，http://www.nmgrd.gov.cn/sjk/bg/dbdh/zfgzbg/200912/t20091228_63519.html。

② 图们、祝东力：《康生与"内人党"冤案》，中共中央党校出版社，1995，第 290~291 页。

③ 中共内蒙古自治区委组织部等编《中国共产党内蒙古自治区组织史资料》，内蒙古人民出版社，1995，第 243 页。

各项政策才逐步落实。1977 年 12 月，自治区政协恢复并选出第四届委员会，选出主席、副主席及常务委员 56 人，政治协商平台功能开始恢复。1979 年 12 月，自治区人民代表大会制度功能得以恢复，特别是第五届自治区人代会的召开，为进一步恢复政治秩序和各项政策创造了条件，第五届人大第二次会议开始设立人大常委会，常委会主任由老将军廷懋担任，13 位副主任中有 6 位蒙古族，民族干部政策逐步恢复落实。与此同时，逐步建立健全了自治区党委机构设置和干部配置，1980 年，人大常委会、人民政府、政协 3 个党组成立，党委建立了书记集体办公会议制度。但是 20 世纪 80 年代初的内蒙古施政中出现的失误表明，制度功能尚未得到全面发挥，主政者个人决策仍在很大程度上影响自治区施政和决策过程。

第三，平反冤假错案，落实干部政策。早在 1969 年 5 月中共中央就曾指示内蒙古革委会和军区党委要"根据'九大'精神，团结一致，共同对敌，迅速纠正前一时期在清理阶级队伍中所犯的扩大化的错误，正确区分和处理两类不同性质的矛盾，稳定内蒙局势，总结经验，落实政策，争取更大的胜利"[①]。但是，极左思潮仍然占据着主政者的思想观念，中央政策未能得到积极落实，1973 年被指为"反党叛国集团"总头目的乌兰夫已重新出来工作，与这一案件相关的一些干部的职务仍未落实。当时在内蒙古纠正"左"的思想和行为非常困难，民族政策的落实最初仍然受到各种阻碍。更值得反思的是执政党的干部制度建设中，由于缺少对权力的社会和群众监督机制，一言堂、个人专权在"阶级斗争"的强力压制下更加突出。在政治运动过程中，一些人出于满足个人需要或野心的目的，利用制度机制的缺陷，违背了做人的基本原则和社会良知，制造有损于社会稳定和人民团结的事端。他们往往打着革命的旗号，打击对手不择手段，在法制缺乏、党组织生活不正常的状态下，人性被扭曲，社会关系整体处于紧张状态。

1978 年 7 月，依据中共中央《关于进一步解决好挖"新内人党"问题的意见的报告》批示（又称"四·二〇"批示），为"新内人党"案

---

①　图们、祝东力：《康生与"内人党"冤案》，中共中央党校出版社，1995，第 242 页。

平反昭雪，明确了"所谓'新内人党'是根本不存在的；当时决定挖'新内人党'是错误的，是原自治区党的核心小组几个主要负责人，在林彪、'四人帮'反革命修正主义路线影响下，主观臆断，盲目蛮干，大搞逼供信造成的一大错案"①。人们整整花了9个春秋才等到这样一个公正的结论。1979年2月，农村、牧区重划阶级的错误开始得到纠正。吉雅泰、特木尔巴根、高布泽博、达理札雅、哈丰阿等自治区各级干部得以平反昭雪，恢复名誉。此后，在各级政府工作部门受到迫害或"靠边站"的各民族干部逐步恢复工作。据统计，在此过程中"前后共为16万受害者落实了政策，并且复查处理了2.27万件'文化大革命'前的历史老案"②。

第四，重申民族政策，加强民族区域自治制度和依法行政的探索重启。1979年5月，党中央、国务院发出《关于恢复内蒙古自治区原行政区划的通知》，1979年6月11～20日自治区党委在呼和浩特召开恢复内蒙古自治区原行政区划交接工作会议，内蒙古自治区被分解的行政区划得以恢复，民族团结修复和基本制度功能恢复的步伐加快。1980年内蒙古党委发出《关于进行民族政策再教育的通知》，6月成立内蒙古民族区域自治条例起草委员会，王铎为主任，沈新发、克力更为副主任，并发出《关于起草内蒙古民族区域自治条例的通知》。同年11月内蒙古第五届人大常委会第六次会议通过《关于起草内蒙古自治区自治条例和成立内蒙古自治区条例起草委员会名单》，委员会主任由廷懋担任，王铎、沈新发、克力更、奇峻山、色音巴雅尔任副主任。探索制定内蒙古自治区自治条例，试图在常态政治运行中，推动民族法制建设，从而进一步完善民族区域自治制度的运行。自治条例要着重解决民族区域自治的地方自主权问题，解决各民族一律平等和民主权利问题。起草自治条例的领导小组和办公室组织自治区各直属机关，多次进行座谈研究，为自治条例的起草提供了大量材料和意见。在此基础上，自治区人大常委会依据《中华人民共和国宪法》、《中华人民共和国民族区域自治实施纲要》

① 图们、祝东力：《康生与"内人党"冤案》，中共中央党校出版社，1995，第281页。
② 《当代中国的内蒙古》，当代中国出版社，1992，第127页。

和党的民族区域自治政策，吸取全区多年来实行区域自治的实践经验，从自治区的实际和特点出发，经过几个月的工作，草拟了内蒙古自治区自治条例讨论稿。

依据《中华人民共和国选举法》的原则及其关于"省、自治区、直辖市的人民代表大会常务委员会根据本法可以制定选举实施细则"的规定，内蒙古结合本区域特点，颁布《内蒙古自治区旗县级直接选举实施细则（试行）》。《细则》具体规定了旗县级直接选举的指导思想、组织机构、代表名额分配、选区划分、选民登记、选民资格审查、代表候选人提出和选举程序等，使县级直接选举工作有了初步依据，保障了《中华人民共和国选举法》在自治区的实施。为了充分保障实行区域自治的主体民族的民主权利，《细则》规定聚居或散居的蒙古族，莫力达瓦达斡尔族自治旗、鄂温克族自治旗、鄂伦春自治旗的自治主体民族，以及其他少数民族的代表人数，应保持和不低于历届人民代表大会代表的比例，《细则》报全国人民代表大会常务委员会备案。这一时期还起草内蒙古自治区草原管理条例、内蒙古自治区人口管理暂行条例和民族教育、森林保护、环保奖惩、蒙古语文工作条例等地方性法规。

第五，思想理论上清"左"，为各民族共同发展繁荣提供正确的指导。与冤假错案的平反相较，思想理论上的清"左"亦是民族团结在新的环境下深入发展的一大障碍。"民族融合"论、"民族问题的实质是阶级问题"等在民族理论界影响至深，对人们认识和理解民族问题也影响至深。1979 年 4 月，在全国边防工作会议报告中乌兰夫指出："应当看到民族具有很大的稳定性，民族融合是一个长期的历史过程，我们要坚决反对反动的强迫同化政策和否认民族问题的存在的谬论，在整个社会主义历史阶段，不是什么民族消亡的问题，而是各民族繁荣兴旺的时期，我们决不可把民族融合作为当前的实践纲领。"[①] 1980 年 4 月《中共中央关于转发〈西藏工作座谈会纪要〉的通知》指出："各民族的存在，多数是千百年历史形成的，在今后很长期间也将继续存在。在我国各民族都已实行了社会主义改造的今天，各民族间的关系都是劳动人民间的关

---

① 《乌兰夫文选》（下），中央文献出版社，1999，第 268 页。

系。因此，所谓'民族问题的实质是阶级问题'的说法是错误的（马恩列斯和毛主席都没有说过这样的话。毛主席在支持美国黑人斗争时所说'民族斗争，说到底，是一个阶级斗争问题'，是指美国广大黑人与美国垄断集团和反动派之间的矛盾是阶级矛盾，广大黑人同白人劳动者联合起来，才能实现自己的解放。毛主席这个论断，完全不能适用于我国解放后的民族关系），这种宣传只能在民族关系上造成严重误解。"[1] 由此，打破理论界对"民族问题的实质是阶级问题"的迷信，理论上，人们所主张的合法民族权益不再被统统视为阶级斗争，对民族问题的态度也回归实事求是，这为进一步处理民族关系提供了正确的思想理论基础。

## 二　攻坚克难　直面问题

正如《中央书记处讨论内蒙古自治区工作的纪要》指出的，文化大革命中"内蒙古自治区是全国'重灾区'之一，恢复工作是很艰巨的。党的十一届三中全会以后，内蒙古自治区党委坚持贯彻执行了三中全会路线、方针、政策，积极平反冤假错案，认真落实民族区域自治政策和干部政策，切实整顿和加强了各级领导班子。因而民族关系处理得比较好，生产恢复得比较快，群众生活有所改善，各族人民比较高兴"。纪要着重指出："要继续加强民族团结。既要照顾二百万人口的'主体'民族蒙古族，又要照顾一千六百万人口的汉族和其他民族。内蒙古的汉族干部要确立这样一个正确观点，即离开了少数民族干部，内蒙古的各项工作搞不好；内蒙古的少数民族干部也要确立这样一个正确观点，即离开了汉族干部，内蒙古的各项工作也搞不好。汉族干部和少数民族干部要继续加强团结，做到亲如手足，相依为命。在干部配备方面，自治区一级的少数民族干部要有一定比例；在少数民族聚居区，以少数民族干部为主；在汉族聚居区，以汉族干部为主。总之，搞好民族团结，是搞好内蒙古建设事业的关键，也是巩固边防、保卫祖国的关键。"[2]

---

① 《新时期宗教工作文献选编》，宗教文化出版社，2014，第14～15页。
② 《新时期民族工作文献选编》，中央文献出版社，1990，第150～153页。

随着中央政治的稳定，内蒙古各项社会政策不断调整，社会矛盾日益缓解，但是直到 20 世纪 80 年代初，内蒙古民族团结的达成仍然面临着诸多困难。正如中共中央的判断，在这样一个"文化大革命"的"重灾区"恢复工作不可能一蹴而就，特别是民族关系的恢复面临着更为复杂的局面，对区域民族团结的维护提出新的要求。全面调整民族关系面临的多是一些应当从制度、思想源头等多方面想办法解决的问题，其中突出问题包括以下几个方面。

第一，克服阻碍各民族干部之间团结的困难。执政党一直强调各民族干部之间的团结，内蒙古自治区在其建立之初直至"文化大革命"之前，竭力强调各民族干部之间的团结合作，干部之间团结总趋势良好。一系列政治运动和"文化大革命"造成的政治失序打破了正常的组织制度、纪律和工作机制的完善进程，在强大的政治运动压力下，特别是"群众运动"带来的无序，使原本就实际存在于干部之间的各种各样的矛盾表面化，其中不同民族干部之间的矛盾凸显，从中央某些极左领导人至地方领导对民族干部心存不信任日益日常化和表面化。正如军区政治部主任郭云昆当年检讨时所称："我们党委的同志首先是我，对内蒙古部队的同志不信任，尤其对少数民族同志更不信任。"[1] 此言虽在一定程度上是那个时代的场面话，但是"文化大革命"结束以后，内蒙古各项政策落实不畅除了特定的国际环境因素外，更直接的因素仍然是内蒙古主政者对少数民族干部的不信任。在日常行政中，不同民族干部之间矛盾的解决除了一般性团结说教外，仍然缺少有效的制度调节和规约。曾经在内蒙古工作过的李心如回忆：20 世纪 60 年代初，他在乌兰察布盟察右中旗短期担任旗委宣传部部长时，旗委书记、旗长、副旗长和组织部部长均为蒙古人，"每次开党委会，他们四人叽里咕噜说蒙语让我坐在冷板凳上，直至会议结束，给我说上三言两语。处于这种情况，我岂能不窝火，岂能不生气？我想，我也是党委的一名成员，你们会说汉语，而说让我听不懂的蒙语，岂不剥夺了我的知情权和表决权"？他还提出："我们是到民族地区来工作的，并不是来给婆婆当小媳妇的。民

---

① 图们、祝东力：《康生与"内人党"冤案》，中共中央党校出版社，1995，第 253 页。

族间是平等的，是相互尊重的，难道我们只有尊重他们的份，而他们不应该尊重我们吗？"① 我们从此番描绘中至少可以得到如下信息：领导干部之间缺少沟通和尊重，日常工作中本地干部和外来干部间相互尊重的意识不足，他们的关系还需要在长期合作中调整；蒙古族干部与汉族干部的语言隔阂是一个客观现实，理想的状态是双方互相学习语言，并且有相应的沟通机制。如果他们都站在各自的立场上认识他们之间的语言隔阂或沟通不畅问题，汉族干部不会说蒙古语，又不积极学习，还心生怨气，蒙古族干部亦不积极主动想办法，加强他们之间的沟通，建立干部之间的团结便无从谈起。因此，在清理极左思潮影响进程中，逐步落实民族干部政策，确立干部之间的信任合作关系至关重要，在修复民族团结中重建干部之间的关系实非易事。民族干部政策的落实则是建立互信的一个重要环节，1983 年，自治区党委常委中少数民族干部比重达到41%，自治区人大常委正副主任中占 50%，自治区人民政府正副主席中占 50%，自治区政协正副主席中占 50%，自治区厅局级领导班子中占 43.8%，各盟市委和盟行政公署（政府）领导班子中，分别占 49.2% 和 42.4%。②

　　第二，"非我族类"的心态仍然根深蒂固地影响着一部分人，遇有适宜的社会气候必然会直接影响民族关系，冲击民族团结大势。如果民族地区的决策者有此心态并不加约束则会对全局产生影响。在 20 世纪50 年代，自治区各部门第一把手一般都由蒙古族干部担任，一些参加革命早、资历高的汉族干部任副职，有的汉族干部发牢骚、说怪话，称"我们都是当副官的"，"我们在自治区都是孙子辈，好事没有我们的"。③这些信息表明，有怨气的汉族干部并未真正认识到建设民族地区民族团结进程中汉族干部应负有的责任和正确态度，而是一味从个人得失中看待社会政策，也未从思想上认清民族优惠政策的历史、现实、政治和法律依据。蒙古族干部中也有少数人心怀不满和怨气。对此，自治区副主席王再天撰文指出："内蒙古自治区是以蒙古族为主体、汉族占多数、还有其他少数民族的多民族自治区。这就决定了在解决自治机关民族化

　　① 李心如：《回乡搬家与"四清运动"》，http://lixinru.blog.sohu.com/33380791.html。
　　② 布赫：《进一步巩固和发展民族团结局面》，《内蒙古日报》1983 年 9 月 21 日。
　　③ 李心如：《深挖"内人党"反革命组织》，http://lixinru.blog.sohu.com/36459225.html。

问题时，必须达到一个目的（民族团结的目的）、两种体现（体现蒙古族为主体、照顾汉族的多数的情况），同时也照顾其他少数民族。"同时，他批判了大汉族主义思想残余影响下存在的歧视和轻视少数民族，忽视少数民族特点和民族形式的现象，也分析批判了蒙古族、达斡尔族干部中存在的民族主义倾向，提倡各民族之间的团结合作。① 尽管内蒙古党委绝大多数干部能够清醒地认识到汉蒙之间的团结对内蒙古整体发展和各民族共同繁荣至关重要的意义，但是，一般干部及群众受到个人心胸、修养和思想认识水平等限制，受到"非我族类"思想或自我中心主义的左右，加之语言、风俗习惯等方面的差异，甚至每一个个体自身生存境况的不同都深刻地影响了其对其他民族成员的态度。信任和相互尊重的制度性建构仍属空白，无端不信任仍是毒害现实民族团结的重要因素。

第三，"文化大革命"中在"革命"掩蔽下登峰造极的大汉族主义一时得势且社会成员大多数对此不以为然，少数民族情感的表达、权益诉求的疏导等机制缺失，使一些影响民族关系的问题长期积淀。20世纪50年代末，在政治运动和强大的政治压力下，大汉族主义披着"革命"外衣大行其道，在反右、反地方民族主义和"文化大革命"进程中，蒙古族和其他少数民族干部群众受迫害的过程，事实上也是大汉族主义横行的过程。自治区主政者处置民族关系问题上不能坚持已有的民族政策原则体制等情况，明显表现出官僚主义和汉族中心主义的特征。他们直接通过制造政治帽子，压制少数民族对自治权益的诉求，通过"敌情"和画线来稳固其对自治区整体权力的把握。在滕海清主政内蒙古时期康生声称"内蒙的敌人是很多的"②，加之为了满足个人利益和野心而积极为之凑材料的郭以青、乌兰巴干之流的帮衬，证实了他们心目中的"敌情"预想，因此他们可以公开声称："乌兰夫集团是由一个由多种反革命势力组成的反党叛国集团，一股是乌兰夫的老班底……，一股是以哈丰阿为代表的反革命势力……第三股基本上是蒙绥合并以后形成的，主

---

① 王再天：《把反对民族主义的斗争坚持到底》，《民族工作资料月报》1958年第1期，第32、34、38页。

② 图们、祝东力：《康生与"内人党"冤案》，中共中央党校出版社，1995，第48页。

要成员是一些混进党内的阶级异己分子，蜕化变质分子，个人野心家、阴谋家，同时也网罗了一部分高岗余孽和国民党军阀势力。"① 这一判断，一网打尽了内蒙古自治区成立和解放战争中浴血奋战的老战士以及党组织培养的很多老干部。主要以少数民族干部为对象的"打""挖"行动，伤及成千累万的无辜，这些行动充分利用了人们的时代狂躁症，成为一些人一切不满的宣泄口，种种行为在今人看来难以理喻。正如有研究者指出："打'内人党'的反革命组织，势头如此之凶猛，主要力量来自于汉族干部和群众。考察起来，其历史渊源在于汉族和蒙族之间长期矛盾的一次大爆发。运动之初，挖出来的内人党分子，只是个别人。工人们思想都比较单纯，又缺乏处理复杂问题的社会经验，单凭一腔朴素的爱憎分明的阶级感情，毫无政策观念地采取刑讯逼供。于夜间，经常听到有人被打得鬼哭狼嚎，有的被打伤、打残，甚至被活活打死，有的人受刑不过，则乱供一气，最后，蒙族几乎都成了'内人党'分子，一批批被关了起来。"② 在内蒙古民族团结建构的历史上，这是最令人感到沉痛的阶段，蒙汉各族干部群众均应在理论、思想和制度建设等层面深刻反思，共同寻求防范之策，避免历史再现。

关于修复的历程从来不会是简易的过程，内蒙古 20 世纪 70 年代末和 80 年代初的主政者，受到复杂情势的左右和极左思潮的持续影响，对落实民族政策无所作为。"文化大革命"那套工作方式一时难以扭转，"在'文化大革命'中，通过打'乌兰夫黑帮'，打'孔、廷、塔、鲍反党集团'，打'内蒙古的二月逆流'，特别是通过挖'内人党'运动把内蒙古军区的老干部几乎全都打下了台。到 1978 年 8 月，粉碎林彪反党集团已经八年，粉碎江青反党集团也已经两年，可内蒙古军区被打倒的孔飞、廷懋、黄厚等老干部，仍没有复职，有的虽已复职，但是高职低用，或不予信任"③。可见，民族之间的不信任仍然在悄然蔓延。1981 年 9 月 5 日，内蒙古大学召开全校大会传达《中央书记处讨论内蒙古自治区工作的纪要》，其中提到从外省区自然流动到内蒙古的人口要妥善安置，

---

① 图们、祝东力：《康生与"内人党"冤案》，中共中央党校出版社，1995，第 59 页。
② 李心如：《深挖"内人党"反革命组织》，http://lixinru.blog.sohu.com/36459225.html。
③ 图们：《剑盾春秋：我所经历的共和国往事》，上海人民出版社，2007，第 76 页。

加强管理，让他们从事林牧业生产，不要开荒，并对他们进行民族政策教育，搞好民族关系。[①] 但是，《纪要》的发布并未兑现很多人心中期待的优惠权益，反而由于触动了尚未治愈的历史伤痕而引发社会动荡。内蒙古大学等院校的学生、学者和少数干部等认为《纪要》未能充分考虑到蒙古族权益，他们从保障自治权益的角度出发理解《纪要》内容，并要求中央政府收回《纪要》，给予有法律保障的自治权。这种权益诉求以学生抗议示威等形式表现出来，有人重提"文化大革命"旧事，强烈要求惩处"内人党"冤案的头号肇事者。事件发生后，主政内蒙古的领导，最初无视混乱局面的发展，继而试图以强力压迫人们就范，激化矛盾，学生们组织起来进京上访，7000 余人走上街头游行。事件平息后，自治区主政者再次和几位前任一样相信学生幕后有庞大的民族分裂集团，并有组织、宣传、理论和情报班子，而不是认真检讨本区域民族政策落实情况、历史创伤治愈情况，以及民族群体成员冲突引发的社会负面影响等问题。认识不到自治区内政不修，人们的基本诉求得不到尊重，才是事件发生的根本原因。

第四，对"文化大革命"理论反思和清算不彻底，不利于民族团结的错误思想清理不够并潜在化，延缓了民族关系的修复。绝大多数经受过批判、关押和非人待遇的干部和群众得到平反后，大多数人并未仅仅沉湎于自身的悲凄，毕力格巴图尔这位老革命面对内蒙古和全国遭受的空前灾祸时曾问："我们个人受冤枉是小事，问题是党的经验教训总结不总结？"同样经历过关押的图们先生指出："新中国成立以后特别是1957 年反右派以来造成的如此大量的冤假错案，原因是多方面的。但根本原因是党中央主要领导人在以阶级斗争为纲的'左'思想指导下，发动一系列政治运动，试图以运动方式解决社会发展进程中出现的权益分配等复杂社会问题。尤其是在十年'文化大革命'期间，林彪、'四人帮'出于篡党夺权的需要，一面砸烂公检法，一面又假公检法机关之手，疯狂地镇压、迫害无辜的干部群众，制造了大批冤假错案。"他"最深的感受是，在'文化大革命'中形成一种破坏势力的极左思潮是我党

---

① 《民族工作文选》（内部文件），南宁市永新印刷厂，1986，第 106 页。

历史上的一个顽症，必须予以纠正和防范。另外，必须实行政治上的民主监督，以避免决策者发生严重失误。同时，也只有加强民主法制建设，才能杜绝冤假错案"。[①]

这一时期在各种政治运动之中，内蒙古的民族关系问题并未被置于核心地位，社会政治生活的失序为一些人发泄对民族政策或民族关系的不满情绪创造了条件，甚至为大汉族主义披着"革命"外衣"招摇过市"创造了条件。动乱时代结束后，党和国家工作重点很快转移到社会主义现代化建设上，各种政治运动中的受害者或受牵连者所受精神创伤需要长时间和宽松的社会环境才能逐步恢复。

总之，内蒙古修复民族关系的进程并非一帆风顺，一般民众之间的关系在政治运动中并非水火不容。在干部阶层，见识了历次政治运动中"忠而获罪、信而见疑"的反常历史现象后，人们难免会对后续的相关措施心怀疑虑。与此同时，地方政务主政者心中只有斗争哲学和"敌情"意识，回避、漠视和压制民族特点及民族差别的需求，不能切实执行党的民族政策，不能做到积极实践差异间的包容和理解，因此，对民族团结的升华只能起到反向作用。

## 三　改革发展推动民族团结进步创建

20世纪80年代初，内蒙古自治区改革发展任务繁重，自治区党委实行了整党、清理"左"的思想影响、解放思想、统一认识等促进改革的工作。在拨乱反正过程中，内蒙古农村和牧区逐步落实生产责任制，推动了农牧业生产的发展，城市改革得以展开。改革开放促使自治区实现经济社会发展全面恢复，自治区在改革中推动党和政府工作重心向经济建设转移取得丰富成果。民族团结进步在积极改革氛围中逐步恢复。

第一，在全区加强民族团结宣传教育，提升全社会民族理论认识水平。在推进社会生活全面常态化过程中，自治区政府逐步恢复和落实民

---

① 图们：《剑盾春秋：我所经历的共和国往事》，上海人民出版社，2007，第171、79、74页。

族政策，利用广播、电视及各种出版物，宣传民族理论、民族政策和民族团结，进行各族人民"谁也离不开谁"的思想教育，在各级党校、高等院校和中等学校都恢复和设置了民族理论和民族政策课程。1983年周惠和布赫联合撰文发表《为改善和发展社会主义的民族关系而努力》①一文，该文称："一九五八年刮'共产风'时，曾经刮起一股民族'融合风'，企图抹煞民族特点，取消党对民族地区的特殊政策，民族差别不但没有消失，反而损伤了民族团结，阻碍了少数民族地区经济、文化的发展。'文化大革命'中，林彪、江青两个反革命集团肆意践踏党的民族政策，根本否认民族和民族问题的客观存在，民族差别也没有就此消灭，反而助长了民族间的不信任心理，结下新的'疙瘩'。产生一次'裂缝'，需要千百次地去弥合。"文章论证了民族问题的客观性、长期性，民族矛盾的复杂性，提出了处理民族关系问题时要善于辩证思考，正确处理共性与个性的辩证关系，妥善解决矛盾，全面、历史、辩证地考察和处理民族问题。文章指出："那种搞政治运动、群众运动的方式去进行反倾向斗争，不论是批地方民族主义，还是批大汉族主义，不但不能改善民族关系，反而会激化民族矛盾。……正确的方法，要坚持疏导的方针，重在教育，做过细的思想政治工作。对于错误的思想，要用马克思主义的民族观，旗帜鲜明地、理论气壮地进行批评教育。"该文的发表说明内蒙古党委领导层在总结"文化大革命"经验教训过程中，不断克服极左思想残余影响，对民族问题和民族关系有了充分的理论认识。1984年5月，《中华人民共和国民族区域自治法》颁行，7月内蒙古党委发出《关于认真学习、宣传、贯彻执行〈中华人民共和国民族区域自治法〉的通知》，随后中共内蒙古各级党委和政府积极组织广大干部群众学习《中华人民共和国民族区域自治法》。至1987年初，全区1531万名普法对象中有553万人受到《民族区域自治法》常识教育，有近40%的普法对象接受了培训。②

　　第二，开展全区民族团结表彰活动。政府对民族团结模范的表彰是

---

① 《红旗杂志》1983年第12期。
② 郝维民、齐木德道尔吉主编《内蒙古通史纲要》，人民出版社，2006，第656页。

引导和教育社会的良好举措，也是宣传、教育群众的过程，使执政党的民族政策、马克思主义民族观、各民族"谁也离不开谁"的思想观念得到广泛宣传。1983年3月28日，中共内蒙古党委开始筹备全区民族团结表彰大会，全区各级政府共同努力，积极准备，进行广泛的民族理论、民族政策和民族平等团结互助的宣传教育。在开好本地区、本部门的表彰大会的基础上，做好出席自治区民族团结表彰大会的推选工作。当年9月15日，内蒙古自治区首届民族团结先进集体、先进个人表彰大会在呼和浩特举行，蒙、汉、回、满、朝鲜、鄂温克等27个民族1034位代表出席大会，大会表彰了202个先进集体，560个先进个人。这些先进集体是经过全区各基层单位的层层推选，从10000余个基层表彰的典型中选拔出来的自治区级表彰对象，具有深厚的群众基础和广泛的代表性。政府的表彰活动不仅是对在民族团结方面的先进集体和先进个人所做贡献的肯定，也为进一步推进民族团结进步创建营造了良好的政治氛围和社会环境。自1983年到2016年，内蒙古自治区已举办8次全区民族团结进步先进集体和个人的表彰活动，总计有1580个民族团结进步模范集体和2192个民族团结进步模范集体个人获得表彰，其中156个集体、167个个人模范受到国务院表彰。

第三，良好的社会风尚是保障民族团结持续深入的重要条件，在不同组织、场域或区域各族人民的日常交往是各民族求团结、实现共同进步的社会基础。改革开放以来，内蒙古各民族之间的团结进步典型得到社会表彰并广为人知，这些典型事迹有的发生在单位之间，有的发生在不同民族群众之间，其中较有代表性的民族团结模范集体主要有机关、企业、学校（事业单位）、乡镇、村（嘎查）/社区、部队六类，具体分布情况见表4-1。

表4-1 国务院第1~3次表彰大会表彰内蒙古民族团结进步模范先进集体分类

单位：个

| | 1988年 | 1994年 | 1999年 | 总计 |
|---|---|---|---|---|
| 机关 | 4 | 8 | 18 | 30 |
| 企业 | 9 | 7 | 5 | 21 |

| | 1988 年 | 1994 年 | 1999 年 | 总计 |
|---|---|---|---|---|
| 学校 | 5 | 4 | 0 | 9 |
| 乡镇 | 6 | 9 | 5 | 20 |
| 村（嘎查）/社区 | 6 | 0 | 1 | 7 |
| 部队 | 4 | 1 | 0 | 5 |
| 总计 | 34 | 29 | 29 | 63 |

从表 4 - 1 可见，1988~1999 年，在内蒙古民族团结进步方面做了很多工作并得到社会认可的单位类型主要还是政府机关，这类模范集体占三次表彰单位总数的 47.62%，企业类单位则占受表彰单位总数的 33.33%，乡镇占 31.75%，学校、村（嘎查）和部队占比较小，三次均没有城市社区单位受到表彰。深入分析，在国务院三次表彰的机关中，自治区级机关、旗县机关占比高，其中旗委、旗政府同时受表彰的有 7 个，占受表彰机关总数的 23.33%，受表彰的旗集体和各级政府民族宗教工作部门也占有受表彰机关总数的 23.33%，受表彰的旗（市）人民政府只有 5 家，三个自治旗委和政府在国务院第二次表彰时榜上有名，国务院第三次表彰时以旗为单元再度上榜。三次表彰中企业类型也发生了重要变化，第一次受表彰的企业类型涉及矿务、铁路、钢铁公司、林业、食品加工、民族用品加工、商业七大类，第三次表彰时企业类型增加了保险、银行这样的金融业的单位。机关在促进民族团结进步方面的工作主要体现于施政与施策过程之中，其他类型的单位民族团结进步则各有特色和情节。

（1）企业与民族团结进步。企业与民族团结进步一方面是企业与民族地区地方社会之间的团结合作，另一方面是企业在内部运行中推进民族团结进步。比如，资源开发类企业，特别是林业、工矿业或国有大中型企业等在民族地区的开发建设行为，不仅需要民族地区地方社会的配合，也需要企业造福一方。如 1988 年被评为"全国民族团结先进集体"的阿里河林业局，处于鄂伦春自治旗境，在局内日常生活运行中，不仅搞好了单位内部不同民族职工间的团结协作，积极落实民族干部政策，培养和使用少数民族干部，还积极支持地方政府社会建设，在资金、技术上给予地方大力支援，如支持自治旗修筑阿里河镇通往加格达奇的公路，修建商业办公楼，为自治旗提供施工项目 34 项，修筑道路 31.5 公里，以优惠价格支持地方生产和生活用材 4.3 万立方米，猎民用材 6400 立方米。① 伊敏煤电公司是自治区第一个大型煤电联合企业，1989～1990 年连续两年被评为自治区民族团结进步先进单位。1991 年公司有 17 个基层厂、矿、处，职工、家属共 2 万人，其中职工近 7000 人，有 1/7 为少数民族。1983～1985 年，通过伊敏项目援建地方投资 1102 万元，扩建了呼伦贝尔宾馆，还承担了盟三建筑公司以及海拉尔师范学校、蒙医学校等地方建设项目，1986 年垫付 35 万元自有资金架设永久输电线路为附近苏木牧民提供服务。除此之外，企业与盟旗地方协作密切，地方政府为伊敏建设项目提供各方面支持，企业则在医疗卫生、教育、技术等方面为地方发展提供帮助。② 红花尔基林业局职工由蒙、汉、鄂温克、达斡尔、满、回、朝鲜、柯尔克孜、俄罗斯等 9 个民族组成，20 世纪 90 年代中期全局有职工 1218 人，其中少数民族职工占 43.2%。林业局注重民族文化教育，在少数民族职工较集中的几个林场和局所在地学校开办了蒙文全日制授课班，全局共有 13 个蒙古语授课班，积极培养和使用少数民族干部，增进与当地牧民、猎民关系，支持地方建设事业。据不完全统计，林业局为支援鄂温克旗、新巴尔虎旗牧区建设无偿或优惠提供原木、板方木材 1.5 万立方米，支持地方乡镇企业建设，1985 年和 1994 年两次被呼盟林业系统和鄂温克旗评为"民族团结进步先进集体"。③

再如，巴盟的乌拉山林场经营着 209 万亩次生林场，与 5 个牧区苏木 32 个嘎查为邻，历史上曾存在林牧矛盾。为增强民族团结，保护好次生林，林场领导以"尊重历史，承认现实，林牧两利，共同发展"为原则，积极向牧民宣传《森林法》，将一些林木稀疏山地让给牧民适度放牧，同时，与周边牧民开展林牧共建活动，促进了民族团结。④ 鄂尔多

---

① 王希伦：《阿里河畔盛开民族团结之花》，《内蒙古林业》1990 年第 7 期。
② 特木尔巴根：《民族团结进步是建设现代化企业的重要条件》，《内蒙古煤炭经济》1991 年第 5 期。
③ 多连荣：《民族团结进步之花在樟子松故乡盛开》，《内蒙古林业》1995 年第 11 期。
④ 王张垣：《增强民族团结 建设文明林场》，《内蒙古林业》1997 年第 1 期。

斯集团是一个跨地区、跨行业、跨所有制和跨国经营的现代化大型企业集团,多年来其十分重视民族团结工作,以民族团结促企业发展。企业积极进行民族理论民族政策教育,通过知识竞赛、演讲等活动,激发职工了解少数民族,认识少数民族,正确估计各民族在国民经济和社会发展中的作用,营造尊重、爱护少数民族和民族团结的氛围。集团发展过程中与4盟市15个旗县的牧区建成了17个紧密型和半紧密型的合作联办企业,在与牧区合作中实现双赢。集团在发展中注意弘扬少数民族文化,在继承具有鲜明特色的鄂尔多斯蒙古传统文化基础上,不断丰富其内涵和外延。①

哲里木盟(今通辽市)在1984年《中华人民共和国民族区域自治法》颁布后,盟领导召集驻哲盟中央、自治区直属单位有关领导,研究如何认真落实自治法相关规定,开展了第一次驻哲盟中央、自治区直属单位民族团结联谊活动,将民族团结教育深化至社会经济、民众生活领域。相关单位在开发土地资源,建设水利设施、电力设施,发展乡镇企业、教育卫生事业等方面投入资金、智力支持,成果显著,加快了农牧民脱贫致富的步伐,解决了他们生活中的诸多问题,受到农牧民广泛好评。② 近年来,在推进民族团结联谊活动中,地方政府还将积极做好矛盾纠纷调解工作纳入工作范畴。其设立的目标为:群众之间的矛盾纠纷,要耐心细致地做好他们的思想工作,及时调解矛盾,化解纠纷,理顺情绪,达到和睦相处。针对一些困难群体"求助无门"的现象和一些群众"上访才能解决问题"的认识误区,主动帮助他们了解政策,按政策程序办事。

受到国务院第二次表彰大会表彰的模范集体金鹏商贸大厦于1988年6月开业,大厦位于呼和浩特市回民区,是一家集五金家电、纺织百货、服装鞋帽、餐饮副食于一体的商业企业。1996年大厦职工645人,有回、蒙、满、壮、汉五个民族,少数民族职工占职工总数的52.5%。大厦运营中注意民族团结工作,不仅将民族团结列为考核干部的一项重要

---

① 顾·巴特尔:《抓民族团结 促企业发展》,《内蒙古宣传》1997年第11期。

② 内蒙古党委统战部二处:《哲盟开展民族团结联谊活动纪实》,《内蒙古统战理论研究》1996年第5期。

目标写入承包制中，还将民族团结融入日常管理工作和维护职工关系中，如回族职工遇传统节日，其他民族职工代班。1992 年大厦与内蒙古财院联手进行企业管理培训班，40 多名少数民族职工参加培训，提高了其经营能力，并在经营过程中大胆培训和使用少数民族职工，为他们的成长助力。组织本单位各民族职工开展互助活动，募集职工捐助近万元，救助特困职工 10 余人次。[①]

（2）各民族基层干部的无私奉献促进民族团结。如呼伦贝盟（现呼伦贝尔市）财政局农财科科长杜荣久不当糊涂官，对自己分管工作心中有数，摸清基层情况，将少数民族地区的工作反映出去，积极想办法解决。1989 年盟委和行署先后安排 250 万元财政支农周转金支持民族乡农业开发，但是旗市财政部门迟迟不拨款，担心民族乡使用这笔资金难获效益。杜荣久积极开展疏导工作，使旗市财政部门认识到这些资金对民族乡调整产业结构、缩小与其地区发展差距的重要意义，使这项资金在扎兰屯市萨马街乡、阿荣旗查巴奇乡、莫力达瓦达斡尔族自治旗杜拉尔乡和鄂伦春自治旗甘奎乡等 10 个民族乡都取得了良好效益。[②] 这位基层干部在支农资金、扶贫资金等建设资金的使用方面带领导全科人员，大力协作，面向基层，以调研为依据而不是以汇报为依据放款，讲原则、讲民族政策，为各民族群众服务。

（3）农牧民之间的互帮互助和共同进步。如在著名的毛乌素沙漠北端，有一个 2600 余人的苏木——额尔和图[③]，在 1984 年全区"草畜双承包"责任制过程中，该苏木有的牧民提出应实行蒙汉有别，新户旧户有别，优先照顾蒙古族和老户。但是，该苏木在开党委会时一致认为，汉族在苏木中占少数，应考虑他们的利益才能真正体现民族平等，促进民族团结。因此，苏木领导层统一认识，决定实行蒙汉新老户一视同仁的政策。苏木领导对牧民进行了耐心的民族政策教育，转变了蒙古牧民的

---

① 内蒙古党委统战部二处：《勤浇民族团结花，同谱精神文明曲》，《内蒙古统战理论研究》1996 年第 6 期。
② 胡万军：《不请自到的财神》，《内蒙古财会》1994 年第 5 期。
③ 今鄂尔多斯市鄂托克旗境内，现归苏米图苏木。额尔和图，蒙古语意为有权威的、神圣不可侵犯的。

观点，顺利完成草场划拨和牲畜作价到户。在使用民族语言和文学方面，该苏木蒙汉群众相互尊重，在这里汉族牧民大多数都会讲一口流利的蒙古语，有的汉族牧民的子女还会上蒙文高中或中专。蒙古族牧民也都会说汉语。由于沟通了语言文字，民族间的团结得到强化。1981年，苏木还筹资建设汉文学校，解决汉族牧民子女上学难问题。在脱贫政策实施过程中，苏木也对汉族贫困户予以优惠，优先扶持他们建设草库伦，在提供无息贷、补助资金、发展牲畜和寻找副业门路方面也优先照顾，使汉族牧户全部脱贫。[1]

赤峰市元宝山区中部有一个回汉杂居的民族乡，叫小五家回族乡，据1995年统计，回族人口占全乡总人口的17%左右。乡党委政府一班人将尊重民族风俗习惯、落实民族干部政策和推动区域发展作为工作重点，为全乡民族团结创造了良好条件。乡党委政府提倡凡有回族职工的单位都要开设清真食堂，在回族传统节日给回族干部放假一天，在培养和使用少数民族干部时也依据德、能、勤、绩标准录用，在乡党委领导班子中少数民族干部占30%，机关一般干部中少数民族干部占18.2%。各民族干部团结合作积极探索本地经济社会发展之路，采取有效措施调整产业结构，通过创办企业提高经济效益。在办学、养老、饮水、修桥等方面为各民族群众办实事，在团结协作中共同进步。[2]

第四，族际婚为各民族间的交流提供有力保障。尽管内蒙古民族团结历经曲折，但是，民族关系的稳定发展大势未发生根本改革。半个多世纪以来各民族间互通婚姻成为社会寻常现象，为民族之间的进一步交往和团结奠定了重要的社会基础。一项依据1982年人口普查10%抽样资料进行的研究显示，在全区有配偶的人口中，与其他民族结婚者占14.99%，其中蒙汉族通婚占蒙古族与外族通婚的95.89%。蒙古族与其他少数民族的通婚占蒙古族与外族通婚的4.11%。族际婚的发生与经济文化发展程度和人口构成情况相关，在族际婚发生率较高的盟市中，哲里木盟（今通辽市）、赤峰市是蒙古族与汉族通婚率最高者，按通婚率

---

[1]　万振华、巴雅尔：《大漠民族情》，《内蒙古宣传》1993年第19期。

[2]　《民族团结是做好新时期统战工作的关键》，《内蒙古统战理论研究》1995年第21期。

的由高到低排序，依次为兴安盟、呼和浩特、乌兰察布、呼伦贝尔、锡林郭勒、包头、巴彦淖尔、伊克昭盟（今鄂尔多斯市）、阿拉善和乌海市。呼伦贝尔市、赤峰市、哲里木市、兴安盟又是蒙古族与其他少数民族通婚比重最高的几个盟市。据相关专家对1990年内蒙古人口普查资料计算，蒙古族与汉族通婚人数占蒙古族结婚人数的40%左右，相应的混合家庭也在大量增加。[1] 族际婚的发生不仅是民族关系良好的标志，也是促进民族团结的重要因素。

---

① 田雪原主编《中国民族人口》，中国人口出版社，2001，第192页。

# 第　五　章

# 民主进步：内蒙古民族团结新政治环境

　　区域政治的稳定发展是内蒙古民族团结大局巩固和发展的重要保障。改革开放以来，内蒙古自治区政治生活日益规范化和制度化，民族区域自治制度精神、原则在政治实践中得到全面贯彻执行，人民代表大会、政治协商和基层民主政治建设机制不断完善并规范化，自治区地方事务管理机制日益制度化和法制化，各项社会事务管理制度水平提升，内蒙古制度环境的优化为民族团结进步创造了全新的保障条件。公众的政治心理、政治行为和政治文明程度日益调整并适应社会现代化需求，区域政治环境的稳固，治理机制和能力水平的提升，使区域民族团结的维护获得良好的政治环境。

## 一　人民代表大会机构完善功能强化

　　改革开放为中国社会主义民主政治的建构和发展创造了全新的条件。以政治体制改革为切入点的一系列政治文明建设活动不断在探索中取得成果，在社会主义民主政治建设中以人民代表大会为核心的民主制度建设持续推进，内蒙古各级人民代表大会作为基本制度的功能逐步强化。自治区人民代表大会制度日益完善，人民代表大会及其常务委员会在自治地方事务管理中的地位和作用不断提升，权力机关功能不断发挥，政府依法行政和民族团结进步事业深入发展。政治协商制度不断发展，真正成为集思广益的政治平台。人民政府职能转变不断取得进展，经济发展、民生建设和管理创新相互促进，为民族团结良好政治环境的形成创造了有利社会条件。

常务委员会的设置与功能的完善。1979年，自治区五届人大开始根据中华人民共和国第五届全国人民代表大会第二次会议《关于修正〈中华人民共和国宪法〉若干规定的决议》和《中华人民共和国地方各级人民代表大会和地方各级人民政府组织法》的规定，设置常务委员会，最先设立办公厅，下设秘书处、信访处、行政处。到1984年常委会工作不仅日益丰富，代表工作、监督工作和立法工作也先后开展起来，职能活动越来越规范，相关工作制度逐步建构和完善。1984年颁行了《内蒙古自治区人民代表大会常务委员会工作条例（试行）》《内蒙古自治区人民代表大会常务委员会制定地方性法规的若干规定（试行）》等规范，《内蒙古自治区自治条例（草案）》也进入了人大立法工作进程。1992年6～8月，自治区人大常委会对《民族区域自治法》开展执法检查，1994年、2006年先后两次对《民族区域自治法》的落实进行执法检查。通过执法检查，有力地推动了《民族区域自治法》在全区的贯彻落实。进入20世纪90年代后，自治区人大常委会加强了对各盟民主法制建设的领导，设立了盟工作委员会，作为常委会的派出机构。

党委加强了对人大工作的领导。1980年2月，自治区党委成立自治区人大常委会党组，以加强对自治区人大工作的领导。此后，在人大功能完善的进一步实践中，人大工作的指导思想和主要任务不断明确化。自治区党委在1995年、2005年和2010年召开全区人大工作会议研究相关工作，并在2005年、2010年发布《进一步加强人大工作的决定》和《关于做好新形势下人大工作的意见》，这些决定和意见的实施，极大地推动了全区人大工作的深入发展和人大功能的完善。

人大监督工作更加专业和有力。监督工作是人大工作的重要内容：历届人大常委会都不断强化监督工作，通过听取审议专项工作报告，逐步增强对"一府两院"的监督力度。在推动监督工作中，成功实施人大监督、舆论监督和社会监督有机结合，即自1993年始，常委会组织开展了首次内蒙古环保世纪行活动，以宣传环境资源法律法规为重点，每年确定一个主题开展活动，以推进人们环境意识的提高和对政府环境工作的监督。1996 年 4 月常委会召开全区人大监督工作会议，全面总结监督工作经验，首次提出把敢于监督和善于监督结合起来，推进法律监督、工作监督，监督工作实效不断增强。1997 年 8 月 6 日，自治区人大常委会运用跟踪监督的方式对重点问题实施监督，即自治区人大常委会与自治区政府共同在二连浩特油田召开全区草原保护现场会。自治区人大监督工作的规范性和专业性水平不断提升，2000 年 10 月自治区九届人大常委会第十九次会议通过《自治区人民代表大会常务委员会审查监督自治区本级预算办法》。2004 年 6 月，自治区人大常委会首次聘请 8 位专家学者和实际工作者组成财经专家组，协助常委会开展计划、预算监督工作。同时，自治区常委会加大决算审查工作力度，从 2008 年开始，首次审查全区本级及部门决算。截至 2014 年 9 月，全区共审查一级预算单位 73 个，审查推动了预算编制的科学性和预算执行的严肃性。2006 年 12 月，自治区人大常委会主任会议通过《自治区人大机关贯彻实施监督法若干意见》，自治区人大明确了机关做好常委会履行监督职责的各项服务工作规范。

县级人大代表普选及人大代表工作推进人民民主建设。县级人大代表直接选举的全面展开是中国特色社会主义民主生活建设的重要环节。1980 年自治区人大常委通过《内蒙古自治区旗县级直接选举实施细则（试行）》，规定旗县、市、公社镇人民代表名额的分配，确保代表的广泛性以及各民族权益的平等。全区根据实际情况，做准备、搞试点，实践旗县级人大代表直接选举工作，1981 年直接选举全面展开，当年 11 月底，99 个旗县单位中除 1 旗外，都召开了人民代表大会，选出人大常委会和人民政府，完成选举工作，选民参选率为 93.86%，共选出旗县级人民代表 22877 名。代表中工人占 9.84%，农牧民占 44.63%，干部占 29.34%，知识分子占 8.49%，军人、归侨、爱国人士占 7.7%。代表中妇女占 24.19%，非中共党员代表占 27.04%，体现了人民代表的代表性、先进性和广泛性。在选举工作中，根据自治区以蒙古族为主体，汉族占多数，包括其他少数民族的民族人口构成实际，积极稳妥解决各民族代表的比例和领导班子的组成问题。全面考虑历史和现实情况，在蒙古族和其他少数民族人口聚居旗县，正职一般由各该民族的干部担任，以利于民族团结。① 此后，人大代表工作不断加强。1995 年 5 月，自治区常委会在全区 12 个旗县（市、区）组织开展了代表评议工作试点。1995～1997 年，全区人大常委会连续 3 年指导全区旗县、苏木乡镇两级人大开展代表评议工作。通过代表评议，成功探索出了代表监督与人大工作监督相结合的路子。

　　人大代表的专题调研、立法专家参与立法等工作方式，大大推动了人大立法、监督工作实效，使人民民主制度和机制保障不断取得成效。自治区各级人大及其常务委员会，围绕经济社会发展的中心工作，服务大局，积极履行职责。特别是 2000 年以后，随着经济社会的发展，常委会立足自治区实际，坚持社会主义法制统一，把制定法律配套法规和修改完善法规放在更加突出的位置。为推动科学发展、实现富民强区提供法制保障，人大及常委会围绕促进经济社会发展、保障和改善民生，进一步加强经济立法，积极推进社会领域立法。② 为了提高立法质量，第十届人大常委会还聘用了 15 位专家学者和有关人员担任立法咨询顾问。立法工作的规划性增强，2003～2007 年人大规划立法项目为 75 项，其中经济立法 44 项，全部项目中制定类立法 38 项，修改类立法 37 项。③ 此外，对民族团结直接产生影响的民族立法工作受到重视。早在 1980 年内蒙古自治区就开始自治条例的起草工作，1982 年先后形成 1～5 稿，1984 年《中华人民共和国民族区域自治法》颁布后，自治区成立了以巴图巴根为主任的自治条例起草委员会，在五易其稿基础上对自治条例进行修改，1985 年 5 月形成第 13 稿，经审查后下发全区各地征求意见，同时报送全国人大常委会及中央有关部委。1987 年，根据各方意见对自治条例再修改，形成第 17 稿后报送全国人大民委、法工委及国家有关部委。1989 年依据各方反馈意见修改完成第 19 稿。1993 年 5 月自治区八届人大常委会第一次主任会议专题研究自治条例草案的修改

---

① 旺新：《关于内蒙古自治区旗县级直接选举工作总结报告》，《常委会公报》1982 年第 1 期，http://www.nmgrd.gov.cn/cwgb/1982/1/200912/t20091229_63610.html。
② 此案拖延 9 年才在自治区人大常委会、巴盟工委和磴口县人大常委会的跟踪监督下纠正。
③ 《内蒙古自治区人民代表大会及其常委会闭会期间工作大事记》，http://www.nmgrd.gov.cn/sjk/dsj/h4/200912/t20091217_62221.html。

工作，成立修改工作领导小组，经修改形成第 20 稿。① 《中华人民共和国民族区域自治法》的修订工作启动后，因上位法和细则缺失，自治条例尚未完善出台，成为内蒙古自治区每届人大立法规划必不可少的内容。此外，自治区人大根据实际需要颁行规范民族工作的地方性法规或单行条例，如颁布《内蒙古自治区蒙古语言文字工作条例》。2011年 12 月起实施《内蒙古自治区基本草原保护条例》，条例对基本草原的规划、划定、保护、建设、利用和管理活动等做了规定，并对未按规定划定基本草原的，擅自钻井提取工业用水、向基本草原倾倒排放废弃物和生活垃圾以及造成环境污染的，离开道路在基本草原上行驶或者未按照确认的行驶区域和行驶路线在基本草原上行驶、破坏草原植被的，未经批准或者采取欺骗手段骗取批准，非法使用基本草原的，在临时占用的基本草原上修建永久性建筑物、构筑物的，截留、挪用草原补偿费、安置补助费、附着物补偿费、植被恢复费和草原生态保护奖励补助费等的行为，设定了明确的法律责任。② 与此同时，自治区人大也加强了自身制度和规范建设，颁布《内蒙古自治区人大常委会联系本级人大代表制度》《内蒙古自治区人大常委会审议意见办理工作规定》《内蒙古自治区制度地方性法规若干技术规范》《自治区人民代表大会会议工作程序》《自治区人大常委会会议工作程序》《关于加强为自治区人大常委会会议听取和审议报告、议案服务的规定》《关于规范向主任会议汇报议案的规定》《关于充分发挥委员会作用的意见》等一系列人大工作规范，并且为提高保障公民了解地方国家权力机关工作情况和自治区政治经济生活中重大事项的知情权水平，颁布了《公民旁听内蒙古自治区人民代表大会常务委员会会议办法》。自治区人大通过强化监督工作，纠正了一些违反程序的案件，如二连浩特市边贸公司飞跃分公司与巴盟乌兰布和农场供销公司购销合同纠纷案。

1984 年依据呼伦贝尔盟人大代表提出的对鄂伦春、鄂温克族、莫力

---

① 白永利：《自治区自治条例制定研究——以内蒙古自治区为例》，《内蒙古师范大学学报》2010 年第 6 期。

② 郭健：《关于〈内蒙古自治区基本草原保护条例（草案）〉的说明》，http://www.nmgrd.gov.cn/cwgb/2011/6/201111/t20111110_85011.html。

达瓦达翰尔族三个自治旗应单独制定自治条例，实行一些特殊政策的提案，自治区人大常委会民族委员会分别与自治区民委、计委和财政厅等部门精心研究，根据《民族区域自治法》第19条的规定，三个自治旗着手起草本旗的自治条例，并根据各自的不同情况在自治条例中做出相应的规定，经旗人民代表大会通过，报自治区人大常委会批准后实施。1996年、1997年、2001年鄂伦春自治旗、莫力达瓦达翰尔族自治旗和鄂温克族自治旗分别颁布了自治条例。2008年8月，为适应经济社会变迁和《民族区域自治法》修订的情况，自治区人大常委会在鄂温克自治旗举办修订三个自治旗自治条例座谈会，启动三个自治旗的自治条例修订工作，2010年鄂伦春自治旗完成自治条例修订。截至2014年9月，自治区人大常委会共批准鄂伦春自治旗、鄂温克族自治旗和莫力达瓦达翰尔族自治旗自治条例、单行条例34件。

## 二　中国共产党的组织建设强化

改革开放以来，作为社会政治生活的主导和核心，中国共产党的组织和思想建设在内蒙古得到不断强化，这不仅表现于组织规模的扩大，即党员人数和基层党组织数量的增加，而且还表现于党的思想建设、组织机制建设及对社会政治生活领导能力建设等多个层面。历经党员文化素质提升、代际更替等多方面变迁，党的组织建设面临更复杂的情况和任务，党的组织建设和执政能力建设关系到区域政治生态和全局工作，更关系到民族团结进步能否在市场经济和深化改革中不断取得实效，继续成为民族团结进步的典范。

第一，党员队伍规模的扩大和结构的变化对党组织建设有着关键性的影响。1971年全自治区只有71万党员，1984年全区党员总数下降至67万余，改革开放以后，全区党员总数持续增长。据统计，1989年为83万人，1994年为95万人，2001年突破百万，达118万人，2006年为126万余人，2013年为151万余人，中共党员队伍扩大具体态势见图5-1。

到2014年全区党员总数已达154.1万人，比上年净增2.4万人，增长1.6%，全区党员队伍进一步壮大。随着全区教育文化发展水平普遍

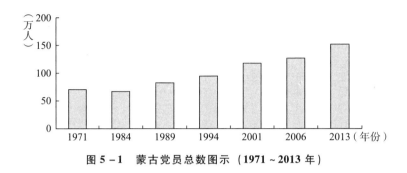

图 5 – 1　蒙古党员总数图示（1971～2013 年）

提高，民众受教育水平大为提升，全区党员受教育水平也逐年提升，党员文化素质得到普遍改善。据统计，2005 年，全区党员具有高中以上学历的共 79.8 万人，占党员总数的 62.9%（比 2000 年提高 7.8%）① 到 2014 年底，全区具有大专及以上学历的党员 74.7 万名，占党员总数的 48.5%。2012 年底具有大专及以上学历的党员 67.3 万名，占党员总数的 45.5%。从党员职业分布来看，企事业单位管理人员、专业技术人员和农牧民党员是党员队伍的主要构成者，总计占党员队伍总数的 52.6%，分布于党政机关的党员占党员总数的 12.78%。年轻党员比重呈稳定态势，据 2005 年统计，35 岁以下的党员 28.5 万名，占党员总数的 22.5%，2014 年底统计，35 岁及以下党员 35.2 万名，占党员总数的 22.9%。2005 年统计，少数民族党员为 26.5 万名，占党员总数的 20.9%（比 2000 年提高 0.7 个百分点），2014 年底，少数民族党员 35.5 万名，占党员总数的 23.0%，其中蒙古族党员 30.1 万名，占党员总数的 19.5%。2005 年统计，全区女党员 27.4 万名，占党员总数的 21.6%（比 2000 年提高了 1.9 个百分点），2014 年底女党员比重提高到 27.5%。②

民族干部政策得到正确执行。内蒙古的民族团结与各民族干部所具大局意识和事业意识相关，也与大力培养和大胆使用少数民族干部密切相关，大力培养和大胆使用少数民族干部和人才对内蒙古区域民族团结的加强和地区经济社会加快发展发挥了重要作用。据统计，截至 2013 年

---

① 组宣：《全区 126.8 万党员立足岗位彰显先进性》，《内蒙古日报》2006 年 11 月 18 日第 1 版。
② 及庆铃：《数据表明：内蒙古自治区党员队伍又壮大了》，《内蒙古日报》2015 年 7 月 2 日第 1 版。

底，内蒙古党政机关和参照公务员管理单位的少数民族干部有 6.6 万人，省部级、地厅级、县处级少数民族干部分别占同级干部的 39%、35%、30%，盟市四大班子成员中，少数民族干部占了 39%；旗县（市、区）党政正职中，少数民族干部占 44%。[①]

党员教育管理不断加强。2012 年全区培训农村牧区党组织书记 2.1 万人次、新党员 6.4 万人次、大学生村干部党员 6588 人次、党员创业就业技能 17.7 万人次。2013 年，全区实施了干部素质提高工程，深入落实党员教育培训规划，共培训各级各类干部 156.2 万人次，其中举办"干部双休日讲座" 22 期，培训厅处级干部 8000 多人次；举办论坛、讲座 1.1 万余次，培训干部 80.2 万人次。"走出去"举办培训班 14 期、培训厅处级干部 680 人次；盟市、旗县"走出去"举办各类培训班 3600 期，培训干部 3.1 万人次。党校主阵地培训干部 2320 人次。[②] 2014 年全年培训基层党组织书记 8.1 万人次、非公有制经济组织和社会组织党员 10.1 万人次、新党员 4.1 万人次，开展农村党员远程教育 147.4 万人次、党员创业就业技能 23.0 万人次。[③]

从严治党取得实效。在对党员干部加强培训提高素质的同时，内蒙古自治区也强化了纪律建设和纪律约束。据统计，2013 年内蒙古全区 2022 名党员干部受到党纪政纪处分，其中地厅级干部 12 人、县处级干部 57 人，移送司法机关 145 人，为国家挽回经济损失 2.91 亿元。自治区党委加强和改进地方党委巡视工作，推动地区、部门、企事业的全覆盖。2013～2016 年对全区 12 个盟市常委和同级人大、政府、政协党组领导班子及其成员至少巡视 1～2 次，对 102 个旗县（市、区）党委和同级人大、政府、政协党组领导班子及其成员至少开展 1 次巡视，对未巡视过的部分区直机关、单位、高校和国有企业全部开展巡视。[④] 内蒙古近年来在管党治党方面无论是制度建设，还是制度执行都有成效。

---

① 李寅：《培养少数民族干部人才，筑牢区域自治基石》，《中国民族报》2014 年 8 月 12 日第 2 版。

② 杨泽荣主编《内蒙古年鉴》（2014 年），内蒙古人民出版社，2014，第 93～94 页。

③ 及庆铃：《数据表明：内蒙古自治区党员队伍又壮大了》，《内蒙古日报》2015 年 7 月 2 日第 1 版。

④ 《内蒙古自治区党委关于中央第四巡视组巡视内蒙古自治区反馈意见整改落实情况通报》，《内蒙古日报》2014 年 2 月 21 日第 2 版。

在深化党的建设制度改革中，自治区党委贯彻从严治党、制度治党要求，内蒙古自治区围绕贯彻《干部任用条例》建立完善配套制度措施，出台《盟市厅局领导班子分析研判办法》①、《自治区党委管理干部补充调整岗位动议暂行办法》②、《自治区党委管理干部考察办法》③、《领导干部选拔任用工作纪实办法（试行）》④、《关于进一步加强全区县处级干部管理的暂行办法》⑤，形成了从严规范干部选任基本规范体系。2015年以来，全区任用干部过程中依据所发布的五个"办法"，共调整自治区管理党委干部13批次、926人次，以政治上靠得住、工作上有本事、作风上过得硬、人民群众信得过为标准选用执政骨干队伍，增强盟市厅局班子整体效能，完善干部选拔任用工作的制度规范，提高组织工作的公信力。

第二，基层党组织稳步发展。随着党建工作的强化，党的基层组织覆盖面进一步扩大，据2014年统计，全区基层党组织总计约有7.9万个，其中有基层党委4189个，总支部4863个，支部69697个。全区264

---

① 研判内容：班子整体结构、运用运行、能力素质、匹配相融等情况；研判重点对象：职位有空缺的、整体功能存在缺陷的、年度考核排名靠后的、信访举报较多的"四类班子"；研判程序：结合年度考核结果进行基础研判，运用巡视监督等手段进行动态研判，通过谈心谈话等方式进行深入研判，明确配备重点；研判结果应用：研判结果报自治区党委，反馈给研判对象作为选干部、配班子的重要依据，做到不研判、不动议、不提名、不考察、不上会。

② 基本方法为以综合分析研判为基础，先动议岗位，再因岗择人，充分发挥党委及组织部门的把关责任，同时广泛推荐差额提名，确保拟提拔任用干部的初步建议人选得到充分酝酿、不同意见得到认真考虑，确保"因岗择人、人岗相适"。正厅级领导干部人选的提名，先在自治区正厅级以上干部中，按每一岗位1∶5比例定向书面推荐；在省级领导干部和拟补充调整单位主要负责人中，按每一岗位1∶5比例定向谈话推荐。差额推荐后，自治区党委组织部根据民主推荐和平时掌握情况，按每一岗位1∶5比例进行初始提名。自治区党委常委再按每一岗位1∶3比例无记名推荐，自治区党委组织部汇总并研究提出人选建议名单，征求"五人小组"意见后确定意向性人选。

③ 明确干部考察的程序步骤、重点关键，做到干部档案"凡提必查"、个人有关事项报告"凡提必核"；全面征求纪检监察机关、检察院和组织部门干部监督机构意见，要求盟市厅局党委（党组）书记、纪委（纪检组）书记（组长）对考察对象廉洁自律情况做出评价并签字确认，把"带病"干部挡在干部考察考核环节之外。

④ 以动议为起点、下发任职文件为终点，按照"谁办理、谁纪实、谁负责"的原则，对干部选任整个过程全程记录、造影留痕。采取总体情况纪实、个人情况纪实和重要情况纪实等方式，重点记载干部有关事项报告、举报反映问题调查和结论、酝酿讨论中对人选意见不一致等方面的重要情况，逐一归档保存，为监督问责提供制度保障。

⑤ 自治区党委组织部对县处级干部选任进行备案审核、实行动议预审制度、责任追究制度。

个城市街道、767 个苏木乡镇、2269 个社区（居委会）、11203 个建制村分别建立了党组织。机关、事业单位和公有制企业党组织覆盖面分别达到 99.9%、97.2% 和 99.2%。具备建立党组织条件的非公有制企业中，党组织数量比上年增长 21.3%。当年全区各级表彰先进基层党组织 1223 个。① 基层党组织在村落和社区中的影响日益显著，基层党组织活动经费也有所提高，一些基层组织工作创新也非常有特色。其中较为突出的有以下几个地区。

（1）克什克腾旗"五位一体"民主治村模式。嘎查村级事务管理不规范、决策机制不完善等问题源于部分嘎查村"两委"职责不清、合力不强，从而也影响到基层民主治村的实效，为此克什克腾旗探索以"一套办法、二制考核、三务公开、四会议事、五步监督"为内容的"五位一体"民主治村模式。这一模式的主要内容：依法制定出一套村级组织规范化管理办法，明确规范村级组织行为；借助对"两委"班子及成员实行捆绑式考核促进两委团结一致共谋嘎查村治理；实行党务、村务和财务全程公开，在村务管理方面，基本程序为村党支部会议提议、"两委"联席会议商议、党员大会审议、村民会议或村民代表会议决议，从而在提议、商议、审议、决议四个不同环节充分征求意见，提升决策科学民主水平，也提高了嘎查村级组织各项工作的透明度。镇党委和村务监督委员会通过事前过程监督、审核监督、备案监督、结果监督推进嘎查村民主化进程。这一模式在嘎查村治理中初步实现"由人到法，权力由争到合，工作由暗到明，决策由官到民，监督由后到前，巩固了党在农村牧区的执政基础，提高了党在农村牧区的执政能力"。2011 年年末，克什克腾旗获得赤峰市组织工作优秀成果奖。②

（2）土默特右旗的项目化管理模式。"项目化管理"被视为基层提高组织工作科学化水平的好方法，土默特右旗旗委组织部将此方式引入基层组织工作中，整合资源、规范工作流程，有效解决了组织工作"抓什么""谁来抓""怎么抓"的问题。具体做法为：围绕工作全局定项目

---

① 及庆铃：《数据表明：内蒙古自治区党员队伍又壮大了》，《内蒙古日报》2015 年 7 月 2 日第 1 版。

② 韩强、孙志芳主编《党的建设年度创新报告》，知识产权出版社，2013，第 155~156 页。

架构；围绕工作要点定项目内容；围绕工作落实定推进举措。如落实旗县委书记抓基层党建责任制工作，旗委组织部作为旗委的一个部门，只有向旗委书记提建议的参谋助手职能。旗委书记重视基层党建工作，则责任易落实。实施项目化管理过程中，旗组织部充分认识到旗县委书记落实抓基层党建责任制示范旗的重要地位，一方面通过向旗委书记汇报工作争取支持，另一方面研究确定了三项任务作为工作抓手。一是制定下发《乡镇党委书记抓基层党建责任制意见》，二是研究出台《乡镇党委抓基层党建责任制考核办法》，三是组织乡镇党委书记进行"双向述职"，有效保证了党建责任制的落实。总之，推行项目化管理后，在实践中实现了"三个转变"："一是实现了由无形抓、抓无形到有形抓、抓有形的转变，组织工作方式有了新拓展、水平提升有了新支撑；二是实现了由侧重抓点到点面并进的转变，组织工作的深入度和广泛性、有效性得到大幅提升；三是实现了由以人抓事到以项目促事的转变，组织工作的自主提升、自主创新机制得到形成和巩固。"[1]

（3）阿荣旗党员分类管理模式。充分发挥党员的作用是基层治理的重要环节，阿荣旗针对不同类别和不同层次党员的特点，采取分类管理模式实现组织强化的目标。全旗推行以"在职党员敬业争优、无职党员设岗定责、流动党员鸢式管理、代表党员履职建言、弱困党员扶志帮贫"为标准进行党员分类管理。依照此法，主要开展在职党员"大结对、大帮扶、大调解"和"一日助耕、一日保洁、一日捐献"系列活动；无职党员"设岗定职"。在农村和社区设立农技帮扶、村务监督、组织生活、民事纠纷等4大类16种岗位，组织无职党员认领岗位；在全旗党代表中深入开展"赋权、履职、建言"主题实践活动，围绕党的建设、全旗中心工作和群众关心的热点问题组织开展"集中调研月"活动；创新实施流动党员"五四三鸢式"[2] 管理法，通过建立动态管理、

---

①　韩强、孙志芳主编《党的建设年度创新报告》，知识产权出版社，2013，第176～177页。
②　即以流动党员为"鸢首"，以党组织管理为"鸢线"，以党员家庭为"鸢源"，健全五项机制（动态管理、培训管理、双向管理、党务管理、考评管理），四个保障（组织建设、制度建设、平台建设、载体建设），三项工程（关爱工程、扶贫工程、对接工程），抓好流动党员服务、教育、管理工作。

培训管理、考评管理、党务管理、双向管理五项机制，实施关爱、扶贫、对接三项工程；建立健全弱困党员结对帮扶、保障激励、关爱关怀机制，实行旗直部门、乡镇机关、站所党员干部与困难党员结对帮扶活动。这些措施增强了基层组织的凝聚力，丰富了党员组织生活的内涵，激发了党员创先争优的内生动力。①

## 三　政治协商全面推进

人民政协作为中国特色协商民主重要渠道和专门协商机构是社会主义协商民主发展的基础之一。团结和民主是人民政协工作的两大主题，推进政治协商、民主监督、参政议政制度建设，提高人民政协协商民主制度化、规范化、程序化，是民族地区政治建设的重要目标。改革开放以来，内蒙古自治区政协机制在政治协商、民主监督、参政议政的方式、渠道、工作机制等方面都进行了积极的探索，并取得了重要进展，政协作为重要的参政议政活动平台在地区政治生活中扮演着重要角色，全区各级政协委员参政水平逐年提升，各级政协平台参政议政能力也得到逐步提高，参政议政机制日益完善。政协专门委员会和各界别的政协委员紧紧围绕自治区经济社会发展的主题、主线、目标任务和重大举措，在会前深入调研的基础上，通过提案积极建言献策。其中，政协民族和宗教委员会牢牢把握各民族共同团结奋斗、共同繁荣发展的主题，深入基层了解民意，主动寻求协作配合，围绕促进全区尤其是少数民族人口相对聚居区经济社会发展，着力关注社会保障和改善民生等议题，积极开展调查研究和建言立论工作，为维护与巩固全区各民族和衷共济、各宗教和睦共处、全社会和谐发展的大局付出努力。政协内蒙古自治区第十届委员会第五次会议期间，截至 2012 年 2 月 17 日 12 时就收到提案 628 件，参与提案的委员 287 人，占委员总数的 55.4%。经审查立案 590 件，占提案总数的 93.9%。作为委员来信转送有关部门参考的 38 件，占提案总数的 6.1%。在立案的提案中，委员提案 460 件，占提案总数的

---

① 韩强、孙志芳主编《党的建设年度创新报告》，知识产权出版社，2013，第 195~196 页。

77.9%；各民主党派和工商联提案 123 件，政协专门委员会提案 7 件，占提案总数的 22.1% 。[①] 通过各界别的提案，很多事关民生和民族关系的意见建议为政府所了解，成为自治区政府安排各项发展建设的重要参考。2015 年，内蒙古自治区党委办公厅、政府办公厅印发了《关于进一步加强人民政协提案办理工作的实施意见》，将提案工作和提案办理协商纳入党政工作大局，提高交办规格、提案办理实效。自治区政府制定了《内蒙古自治区人民政府领导同志批办重点办理建议提案工作规程》，自治区政府 8 位副主席首次批办、督办了政协提案，提案办理工作取得了很好的效果。为进一步规范、完善提案办理程序机制，自治区政协制定《政协内蒙古自治区委员会提案办理协商办法》和《关于做好自治区政协十一届四次会议提案办理工作的意见》。

内蒙古积极探索多党合作广泛协商机制建设，加强与民主党派协商。2014 年，中共内蒙古自治区区委为每个民主党派区委增设"参政议政部"，解决工作生活困难；建立完善了民主党派以调研报告、建议等形式向中共党委提出建议制度；建立自治区政府 13 个部门与民主党派区委对口联系制度，保证了民主党派参政议政、民主监督职能的发挥。组织召开各民主党派重点调研课题协商座谈会，发挥了民主党派围绕中心、服务大局的资源优势。党外人士聚焦生态文明、医卫改革、教育民生等，积极参政议政、建言献策，每年都有 30 余篇调研报告上报自治区党委、政府，为党委政府制定决策提供了参考。开展贫困儿童重病救助活动，170 余名贫困儿童得到救助，救助金额 450 余万元。开展新型农村合作医疗等社会服务活动，提升社会影响力，全面推动了参政党建设。[②]

# 四　各级政府管理职能转变与创新

随着经济社会繁荣发展，自治区政府逐步调节自身与市场的关系，推动人民民主政治的发展，在为社会提供信息服务、维护公共秩序等方

---

[①]《中国人民政治协商会议内蒙古自治区第十届委员会提案委员会关于十届五次会议提案审查情况报告》，http://www.nmgzx.gov.cn/index.php? file = article&cmd = show&artid = 3870。

[②]《凝心聚力打造祖国北部边疆亮丽风景线》，《内蒙古日报》2015 年 7 月 30 日第 5 版。

面提供了更为有效的服务。在和谐内蒙古建设中整体推进民族团结成为各级政府施政的重要目标。各级政府地方社会事务管理手段日益丰富，一方面，坚持依法行政，自觉接受人大依法监督和政协民主监督，认真听取各民主党派、工商联和无党派人士的意见。据统计，自治区政府从1989年至2009年，共制定规章148部，修改22部，废止43部。2007~2009年出台了一系列影响范围广泛、具有代表性的规章和决定，包括：《内蒙古自治区资源税实施办法》、《内蒙古自治区车船税实施办法》、《内蒙古自治区城镇土地使用税实施办法》、《内蒙古自治区取水许可和水资源费管理实施办法》、《内蒙古自治区建设用地置换办法》和《内蒙古自治区耕地占用税实施办法（修订）》、《内蒙古自治区粮食流通管理办法》等。[1] 另一方面，强化政府服务职能，深入推行政务公开，提高政务服务水平，减少审批项目，增强行政执法透明度。2007年，自治区人民政府法制办公室对各行政执法部门报送的行政执法依据进行了严格审核，先后两批发布自治区行政执法部门执法依据，在自治区政务综合门户网站发布自治区级行政执法部门行政执法依据梳理表，向社会公布执法机构名录，建设行政执法人员资格制度。从2010年开始，自治区本级各行政部门建立行政权力公开运行机制，如设立政务服务大厅、办事窗口或网上办事平台等。各盟市以加强行政服务中心建设为重点，构建"电子政务、行政服务、电子监察"三位一体的综合性政务服务平台，并向旗县（市、区）延伸，形成上下联通的行政权力公开运行机制。权责清晰、程序严密、运行公开、结果公正、监督有力的行政权力公开透明运行机制是政府行政改革的明确目标。[2] 自治区政府依法规范行政许可、行政处罚、行政强制及其他行政执法权，采取依法编制职权目录和权力运行流程图等措施，强化权力运行规范。加快电子政务和电子监察系统建设。

① 朱檬：《内蒙古地方立法现状、问题及建议》，《内蒙古自治区经济社会发展报告》（2009），内蒙古教育出版社，2009，第398页。

② 《内蒙古自治区人民政府办公厅关于推进行政权力公平透明运行的意见》，http://www.nmg.gov.cn/main/nmg/zfxxgk/xxgkml/zfxxgkml/ywgz/ywgzmishu/2010-09-10/2_129612/default.shtml。

体制改革提升了自治区政府管理效能，2011 年省级地方政府效率测度结果显示，内蒙古自治区在全国排第 11 名，处在全国领先地位，也是五个自治区排名最靠前者。不过在政府公共服务排名中内蒙古落在青海和新疆之后，排在全国第 6 名。在政府提供公共物品排名中内蒙古则排在全国第 12 名，政府规模排名则落到更后面的位次，仅排到全国第 25 名。居民经济福利排名与其政府效率排名相当，排在全国第 10 名。这些说明内蒙古整体政府效率较高，政府公共服务和政府公共物品提供较充分，居民经济福利较好，政府重视经济社会全面发展。但是政府规模较大，成本较高，公共安全服务滞后。[1]

盟市地方社会事务管理创新得以重视并不断有新成效，如鄂尔多斯市加强社会管理创新投入，坚持以保障和改善民生为出发点和落脚点，加强公共服务，建设服务型政府，在社会管理创新和基层管理创新方面取得成效，农村牧区基层民主生活日趋活跃，制度日益完善，形成以村民自治为核心的治理框架，如赤峰市阿鲁科尔沁旗探索嘎查村务契约化管理模式。[2] 基层基础设施条件改善，2011 年，全区改扩建社区办公和活动场所 530 个，启动苏木乡镇新建、改造集体宿舍和机关食堂等生活设施建设工程，提高了嘎查村干部工资水平和公用经费保障能力。[3] 城市社区工作机制也逐步健全，并注重流动人口的民族团结工作。

基层党的组织建设与基层民主法治建设同步推进取得实绩。随着改革的不断深入，内蒙古全区基层民主建设也不断取得进展，特别是 1997 年 2 月，全区苏木乡镇人大换届选举工作全部结束，首次选举产生了苏木乡镇人大专兼职主席、副主席，基层民主法治建设取得重要进展。1999 年 12 月 8 日，内蒙古颁布《自治区实施村民委员会组织法办法（草案）》，基层治理进入法治时代。

近年来，内蒙古自治区紧密结合农村牧区实际，探索"532"工作

① 北京师范大学管理学院等：《2011 中国省级政府管理效能排行榜》，《管理观察》2012 年 2 月。
② 蔡常青：《内蒙古乡村治理模式的重大创新与完善》，《内蒙古自治区经济社会发展报告》（2009），内蒙古教育出版社，2009，第 383 页。
③ 《2012 年内蒙古自治区政府工作报告》，http://www.nmg.gov.cn/main/nmg/zfxxgk/gzbg/2012－02－28/2_120599/default.shtml。

法和"四权四制"村治模式。① 这些探索不仅强化了村级权力运行的规范化，有效抵御了嘎查（村）级事务管理决策中不合法、不合规，过程不透明、不公开，甚至以权谋私、违法违纪的现象，还强化了乡镇苏木责任，促进了苏木乡镇党委政府职能由"行政命令型"向"服务引导型"转变。内蒙古自治区全面精简规范社区工作，着力解决社区行政化问题，切实减轻社区工作负担。内蒙古自治区党委办公厅、人民政府办公厅颁发《关于精简和规范社区工作的通知》（厅发〔2014〕42号），取消了社区居委会的35项工作任务、18项评比和达标任务、22个社区组织机构、27本社区纸质台账。同时，对社区居委会依法履行职责事项和依法协助政府工作进行了进一步明确和规范。《云南省实施〈中华人民共和国村民委员会组织法〉办法》新增了村务监督委员会的组成和职责、村民代表会议职责，完善了民主选举、民主管理和民主监督等制度设计，完善了村委会工作经费保障制度。

---

① "四权四制"村治模式，即党支部履行决策组织权、村民（代表）会议履行决策表决权、村委会履行决策实施权、村民监督委员会履行决策监督权，形成"四权"配置的村级组织权力。涉及村级重大事项决策都依着决策启动、民主表决、组织实施、监督评议的运行机制进行，村民会议或村民代表会议实行集体决策，会议议题由村党支部、村民委员会或1/3以上村民代表提出，提交村民会议或村民代表会议讨论表决。

# 第 六 章
# 加速发展：内蒙古民族团结新经济环境

良好的经济环境和发展态势是区域民族团结实践的物质基础。历经70年的发展，特别是改革开放以来的快速发展，内蒙古已一改区域经济结构单一、供给短缺、生产方式绝对脆弱、技术水平低、生产力不发达和人民生活深度贫困的面貌。内蒙古经济在探索中不断发展，正如邓小平曾经所设想的那样，全区经济发展已经走在全国各省区的前列[①]，这个发展的过程无疑是各民族共同团结奋斗的过程，也为各民族进一步团结创造了良好条件。从经济发展及其惠及面来说内蒙古已从昔日的"模范自治区"开始向"繁荣自治区"迈进，民族团结大势进入一个全新的发展时期，民族团结进步有了全新的物质条件和发展环境，新经济环境给民族团结提出了新要求和新挑战。因为，除了发展观引起人们对什么样的发展更符合广大人民利益的思考外，事实上，发展也带来了环境生态和社会关系的变迁，人们在适应和应对变迁时要面对的问题也需要新的举措。

## 一　内蒙古区域经济新面貌

经济快速发展是内蒙古近十几年来最突出的形象。西部大开发战略

---

① 邓小平曾说："我们的政策是着眼于把这些地区发展起来。如内蒙古自治区，那里有广大的草原，人口又不多，今后发展起来很可能走进前列，那里有不少汉人。观察少数民族地区主要是看那个地区能不能发展起来。如果在那里的汉人多一点，有利于当地民族经济的发展，这不是坏事。"《邓小平文选》（第3卷），人民出版社，1994，第247页。

实施以来，内蒙古经济实现跨越式发展，人均 GDP 在 10 年间增长 10 倍（从 2002 年的 900 美元到 2011 年的 9000 美元），人们称之为"内蒙古现象""内蒙古模式"等，甚至有人亦称之为"内蒙古奇迹"。事实上，"奇迹"的发生并非朝夕之功，也非一日之力。中华人民共和国成立至 20 世纪 90 年代中期，内蒙古经济总体呈持续发展态势，改革开放以后表现得更为显著。1979～1995 年平均年增长 9.7%，提前五年实现国民生产总值比 1980 年翻两番的目标。1996 年，国内生产总值达到 983 亿元，比上年增长 12.4%，高于全国平均水平，人均国民生产总值已从 1978 年占全国第 18 位上升到第 16 位。全区粮食产量 153 亿公斤，人均 669 公斤，居全国第 3 位；牲畜总头数达 6697 万头，已成为国家重要的粮、油、糖和畜产品生产基地。广大牧民已告别千百年来"逐水草而居"的游牧生活，基本实现了定居轮牧。现代工业从无到有，从小到大，1990 年，全区有工业企业 9500 家，固定资产近 800 亿元，工业总产值超过 1000 亿元。交通运输、电和通信等基础设施迅速发展，已初步形成铁路、公路和民航综合交通运输网络，全部乡镇苏木实现通邮、通话。科技、教育、文化事业有了较快发展，各族人民的科学文化素质有了较大提高。① 具体来看，内蒙古经济面貌的改善突出表现于如下几个方面。

（1）综合经济实力大幅提升。内蒙古经济综合实力一直排在全国的后位，随着西部大开发战略的实施和中央各项支持政策发挥效应，自 2002 年全区经济快速发展，增幅跃居全国前列。全区生产总值和三个产业的增加值呈持续快速增长态势，由 2005 年的 3905 亿元增加到 2010 年的 11655 亿元，年均增长 17.6%，超过"十一五"规划目标 4.6 个百分点，2015 年地区生产总值达 1.8 万亿元，人均生产总值增加到 1.15 万美元，财政预算收入稳步增加，经济总量由全国后列进入中列。2000～2015 年地区生产总值和三个产业增加值具体情况见图 6-1。

---

① 袁木：《历史的足迹：中国在改革开放中前进》（6），中国言实出版社，1999，第 214 页。

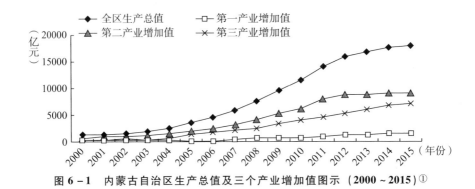

图 6－1　内蒙古自治区生产总值及三个产业增加值图示（2000～2015）①

从 2002 年开始，内蒙古经济的增幅居全国首位，一直到 2009 年连续 8 年增幅全国第一，2010 年增速虽然有所下降，但是仍处于前列。内蒙古占全国 GDP 的比率由 1987 年的 1.58% 上升至 2.68%。② 农牧业稳步发展，2011 年粮食总产量达 477.5 亿斤，增产 45.9 亿斤；牧业年度牲畜存栏 10762 万头，连续 7 年保持在 1 亿头只以上。工业经济发展质量和效益得到全面提升，农业、工业、第三产业均呈快速增长态势。③ 全区产业结构发生了重大变化，基本实现了初步工业化目标，以工业为主的第二产业增幅更为显著，在地区生产总值中所占比重持续上涨。服务业也得到较好的发展。

（2）全区财政收支大幅增加，财政实力不断增强。据统计，"十五"期间，全区地方财政收入和支出累计达到 986.34 亿元和 2557.86 亿元，分别比"九五"时期增长 1.28 倍和 1.77 倍。2003～2007 年，全区财政总收入增长 3.9 倍，年均增长 37.5%。④ 财政收入的增长使全区民生建设获得了更为有力的支撑。2000～2015 年全区财政收支图示见图 6－2。

---

① 数据采自政府历年发布的《经济社会发展统计公报》。
② 《内蒙古经济发展现状》，《大众证券报》2011 年 7 月 2 日。
③ 《政府工作报告》，http://www.nmgrd.gov.cn//sjk/bg/dbdh/zfgzbg/201205/t20120521_88457.html。
④ 《内蒙古自治区 2007 年经济社会发展统计公报》，http://www.nmg.gov.cn/fabu/tjxx/tjbg/201506/t20150616_457844.html。

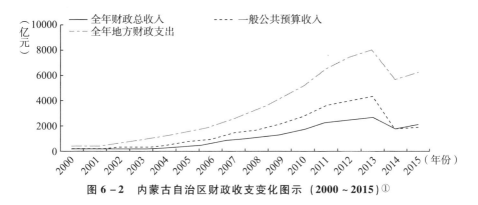

图 6 - 2　内蒙古自治区财政收支变化图示（2000～2015）①

（3）全区经济可持续发展建设不断取得成绩，基础设施面貌大为改观。随着全区经济实力整体提升，经济可持续发展能力增强。突出表现于：科技创新能力建设受到重视，投入得到加强，获得相应成果，2010年自治区组织实施 87 项重大科技项目，突破了一批关键技术，取得重大科技成果 536 项；生态治理得以大力推进，相关研究显示，2012 年内蒙古生态文明建设发展在 31 个省区市排名第 21 位，其生态建设的基本特点为生态经济建设居于全国领先水平，生态环境建设居于 31 个省区市的中上游水平，生态文化、生态社会和生态制度建设水平较弱。在生态经济建设方面，2012 年全区人均 GDP 居于全国第 5 位；服务业增加值占GDP 比重居全国第 22 位。万元产值建设用地 7.54 平方米，居于全国第12 位。人均建设用地面积 168 平方米，居于全国第 2 位；万元产值用电量 1269 千瓦时，居于第 24 位；万元产值用水量 116 立方米，居于第 17位。在生态环境建设方面，污染物排放强度 5.5 吨/平方公里，居于全国第 6 位；生活垃圾无害化处理率 91.2%，居于全国第 12 位；建成区绿地覆盖率 36.2%，居于全国第 23 位；人均公共绿地面积 65.6 平方米，居于全国第 11 位。在生态文化建设方面，教育经费支出占 GDP 比重的3.2%，居于全国第 27 位；万人拥有中等学校教师数 37.9 人，居于全国第 17 位；人均教育经费 2024 元，居于全国第 9 位；R&D 经费占 GDP 的0.54%，居于全国第 23 位。在生态社会建设方面，城乡居民收入比 3.04

----
① 数据采自政府公布历年《经济社会发展统计公报》。

倍，居于全国第 21 位；万人拥有医生数 22.5 人，居于全国第 5 位；养老保险覆盖面达到 49.3%，居于全国第 23 位；人均用水量 741.6 立方米，居于全国第 27 位。在生态制度建设方面居全国第 21 位。与 2007 年相比，内蒙古的生态文明建设情况有所进步，其中生态经济和生态环境建设方面进步较大，但是其发展基础弱，因此总体提升水平有限。①

发展保障能力不断提高，全区基础建设大为改观。其中，交通基础设施建设投资持续增加，公路、铁路、机场建设并举，"行"之难已得到全面改善。到 2016 年，全区公路总里程达到 17.5 万公里，高速公路突破 5000 公里，一级公路突破 6000 公里，高速和一级公路总里程居全国前列，建成 30 条高速和一级出区通道，94 个旗县市区通了高速或一级公路。铁路运营总里程由 9500 公里增加到 1.35 万公里，居全国首位。开工建设的呼和浩特至张家口等 3 条高速铁路和锡林浩特至乌兰浩特铁路等一批重大项目，呼包集（呼伦贝尔、包头、集宁）动车组开行，结束了内蒙古没有动车组的历史。民航机场由 12 个增加到 24 个，居全国前列。开工建设锡林郭勒盟至山东等 4 条特高压外送电通道，蒙西电网变电容量突破 1 亿千伏安。建成黄河防洪一期、海勃湾枢纽等重大水利工程。国土资源保障能力进一步增强，资源节约集约利用水平不断提高。②

## 二　人民生活不断改善

随着内蒙古全域经济整体条件的改善，全区各民族人民在衣、食、住、行等各方面的条件有了极大的改善，城乡居民生活水平普遍提高。城镇居民可支配收入和农牧民人均纯收入是观察人民生活改善的重要因素，自 2000 年以来这一指标总体处于上扬状态。城镇居民收入增长速度更快，农牧民人均纯收入增长较缓，2014 年以后经济社会发展公报则将相关统计统一为全体居民人均可支配收入，当年自治区内全体居民人均

---

① 连玉明主编《中国生态文明发展报告》，当代中国出版社，2014，第 104～105 页。
② 《政府工作报告》，《内蒙古日报》2016 年 2 月 1 日第 1 版。

可支配收入为 20559 元。2000 年以后城镇居民可支配收入和农牧民人均
纯收入具体变化图示见图 6 - 3。①

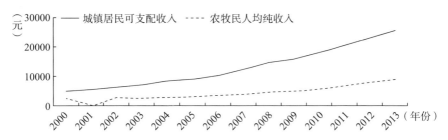

图 6 - 3 城镇居民可支配收入及农牧民人均纯收入变化图示（2000 ~ 2013）

收入的增加改善着居民生活质量，全区城乡居民恩格尔系数呈持续
下降态势，逐步趋向富裕水平②，城乡间的差异还相当明显，城镇居民
生活基本处于富裕水平，农牧民较城镇居民恩格尔系数高，2010 年以后
也逐年下降。2011 年全国城乡居民家庭恩格尔系数分别为 36.3% 和
40.4%，内蒙古则均低于全国水平。2002 ~ 2015 年全区城乡居民恩格尔
系数变化图示见图 6 - 4。

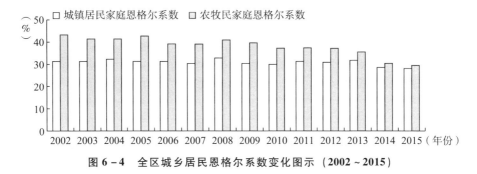

图 6 - 4 全区城乡居民恩格尔系数变化图示（2002 ~ 2015）

劳动就业是支撑人们经济生活变迁的重要环节，随着社会经济结构
变迁，人们的经济活动也日益丰富，改革开放以来，全区劳动就业呈现
多元化状态。2000 年全区年末从业人口 1000 余万人，大多数为乡村就
业者，城镇就业人口相对较少。总就业人口中，59.53% 为乡村从业人

---

① 主要数据采自历年政府颁布的《经济社会发展统计公报》。
② 联合国粮农组织以为恩格尔系数在 40% ~49% 之间为小康水平，30% ~39% 之间为富裕
水平。

口，城镇就业人口仅占就业总人口的 40% 左右，城镇就业人口中
46.84% 为个体经营者，城镇单位就业人口 240 余万，城镇单位就业人口
规模直到 2006 年才有所突破，达到 300 余万。2008 年以后，全区年末就业
人口中乡村就业人口比重呈不断下降趋势，具体下降情况图示见图 6 - 5。

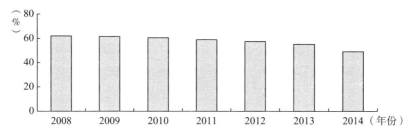

图 6 - 5　年末就业人口中乡村就业人口比重图示（2008 ~ 2014）

随着全区经济结构整体演变，区域内的经济生活日益活跃和丰富，
城镇化建设步伐的加快，为人们就业领域的多样化选择和灵活就业创造
了条件。改革开放以来，特别是 2000 年以后，全区城镇就业人口中就业
于私人企业的人口比重逐年提升，并呈持续增长趋势。2010 年以来的变
化状态见图 6 - 6。

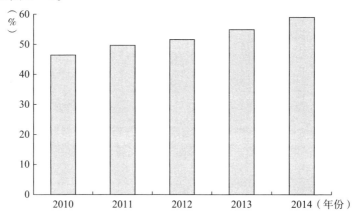

图 6 - 6　城镇就业人口中私营企业就业人口比重（2010 ~ 2014）

内蒙古自治区党委七届十次全委会提出"两个承诺"，即"确保有
就业愿望和能力的零就业家庭至少有一名成员就业；确保考上大学的贫
困家庭的大学生顺利入学"。至 2005 年 12 月底，全区对摸排出的 18944
户有就业愿望和能力的"零就业家庭"全部实施了就业援助，实现就业

25724 人，其中每户就业 2 人的有 3390 户共 6780 人。年内蒙古自治区共救助贫困大学生 36791 人，其中一次性救助 13708 人（含 8736 名新生），纳入长期救助保障的 23083 人，另外还有 22453 名贫困大学生申请到国家助学贷款。实现全区所有贫困大学生入学无忧，完成学业有保障。①

住房条件的改善不仅是住房样式的变化和内部基本设施的便利化和优化，更为突出的是城乡居民人均居住面积的持续扩大。1978 年乡村居民人均居住面积统计数据缺失，但是城镇居民人均居住面积只有 3.5 平方米，1995 年城镇居民人均居住面积提高到 12.06 平方米，是 1978 年人均居住面积的 3 倍，农村居民人均居住面积为 15.29 平方米。随着区域经济的发展和人们生活的改善，城乡居民人均居住面积持续扩大，从几个主要年份的统计数据可以看到此项变化。具体情况见图 6 - 7。

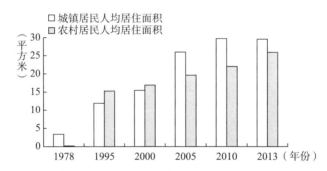

图 6 - 7　几个主要年份城乡居民人均居住面积图示（1978 ~ 2013）

为全面提升区内群众的生活条件，自治区党委政府还采取了一系列更具针对性的措施，解决一些特殊困难群体的特殊问题。2006 年内蒙古自治党委政府进一步推进民生建设，集中办理七件实事：第一，零就业的家庭至少有一人实现就业；第二，以政府资助、政府贴息、社会资助等多种方式保证考上大学的贫困学生不辍学；第三，将城市低保标准提高至每人每月 20 元；第四，扩大农村低保范围并提高标准，低保人数由上年的 40 万人扩大到 60 万人，标准由每天 1 元/人提高到每天 1.2 元/人；第五，解决农村 60 万人安全饮水的问题；第六，农村的合作医疗实

---

① 《内蒙古自治区党委提出的"两个承诺"全部兑现》，《内蒙古日报》2006 年 3 月 2 日第 1 版。

现所有旗县全覆盖;第七,提高住校的小学和初中困难生的补助,除了书费、学杂费之外,还有生活费补贴,小学生每人每天补助 1 元,中学生每人每天补助 1.5 元。①

2007 年,自治区党委和政府实施十项惠民工程,即改善农村牧区生产生活条件工程、扶贫开发工程、农民工转移和维权工程、教育资助工程、农村牧区社会救助工程提标扩面、农村牧区广电事业建设工程、提高公共卫生服务水平的城乡医疗保障工程、促进就业和再就业工程、廉租房和经济适用住房建设工程,每一项工程都对民生有着直接影响。每一项工程都针对特定的群体或区域,如全区尚有 284 个苏木乡镇未通柏油路,766 个嘎查村未通公路,14 万户农牧民家庭未通电,还有一些人口需要解决饮水安全问题,改善农村牧区生产生活条件工程恰是为此设置;全区农村牧区约有 100 万贫困人口,扶贫开发工程为推进稳定脱贫将投入扶贫资金 10 亿元,全年将解决 10 万绝对贫困人口温饱问题,扶持 15 万低收入人口增加收入;教育资助工程则安排 8.4 亿元资金,重点解决农村牧区中小学生住宿难问题,适当提高 47.8 万名寄宿制贫困初中生、小学生补助标准,使 210 万名中小学生当年受益以及解决教师工资问题等;提高公共卫生服务水平的城乡医疗保障工程共投入 5.6 亿元作为公共卫生专项资金等。② 2008 年,进一步实施"十件实事"和"十项民生工程",主要包括提高城镇居民最低生活保障标准、农村牧区最低生活保障补助标准、企业离退休人员养老金,同时扩大受益人员范围;继续推行城镇居民基本医疗保险、农村牧区合作医疗制度,提高参保率,总受益人数达到 1660 万人;资助困难家庭大中专学生;加大农牧业保险补贴力度;解决农村牧区 100 万人安全饮水问题;新建廉租房 3 万套、135 万平方米;行政事业性收费在落实国家取消 100 项收费项目、减负3.5 亿元的基础上,再取消地方收费 108 项,减负 1.6 亿元等。③ 由此,

---

① 《内蒙古政府今年承诺"七件实事"全部兑现》,《内蒙古日报》2007 年 12 月 13 日。
② 《内蒙古自治区人民政府办公厅关于 2007 年全区重点实施十项民生工程有关事宜的通知》(内政办发〔2007〕)。
③ 《内蒙古承诺的为民办"八件实事"、"十项民生工程"都兑现》,http://www.nmg.xinhuanet.com/xwzx/2009-01/09/content_15409921.htm。

民生建设重点日益突出，十项民生工程持续建设，为改善农村牧区生产生活条件发挥了重大作用，使人们在居住方式、出行方式、日用消费内容等方面都有了质的提升。

## 三　包容发展新期待

繁荣内蒙古是各民族团结进步的新期待，也需要各民族共同团结奋斗。"繁荣内蒙古"建设仍然面临着诸多问题，这些问题的克服和解决依赖于推动区域经济整体又快又好的发展。区域经济社会的良好发展是各民族共同团结奋斗的结果，也是各民族共同团结奋斗可持续的基础。当代内蒙古已进入常态社会发展阶段，繁荣内蒙古和可持续发展的内蒙古要面对的主要问题突出表现于如下几个方面。

第一，经济结构问题突出且需要持续推进解决。特定区域的经济结构受到社会经济和技术条件制约，只有那些能够充分发挥优势，有效利用现有条件和自然资源，有力地推进科技进步和劳动生产效率提高，保障经济又快又好发展的经济结构才属于合理的经济结构。从这个意义上来看，内蒙古经济结构的调整并未形成良好的模式，相应的调整路径还在探索之中。早在2000年，自治区政府就认识到经济结构不合理矛盾突出的问题，全区经济结构矛盾突出最初表现为经济结构调整缓慢，传统产业比重大，产业发展不充分，农牧业基础薄弱，新型产业和现代产业比重小，工业化、城镇化水平较低，第三产业发展不足，工业化整体水平不高，优势产业功能得不到充分发挥，粗放型经济增长方式突出，资源综合开发利用水平不高。2008年以后，随着资源开发规模不断扩展，全区产业结构重型化趋势凸显，能源消耗水平不断提高，产业延伸不足，"原字号"和初级产品比重高，资源精深加工能力不强。生产力布局比较分散，区域性中心城市的辐射带动力不强，城乡、区域发展不平衡，经济社会发展不够协调，社会事业发展相对滞后。

第二，生态环境治理和保护仍需重视。内蒙古的自然生态环境状况有其特殊性，游牧业的形成本质上是人类社会适应特定自然环境而发明的基本生产方式，传统的游牧业深嵌于草原自然环境，"利用草食动物之食性与它们卓越的移动力，将广大地区人类无法直接消化、利用的植物资源，转换为人们的肉类、乳类等食物及其他生活所需"①。游牧业是在生产力和技术水平有限情况下受草原自然环境约束的结果，"草原地形、土壤分布各异，气候干寒且多变，形成水草资源分布的时空差异、多样。游牧方式是通过大范围地、有规律的迁徙来合理地利用水草资源，在水草资源的利用过程中保护草场而不是破坏草场，以达到草场永续利用的目的"②。为了适应草原自然环境生态的需要，游牧社会一切制度和社会活动组织方式都服务于迁移这一核心，以至于在游牧时代"没有一个单独的牧场是有价值的，除非使用它的人可以随时转移到另外的牧场上，因为没有一个牧场经得起长时期的放牧。移动权比居住权更加重要，而'所有权'实际上就是循环移动的权利"③。随着农业时代的来临和人口的增加，草原被评价为自然环境恶劣之区，长城沿线农业化的过程和人口的普遍增加，加剧了人地矛盾，也加剧了人类向草原的索取，正是这一进程使草原自然环境整体呈现恶化趋势，而随后的不经严格管理和约束的工矿业的发展，使得这一恶化趋势更加明显。于是，生态环境治理和建设为人们所重视，自然保护区的设置成为一种重要方式。截至2015年底，内蒙古自治区共有各级自然保护区182个。其中国家级自然保护区29个，自治区级自然保护区60个，盟市级自然保护区23个，旗县级自然保护区70个，保护区总面积1270.17万公顷，占全区行政面积的10.76%。④尽管生态环境治理和建设投入得到强化，但是，人们的环境意识尚难全面支持环境保护和治理目标的实现，挑战和问题尖锐地摆在人们面前，在眼前利益和长远利益的权衡中，很多的人将追求眼前利益奉为首要目标，置长远利益于不顾，相应的制度细化和约束力的强化仍是现实所需。政府、企业、公众协调行动才可能在自然环境缺少先天优势的状况下谋得良性发展。

---

① 王明珂：《游牧者的抉择》，广西师范大学出版社，2008，第3页。
② 陈阿江、王婧：《游牧的"小农化"及其环境后果》，《学海》2013年第1期。
③ 〔美〕拉铁摩尔：《中国的亚洲内陆边疆》，唐晓峰译，江苏人民出版社，2005，第44页。
④ 《环境保护》，http://www.nmg.gov.cn/quq/mengc/201506/t20150615_398106.html，2016年12月5日。

第三，创新驱动力仍需加强投入和建设。内蒙古自治区以传统产业经济为基础，工业化处于起步阶段，持续的相关评价表明全区仍属全国创新能力较弱的地区，科技创新贡献率较低，高能耗、高污染、高投资的企业是拉动全区 GDP 增长的主要因素，应进一步加大研究开发和教育投入，为区域创新能力建设投入持久动力。技术创新提升全区产业竞争力成为经济发展的关键。相关研究从知识创造能力、知识获取能力、企业技术创新能力、创新环境与管理、创新经济绩效等方面对全区创新能力给予了评价。2001～2014 年，内蒙古自治区创新能力评价在全国 31 省区市排名见表 6 - 1。

表 6 - 1　内蒙古自治区创新能力评价排名（2001～2014）①

| 年份 | 知识创造能力排名 | 知识获取能力排名 | 企业技术创新能力排名 | 技术创新环境与管理综合能力排名 | 创新经济绩效排名 | 创新综合能力排名 |
|---|---|---|---|---|---|---|
| 2001 | 29 | 29 | 27 | 21 | 17 | 27 |
| 2002 | 27 | 13 | 29 | 28 | 17 | 24 |
| 2003 | 18 | 21 | 24 | 21 | 23 | 24 |
| 2004 | 28 | 17 | 24 | 22 | 21 | 22 |
| 2005 | 29 | 25 | 21 | 24 | 10 | 20 |
| 2006 | 26 | 17 | 27 | 20 | 12 | 22 |
| 2008 | 31 | 22 | 26 | 24 | 27 | 26 |
| 2009 | 27 | 25 | 28 | 24 | 24 | 26 |
| 2010 | 29 | 17 | 28 | 20 | 22 | 26 |
| 2014 | 31 | 27 | 28 | 27 | 22 | 27 |

由于未能获得 2007 和 2011～2013 年的统计数据，从表 6 - 1 已有数据来看，在 31 个省区市排名中，内蒙古自治区在知识创造能力方面的总体排名靠后，在知识获取能力方面有些年份排名较为靠前，波动较大；

---

① 排名数据来自于中国科技发展战略研究小组：《中国区域创新能力报告》2002 年以来历年的评价结果，此报告分别由中共中央党校出版社（2002）、经济管理出版社（2003、2004）、知识产权出版社（2005、2007、2015）、科学出版社（2006、2008、2009、2010、2011）出版。

技术创新环境与管理综合能力方面大多数年份也排名较后；创新经济绩效排名一些年份已进入较前行列，多数年份在较后名次；创新综合能力排名不是最后，也是较后名次。

第四，特色城镇化与生产力布局合理化。分散化是草原基础生产方式的特性，与自然环境生态状况密切相关。农业化、工业化则以集中为特征，与自然环境生态的适应性并不一致，人们需要注意，同样的土地面积，与沿海或中原区域比较，内蒙古自然生态环境承载力更为有限。因此，任何的开发性行动事实上均属于打破自然生态平衡的过程，如何借助技术手段和科学管理水平的提升，有效降低生态失衡对自然环境破坏和对人类长远利益的负面影响，是作为全国生态环境北部屏障的内蒙古需要着力解决的问题。近年来内蒙古的快速发展事实上就是借助技术手段的提升而对区域内自然资源，主要是煤炭、金属、非金属等矿产资源的开发利用，这一过程所形成的高投入、高能耗、高污染并伴随低质量、低效益的高速增长给本区域生态环境带来难以克服的压力。内蒙古的建设活动受自然生态环境的约束较其他区域更为显著，有本区域特色的城镇化和生产力布局是未来发展要解决的重要问题。这一过程不仅是对决策人提出更高挑战和要求的过程，也要求人们在发展观念上持续更新，同时需要知识和技术更新的支撑。

"十二五"以来，内蒙古"五大基地"建设（即清洁能源输出基地、现代煤化工生产示范基地、有色金属加工和现代装备制造等新型产业基地、绿色农畜产品生产加工基地、体现草原文化独具北疆特色的旅游观光休闲度假基地）则系统关注了各业协调发展问题，深入推进这一建设还"要更加注重满足人民群众需求，更加注重市场和消费心理分析，更加注重引导社会预期，更加注重加强产权和知识产权保护，更加注重发挥企业家才能，更加注重加强教育和提升人力资本素质，更加注重建设生态文明，更加注重科技进步和全面创新"①，以适应新常态的经济发展态势。

---

① 《中央经济工作会议在京举行》，http://news.xinhuanet.com/fortune/2014 - 12/11/c_1113611 795. htm，2016 年 12 月 26 日。

# 第 七 章

# "守望相助"：民族团结进步新创建

历史的积淀和民族民主革命后中国获得的新的民族关系理论——民族平等和民族团结成为内蒙古各民族建立互信互助互学关系的基础。改革开放以来，内蒙古全面推进政治、经济、文化、社会和生态建设，使本区域的民族团结进步创建获得了新条件，满足了新时代的新要求。2014 年春节期间习近平在内蒙古调研时的讲话，给内蒙古民族团结进步创建提出了更高要求："守望相助，团结奋斗，把祖国北部边疆这道亮丽风景线打造得更加亮丽"①。

## 一  民族团结面临的主要问题

在内蒙古自治区发展进程中，民族团结进步是处理各项社会事务的核心，凡是社会环境良好之时，都以民族团结进步和各民族合作良好为前提。随着改革开放不断深化，内蒙古自治区政府创新民族团结机制保障也得到加强。这些新机制突出表现在如下几个方面。

第一，民族团结社会环境保障水平提高。民族团结社会环境保障取决于社会整体公平公正水平的提高和社会矛盾的及时化解。自治区政府不断提升民生建设水平，提高公共服务均等化水平，为社会环境整体公平公正创造了新条件。自治区政府在全区低收入群体的养老、医疗、住房、就业等问题方面采取积极措施，加强投入，积极解决实际问题，有

---

① 《内蒙古自治区党委关于深入学习贯彻习近平总书记考察内蒙古重要讲话精神的决定》，《内蒙古日报》2014 年 5 月 5 日第 1 版。

利促进了社会的和谐稳定。城镇登记失业率控制在 4.2% 以内，"零就业"家庭基本上实现至少一人就业。全区城镇单位在岗职工平均工资由 2000 年的 6974 元增加到 2010 年的 35507 元，在全国的位次由 2000 年的第 29 位前移至 2010 年的第 10 位。社会保障体系建设进一步加强，各项社会保险覆盖面不断扩大。全区基本养老保险和医疗保险参保人数分别达到 430.7 万人和 886.4 万人，230.9 万职工被纳入失业保险保障范围。优抚对象、农村五保户生活补助标准进一步提高。200 多万城乡困难群众的基本生活得到了保障。全面启动保障性安居工程和棚户区改造，建设保障性住房 78.5 万套。深入推进对口帮扶和扶贫开发，累计扶持农村牧区贫困人口 75 万人。① 自治区政府加大了化解社会矛盾的投入，2010 年全区各级财政投入近 40 亿元，解决一批社会矛盾问题，惠及 50 万余各族群众。② 此外，政府社会管理方式和机制的变革为民族团结社会环境改善创造了条件，如社区文化站、社区党建、社工队伍建设、苏木乡镇（街道）和嘎查村（社区）综合治理工作中心建设，这些都对民族团结社会环境保障水平的提升起到直接作用。

第二，促进民族团结方式常态化和多样化。改革开放以来，自治区政府在促进民族团结保障方式常态化和多样化方面取得进展。"各级党委政府已经形成全面贯彻党的民族政策、重视和加强民族团结进步事业的优良作风，各族干部群众形成了顾全大局、讲求团结的优良传统，这是新时期现实各民族共同团结奋斗、共同繁荣发展的坚实基础。"③ 首先，民族平等团结立法保障不断进步。据统计，2011 年自治区人大常委会制定发布的地方性法规 166 件，直接涉及民族工作的 44 件，为民族平等团结提供法律保障。其次，以自治区政府全面推动区域发展为推手，以政府民族工作系统为管理主力，以内蒙古民族团结进步协会为社会组织，形成自上而下，机制更加健全的民族团结进步事业推动机制。从 2011 年起，自治区财政将民族团结进步创建活动经费列入财政预算，在

---

① 《经济跨越式发展十年》，《内蒙古日报》2012 年 12 月 12 日。
② 《政府工作报告》，http://www.nmgrd.gov.cn//sjk/bg/dbdh/zfgzbg/201205/t20120521_88457.html。
③ 《维护民族团结实现共同富裕》，《内蒙古日报》2011 年 11 月 13 日。

2011 年安排预算 100 万元的基础上，"十二五"期间每年增加 100 万元，到 2015 年增加到 500 万元。特别是 2011 年成立的促进全区民族团结进步事业的非营利性社会组织——内蒙古民族团结进步协会，在宣传执政党和国家的民族政策、维护少数民族权益、推动民族团结进步方面发挥了重要作用。内蒙古自治区政府强化民族团结的日常宣传活动，除了在各类媒体上宣传执政党的民族理论民族政策，开展民族团结教育，还将博物馆等基础文化设施作为教育基地，开展民族团结教育宣传活动。[①]每年开展的民族团结活动月，为各民族群众之间增进了解、认知各民族相互离不开理念提供了良好条件。2011 年，评选出十大优秀进城务工人员，自治区民族事务委员会、内蒙古民族团结进步协会通过推动这一评选活动引导少数民族务工人员创业、在发展中搞好民族团结，提倡社会各界为他们的生产生活、成长成才提供更多的帮助和支持。[②]

第三，各民族表达意愿的社会主渠道形成。作为一个以蒙古族为自治主体，以汉族人口居绝对多数，多民族杂居的区域，内蒙古自治区内各民族都有加快经济社会发展的要求，每个群体都有各自不同的困难和问题。这些都需要社会关注并推动其得到解决，政府为这些意愿表达提供通畅的渠道成为促进民族团结的重要基础。显然，作为群众意愿的代表，各民族干部成为民族群众表达意愿的重要媒介。在内蒙古的民族干部民族构成中，由于汉族占全区总人口的绝对多数，汉族干部也占内蒙古干部的绝对多数，但是，少数民族干部也占有很高的比例，高出其人口在全区总人口中所占比例，表明自治区执行了执政党的民族干部政策。正是汉族与少数民族干部之间的团结合作，推动了"繁荣自治区"的实践；全自治区各民族群众都有自己的代表，而且少数民族代表比例亦超过了少数民族在全区总人口中所占比例。据对第十一届全区 540 名人大代表的调查显示，少数民族代表有 219 名，占代表总数的 40.56%，蒙古族占全区代表的 31.48%。[③]随着人民代表大会工作机制的完善和代表议

---

①《内蒙古自治区民族团结进步创建活动经验交流材料》，http://www.seac.gov.cn/art/2012/6/23/art_5892_158932.html。

②《全区少数民族十大优秀进城务工人员》，《内蒙古日报》2011 年 10 月 19 日。

③《自治区人大代表名单》，http://www.nmgrd.gov.cn/dbmd/index.html。

事能力的提高，各民族人大代表民族意愿的表达能力亦会逐步提高，各民族人大代表在制度内的合作团结亦将成为各民族意愿表达的重要渠道。此外，自治区各级政协、内蒙古民族团结进步协会各种少数民族研究会等均成为各民族不同阶层表达意愿的重要渠道。

第四，民族政策落实受到重视。内蒙古作为一个省级自治地方，是一个多民族杂居区域，各项民族政策的落实成为民族团结的重要保障。在各民族"共同团结奋斗，共同繁荣发展"的主题下，民族区域自治、民族干部、民族教育文化发展等都得到逐步落实。内蒙古自治区各级民族工作部门与组织部、统战部紧密配合、共同努力，使少数民族干部队伍不断壮大，人员结构日趋合理，综合素质明显增强。截至 2005 年，全区少数民族干部队伍总数达到 186354 人，占全区干部总数的 25.44%；少数民族专业技术人员队伍总数达到 119426 人，占全区专业技术人员总数的 24.56%。1990～2003 年，内蒙古共选派了 228 名干部到中央国家机关和经济相对发达地区挂职锻炼。① 少数民族人口相对集中的地区和经济社会发展相对滞后的边境旗市、牧业旗县、3 个少数民族自治旗和民族乡的建设和发展受到重视，得到重点推进。同时，随着各民族群众权益意识的提高，对现有民族政策的实施也提出了全新的要求。如 2012 年 5 月 25 日，孟和达来先生提出要在当地银行办理业务时使用蒙文签名，其权益得到相应支持。2012 年 6 月 28 日，乌拉特中旗公安局出入境管理中也受理了首例蒙文手写签名，而兴安盟银行均可使用蒙文签名，成为真正贯彻民族平等政策的新探索。

民族团结进步并不是一个固化的过程，在社会主义时期各民族群体变迁的规律表明，民族团结进步在这一时期仍然需要全社会的精心呵护和着力推动。在全新的政治经济环境条件下，内蒙古民族团结进步亦面临诸多不利因素。这些不利因素有些是有形的、可见的，有些是无形的和不易察觉的，但在一定的条件下可能成为民族团结进步的障碍。从这个意义上说内蒙古的民族团结进步仍然需要做更细的工作，从而保障"繁荣自治区"的持续发展和各民族人民生活的繁荣和富足。

---

① 李联盟：《内蒙古少数民族干部已占干部总数的 1/4》，《中国民族报》2004 年 3 月 26 日。

　　第五，对内蒙古而言，对民族团结进步产生负面影响的因素中，思想观念因素是关键。有负面影响的思想观念因素与历史上的民族矛盾、冲突记忆的积淀相关，与人口的文化文明素质提升及正确民族观的确立不足相关，也与社会规约相关。"非我族类"或"自我中心"是对这一类思想因素的很好概括，也是影响民族关系最重要的"负面历史遗留因素"。虽然，在公共场合或媒体较少发现这类思想的公开宣传和影响，但是，在一些特殊场合或者在网络等新兴媒体上，仍然有一些人出于不同原因、目的持有或传播这类思想、观念及言行。正是由于这一类思想观念的存在，社会上仍有相当部分成员对待自己不熟悉的文化和人群持有歧视态度，使用歧视性语言，将自身遇到的生活困难或失败转嫁于多民族共处环境或社会政策，所有的不信任、不尊重和伤害皆源于人们心中的"非我族类"观。内蒙古自治区各民族成员均应充分意识并检讨"我族中心"在现实民族关系中的影响，提倡并确立不以一己之私牺牲民族间的团结合作的社会公德，其中人口占绝对多数的汉族对此应承担更高的义务。在长期的封建王朝国家发展进程中，封建性和民族间的相互歧视是历史上民族关系最为负面的遗产，这一遗产无须回避和掩饰，也不应成为当下不同民族成员之间合作的障碍，在民族团结教育中应成为教育社会成员吸取历史教训的教材。内蒙古社会应正视清除"非我族类"思想并非可以短期实现，政府、社会组织、各族群众，都应在行为规范中将其纳入防范和约束机制。

　　第六，对执政党民族平等政策不理解所造成的失衡的社会心态不利于民族团结。执政党的民族平等原则落实到具体的社会政策则涉及就学、升学、就业、农村牧区建设的具体环节。那么，自治区政府出台的各项社会政策中均可能设置有利于少数民族发展的政策，但是，这些政策与其他扶助弱势群体的政策是并行的体系，比如，对蒙古语授课学生高考升学时，可享受单列计划、单独划线的政策；"三少"民族和俄罗斯族考生可进单独设立的预科班就读等。社会对此类政策多有指责，特别是区内的汉族常常比照这类政策并颇多意见，他们不是从社会整体发展上认知这些政策，仅从个人的角度理解这项政策，便有了舶来的"逆向歧视"之说。更有甚至者，有网友借政策执行中的不完善之处，发布全面攻击中国民族政策的言论，用混淆概念等方式，直接否定内蒙古自治区政府行政治理活动，实有挑拨民族关系之嫌。① 这些说法表明，不仅一般群众中有人不理解我国民族政策，而且一些干部甚至相当级别的干部也缺少保障民族平等的大胸怀和大见识，将公平公正与平均等同起来，他们只有个人、眼前，没有过去和未来。当然，在少数民族中也存在不利于民族团结的想法，同样也存在将个人享有社会利益失利完全归罪于社会不公、政策失衡等。两种思想倾向均应批评，政府有必要开展工作使多民族社会成员正确认知此类问题。其实，民族政策涉及的人群和问题，说到底是一个对社会资源享有权益的问题，教育、就业等均具有稀缺性。人们追求公平公正方向是正确的，但是，在资源稀缺的情况下，的确没有完美的解决问题方案。那么，对弱者的同情、仁爱和协助便成为从道义和道德层面解释相关政策的重要路径。只有站在现代国家建构的历史视角，站在包容、同情、仁慈、爱和共生的高度，才可能真正理解执政党民族政策的本质。

第七，人口的流动与社会服务管理滞后使不同民族间的矛盾不能得到及时化解影响民族团结大局。在传统的社会结构条件下，内蒙古自治区的人口处于相对稳定的状态，游牧业亦是有规律地在一定的区域内，多不会超越传统的游牧区，而农区人口虽然变动较大，全区性流动的人口也较少。在农村牧区，相对而言，人口依存于乡村或单位组织，人们的言行也会受到更多的社会约束。市场经济的发展，特别是城镇化的发展，已造成人口全区或全国性流动，形成农村牧区人口向城市的流动和农村人口向牧区的流动等不同方向的人口流动趋势。政府对处于流动中人口的社会保障和权益保障机制建设仍然滞后，社会利益表达主渠道对这部分人的利益表达和关注仍不完备，也不系统，他们所经受的社会歧视、权益损失也有待解决。正是在这个环节，不同民族成员间的直接交往矛盾如果得不到及时调节，便会影响民族团结，比如，一些城市餐馆不许来自牧区的打工者说蒙古语。因此，自治区政府应提升流动人口整体管理水平，在城市化进程中细化公共和私人领域中的诸多规范，抵制

---

① http://www.tianya.cn/publicforum/content/free/1/177207.shtml.

不同民族之间的歧视行为。

第八，经济建设、资源开发企业与当地居民关系调节恶性事件时有发生。经济建设项目和资源开发过程中，必然涉及征地等问题，直接影响当地居民生产生活，特别是一些企业开发行为中发生的对当地居民生活的影响，对农田、草原的污染等问题，这些行为是直接影响民族团结的负面因素。2011年发生的锡盟"5·11""5·15"事件是这类事件恶性化的结果，最具典型意义。这两起事件最初的发生及后续的发展，表现出企业工作人员蛮横无理、缺少法律和政策观念，企业负责人无视当地居民合法权益，对员工缺少必要的教育和约束，甚至为了谋求开发利益最大化默许、纵容工作人员忽视当地居民的合法利益，地方政府对企业开发行为缺少监管，对当地居民合法权益缺少关注和保护。在事件持续升温过程中，学生的朴素民族情感被激发，锡盟和其他部分盟市甚至发生学生和群众聚集游行事件，他们提出保护草原生态的诉求。事件发酵过程中，除了有境外势力的利用，人们被动员起来的一个更重要原因是近年来随着内蒙古地区开发步伐的加快，人们对草原生态恶化的担忧，对本民族文化生存和发展的焦虑日益强化，还有一部分对社会不满者的参与，最终酿成"5·30"呼和浩特市事件。锡盟事件再次表明，在民族地区资源开发过程中应将《民族区域自治法》中对开发者与当地关系相关规定落在实处，同时，信息化时代，涉及民族关系的事件有着惊人的放大影响的速度，这就要求社会管理主体政府有更积极的作为，强化基层管理环节，积极关注企业开发中给当地居民带来的利益损害问题，及时调节、处置矛盾。

## 二 民族团结进步新创建

进入新世纪以来，内蒙古自治区一直紧抓民族团结创建工作：每年5月集中进行马克思主义民族理论、党的民族政策和民族区域自治制度的宣传；9月集中进行民族团结进步活动月的宣传；在三个少数民族自治旗和18个民族乡建旗、建乡纪念日以及世居少数民族传统节日期间，有针对性地组织成就展和宣传活动等工作。

内蒙古自治区还根据本区域实际，积极执行贯彻落实中共中央宣传部、统战部和国家民委 2010 年 2 月发布的《关于进一步开展民族团结进步创建活动的意见》，2011 年 4 月，自治区宣传部、统战部和民委发布《关于进一步开展民族团结进步创建活动的实施意见》，发布了与三部委要求一致的总体要求。同时，将创建目标具体化为五项内容、七项有针对性的措施、四项工作机制。为推进全区民族团结进步创建活动科学化、规范化、长期化，内蒙古自治区政府为民族团结进步活动示范单位命名，并于 2013 年 4 月发布《内蒙古自治区民族团结进步创建示范单位命名管理办法》，明确了示范单位范围、基本条件和九项具体评价指标、申报和命名程序及命名的组织管理，明确每 2 年进行一次命名，每 5 年进行一次复核。2013 年 8 月，上述《意见》的相关原则和精神在自治区党委、政府办公厅印发《内蒙古自治区民族团结进步模范评选表彰办法》中得到进一步体现，并使相关原则和精神具有了更强的约束力。该《办法》对民族团结进步模范集体、个人的评选原则、八项标准、表彰频度、评选对象、评选的组织方式、评选表彰集体和个人比例、评选工作程序、表彰原则和方式、表彰后的宣传、评选活动的经费保障等进行了详细的规定。

民族团结进步创建活动和相应的表彰命名等工作有序开展，2013 年全区命名了首批 38 个自治区级民族团结进步创建活动示范单位，2014 年命名了第二批 27 个自治区民族团结进步创建活动示范单位，2016 年命名了第三批 64 个自治区民族团结进步创建活动示范单位。2013 年还命名了首批 9 个自治区级民族团结进步教育基地（其中呼和浩特 2 个、包头 1 个、兴安盟 2 个、乌兰察布市 1 个、鄂尔多斯市 1 个、阿拉善 1 个、满洲里市 1 个），均为纪念馆或博物馆类。此外，对命名单位的核复推动了一套有针对性的指标体系的形成，自治区党委宣传部、统战部、自治区民委印发了《关于进一步开展民族团结进步创建活动的实施意见》考核评比实施细则［内容包括旗县、乡镇（苏木）、街道、嘎查村/社区、机关（事业单位和人民团体）、学校、企业、部队、寺观教堂 9 大类具体指标体系］。民族团结进步创建活动有规划、有试点、有提升、有推广，民族团结进步创建的内蒙古模式初步形成。这一创建模式的具体内容为：以各级党委政府为主导，以民族团结进步创建活动"六进"为基础，以促进各民族共同繁荣发展为核心，以坚持和完善民族区域自治制度为根本，以开展宣传教育活动为载体，以推进民族事务治理体系和治理能力现代化建设为目标。

中央政府对民族团结进步所进行的表彰活动极大提升了自治区民族团结进步表彰的规范性和影响力。进入新世纪后，内蒙古自治区受国务院的三次表彰活动表彰的模范集体共95个。从表彰单位构成来看，政府机关仍然是民族团结进步工作突出的单元，从民族团结进步创建的角度来看，民族团结进步创建拓展还有更广阔的工作空间。受表彰模范集体单位构成见表7-1。

表7-1　内蒙古受国务院第4~6次表彰大会表彰模范集体统计

单位：个

| | 2005 年 | 2009 年 | 2014 年 | 合计 |
|---|---|---|---|---|
| 机关 | 18 | 20 | 14 | 52 |
| 企业 | 5 | 5 | 2 | 12 |
| 学校（事业单位） | 4 | 5 | 3 | 12 |
| 乡镇/苏木 | 3 | 1 | 2 | 6 |
| 村（嘎查）/社区 | 1 | 1 | 9 | 11 |
| 部队 | 1 | 0 | 1 | 2 |
| 合计 | 32 | 32 | 31 | 95 |

从表7-1数据来看，党政机关在三次受表彰单位中比重占到54.74%，企业和学校（事业单位）单位紧随其后，各占三次受表彰单位的12.63%，部队的比重最低，仅占2.11%，乡镇村（嘎查）两项合计占三次受表彰单位的17.89%。如果深入研究受表彰单位构成我们还会看到，受表彰的机关中主要是各级地方政府的委员会或政府及部委，受表彰的乡镇（苏木）、村（嘎查）亦主要是党委或党支部，学校则以大中学校为主。受表彰单位结构也从另一个侧面提示我们，在内蒙古民族团结进步创建活动中，各级学委和政府是主要行动者，企业、学校的行动还无法与之相较，说明自治区民族团结进步创建活动还需要向社会

各单位延伸。

与云南等省区相比，内蒙古在参与全国民族团结示范活动时较迟缓，竞争力较弱。在民族团结进步示范创建活动中，只有兴安盟抓住先机，盟委盟行署领导层高度重视，在部署、动员、推进过程中盟委书记、盟长都积极投入，形成了高位推进、精心谋划，在跨越发展、聚焦民生、共建共享中，使民族团结进步创建工作获得有利的组织基础、物质基础、群众基础、思想基础和环境基础。2013 年 9 月，兴安盟被确定为内蒙古自治区唯一的全国民族团结进步创建活动示范州（地、市、盟）试点。在开展创建活动的工作机制、目标规划体系、细化方案标准等确定后，全盟迅速掀起了民族团结进步创建工作热潮，工作局面日新月异，形成了人人关心民族团结，人人参与创建活动的良好局面。

## 三　在"守望相助"中谋求各民族团结进步新境界

在资本主义时代进行中国特色社会主义建设本身就是一个创新求变的过程，在这一过程中，没有什么社会成就不需要努力和付出就能够获得，中国特色社会主义建设之路仍然漫长。作为中国北疆的守护者——内蒙古自治区各民族只有在"守望相助"中砥砺前行，才会创造美好生活，使内蒙古在政治文明建设、经济繁荣、文化繁荣、社会发展、生态和谐中走向现代化。2014 年 1 月，习近平总书记在内蒙古视察工作时，向各族人民发出新号召：希望内蒙古各族干部群众守望相助。守，就是守好家门，守好祖国边疆，守好内蒙古少数民族美好的精神家园；望，就是登高望远，跳出当地、跳出自然条件限制、跳出内蒙古规划事业、谋求发展，要有宽广的世界眼光，有大局意识；相助，就是各族干部群众要牢固树立平等团结互助和谐的思想，各族人民拧成一股绳，共同守卫祖国边疆，共同创造美好生活。① "出入相友，守望相助，疾病相扶持，则百姓亲睦"②，是孟子为滕文公所描绘的井田制实施后民间社会关

---

① 《习近平：希望各族干部群众守望相助》，http://news.xinhuanet.com/mrdx/2014-01/30/c_133084879.htm。
② 黎娜主编《国学典故》，云南人民出版社，2013，第 331 页。

系的理想状态，孟子理想中"守望相助"社会关系以传统的熟人社会为基础，以无文化差异为前提，即便如此，仍难以实现。今天在内蒙古推进民族团结进步中所说的"守望相助"已关系国家统一和民族团结大局，是在各民族长远利益一致的前提下，建构和巩固包容差异、平等团结互助和谐的社会主义民族关系，内蒙古各民族要在解决各种各样的问题、抵御各种各样的风险进程中相互信任、相扶相助、同心协力，谋求各民族民生改善和生活幸福，使民族团结进步创建提升到新境界，其所面临的问题和困难可想而知，其难度亦非寻常。而且，民族团结进步从来是一个动态的社会过程，是在不断克服困难、解决问题的过程中达成的良好状态，因而，在国家深化改革和治理能力以及治理体系现代化的背景下，内蒙古民族团结进步的持续仍需"守望相助"，砥砺前行。

（1）各民族党员干部在"守望相助"中担当责任。政治路线确定后干部是决定因素，各民族平等团结互助和谐民族关系的建构与中华民族伟大复兴的目标一致，也是中国共产党组织目标的重要内容。在实践理想目标进程中，党员干部仍然是关键的少数。从相关信息计算来看，截至 2014 年底，全区党员数占全区总人口的比重为 6.18%，他们如何处置生活和工作中遇到的民族团结进步问题对全社会具有重要影响。充分发挥党员干部的示范、引领和守望作用，一方面需要组织部门在选好干部、用好干部方面多下功夫，好干部就是那些"信念坚定、为民服务、勤政务实、敢于担当、清正廉洁"的干部[1]；另一方面，组织部门也需要积极做好党员干部的思想工作，使党员干部心怀理想、坚定为民，只有这样才可能有明确的大局意识和维护人民群众利益的意识。正如习近平总书记指出的："我们党员干部都要有这样一个意识：只要还有一家一户乃至一个人没有解决基本生活问题，我们就不能安之若素；只要群众对幸福生活的憧憬还没有变成现实，我们就要毫不懈怠团结带领群众一起奋斗。"[2]

---

[1] 国家民族事务委员会编《中央民族工作会议精神学习辅导读本》，民族出版社，2015，第304页。

[2] 《习近平：希望各族干部群众守望相助》，http://news.xinhuanet.com/mrdx/2014-01-30/c_133084879.htm。

党的各级组织积极工作的同时，作为党员也应当加强自身修养，牢记党中央对民族地区干部的明确要求，即习近平总书记在 2014 年召开的中央民族工作会议上给出的明确答案，强调民族地区的好干部还要做到"明辨大是大非立场特别清醒、维护民族团结行动特别坚定、热爱各族群众感情特别真挚"①。从这个意义上说，党员干部与一般的社会精英相较应有更高的思想觉悟，如此才可能完成中国共产党组织奋斗目标，才可能使中国共产党组织的本色得到长久保持，才能够在社会生活中从容面对个人利益得失。换言之，心中有大局，行动才有方向，各民族干部之间的团结才有思想和行动基础。

（2）各民族群众在"守望相助"中合作共赢。"守望相助"是习近平总书记代表党中央对内蒙古各民族群众团结进步提出的希望，也是对一直以来内蒙古各民族群众团结进步实践的理论升华。半个多世纪以来，在民族区域自治制度的实践中，内蒙古自治区尽管遇到很多困难和挫折，但各民族群众在稳定的国家制度框架下，在日常的生活建设领域中实践着"相互了解、相互尊重、相互包容、相互欣赏、相互学习、相互帮助"，并在"守望相助"中克服了许许多多困难，推动着区域内政治、经济、文化、社会和生态的全面发展。在内蒙古，各民族群众之间"谁也离不开谁"的关系日益显著，产业互利、文化共进、生活共享是内蒙古最常见的社会场景。在未来发展进程中，各民族只有在"守望相助"中实现广泛、深入合作，才能共同推进各民族繁荣发展。在推进各民族群众"守望相助"合作共赢过程中，要注重和搞好维护民族团结以及社会大团结的法制和社会规则建设，使人们的社会行为能够守住民族团结稳定的底线，在法纪的规范下使各民族间的团结进步长久持续。

（3）各民族干部群众在"守望相助"中面对挑战。内蒙古的持续繁荣稳定和发展需要面对自然环境、国际社会环境和区域内发展不平衡等多方面的挑战。历经十余年的高速经济增长，内蒙古经济欠发达的局面

---

①　国家民族事务委员会编《中央民族工作会议精神学习辅导读本》，民族出版社，2015，第304 页。

并未得到根本改变，全区发展仍然面临着不平衡、不协调、不可持续的突出问题，全面建成小康社会仍然面临着诸多困难和问题。面对这些挑战，各民族干部和群众需要在基本制度和基本目标指导下，通力合作，攻坚克难，分担责任和义务，推动全区政治、经济、文化、社会和生态"五位一体"建设实现稳步发展。

# 第 八 章

# 面向未来：内蒙古民族团结进步启示

　　"坚持党的领导，坚持中国特色社会主义道路，坚持维护祖国统一，坚持各民族一律平等，坚持和完善民族区域自治制度，坚持各民族共同团结奋斗、共同繁荣发展，坚持打牢中华民族共同体的思想基础，坚持依法治国"①，这是中国特色解决民族问题理论的科学内涵，也是中国特色解决民族问题的道路选择。回首内蒙古自治区70年的发展历程，正是对更好地坚持中国特色解决民族问题的道路的不断探索，才保障了各民族共同团结奋斗共同繁荣发展这一自治区变迁的主线。研究和认识内蒙古民族团结发展进程需要明确一个基本前提，即没有各民族共同奋斗，便没有今日内蒙古这样一个各民族依存共生、守望相助、日益繁荣的民族自治地方。而构成内蒙古从民族矛盾和冲突多发区转变成为民族团结进步"模范自治区"是历史大势。在内蒙古，无论是汉族还是少数民族居民都需要充分意识到，在依存共生不可更变的现实中，平等、团结、互助、合作的基本行为规范是各民族走向共同繁荣的根本保障。那么，面对人类社会仍然处在资本主义时代，中国特色社会主义建设正在砥砺前行，国家统一、各民族共同团结奋斗和共同繁荣发展仍然在路上的社会现实，各级政府、各民族群体和绝大多数个体是区域民族团结进步的主要行动者。综合观察这些主要行动者在民族团结进步中的角色、期待和行动轨迹，内蒙古民族团结进步的基本经验有以下几点。

　　**（一）依存共生——内蒙古民族关系的历史基础**

　　内蒙古自治区的地理区位，自然地理状况，自然资源构成，以及历

---

① 《坚持走中国特色解决民族问题的正确道路》，《光明日报》2015年1月29日。

史上人口迁移、交往、自然融合和发展状况，决定了各民族群体历史关系的基本样态。不论是生计方式差异，还是文化样式差异，以及长期在"大一统"王朝政治运行中共为王朝中央政权臣民的历史过程，都为不同群体在经济社会依存共生中交往、交流、交融和密切联系创造了深厚的历史基础。从农业、手工业、牧业、猎业诸种不同生计方式的存续来看，各业之间自然的互补共生关系显而易见。依存共生关系的发展并不是说人们之间不会产生矛盾或冲突，从人的生存角度而言，原始农业、牧业、猎业显然都各有缺陷，在满足人们生存和生活水平提升方面过程中均有其不可全面自足的特性：农产品对牧人和猎人具有特殊意义，畜产品对农民、猎人亦有特殊意义，猎产品则对农民和牧人有吸引力。正是相互需求的依存共生，促成了各群体间打不断、理还乱的依存关系的不断生长和扩展。只不过在这一过程中，由于缺少有效的社会调节机制，导致在相应的社会资源或权益分配中，弱小群体生存和发展利益得不到顾及且利益受损成为常态，这一历史常态也使得不同民族成员之间在互补共生中不得不面对恶性竞争、冲突，因此生出诸多嫌隙，成为隔阂、不信任，有时甚至是敌对产生的根本原因。总之，当代内蒙古经济社会结构、人口结构和文化构成的变迁，都是基于各不同群体依存共生的历史区情在新的历史和社会条件下的变迁与演化。主权现代中国建构的实践和各民族共同团结奋斗共同繁荣发展目标的追求进一步强化了各民族间的密切联系，推动了内蒙古各民族人民依存共生历史区情的深化。换言之，打造主权现代中国并将内蒙古这一地理单元整合纳入统一多民族单一制国家的历史过程是基于中国社会特定的历史逻辑的演化，也是各民族人民"同呼吸，共命运"历史关系结成、深化的过程。中华人民共和国诞生之前，能够在推动民族内部团结的基础上，推动各民族间的团结，团结一切可以团结的力量推动社会变革，建设内蒙古自治政府。历史的看，内蒙古自治地方的形成过程本身就是各民族共同团结奋斗的结果，也是对各民族依存共生历史区情的积极回应。因此，乌兰夫曾明确指出："从过去看，没有中国革命的胜利，没有中国共产党和毛主席的领导，没有兄弟民族的帮助，内蒙古自治区的建立是不可能的；从今后看，同样，没有中国共产党和毛主席的领导，没有兄弟民族的帮助，没有祖国的社会主义工业化，要进一步建设自治区也是不可能的。我们必须经常记住这种与全国与兄弟民族密切不可分离的关系。在处理一切与国家建设与兄弟民族与友邻地区的问题时，都要服从祖国的整体的利益，主动地以兄弟般的态度照顾兄弟民族和友邻地区。"①

### （二）核心政治保障——全面正确贯彻中国共产党的民族政策

内蒙古自治区70年发展进程表明，在统一多民族单一制国家中，执政党中央正确领导并坚持全面正确贯彻执行民族政策是民族团结进步走向共同繁荣发展的最高政治保障。"大跃进""文化大革命"的曲折证明执政党中央离开构建中国特色社会主义的正确路线、不能全面正确执行民族政策对内蒙古民族团结进步产生了根本性的负面影响。改革开放以来内蒙古自治区各民族共同团结进步发展状况则从正面验证了这一历史经验。

内蒙古自治区建立之初，中国共产党积极进行创新性探索，在民族干部队伍建设、经济社会发展、地方社会管理和各类社会关系调节等方面不断取得成绩，并迎来新中国的诞生。1949年以后，内蒙古自治区在中国共产党强有力的领导下，依据民族区域自治制度安排和本区域民族人口构成和经济发展状况，在社会管理和经济社会发展方面展开了诸多创新和探索，特别是在调整农牧矛盾和推进农牧区社会改革方面成果显著。如牧区民主改革中的"三不两利""人畜两旺"等政策，在半农半牧区土地改革中"考虑历史，照顾现实"原则下积极施策调整民族关系等，都是在执政党中央政治稳定和正确领导下进行的全区性创新和探索，这些探索获得的经验为全国其他民族地区的稳定和民主改革的开展提供了重要的理论和实践经验。

内蒙古从民族矛盾突出、冲突多发的区域，转变为各民族团结进步共同进步发展的区域，有"模范自治区"的美誉，最为重要的是在领导革命实践和社会变革实践进程中，中国共产党在这一区域选择了有利于各民族团结进步的理论指导。这就是保障民族平等权益、最大限度地团结各民族人民，使各民族在团结奋斗中获得解放和发展。在内蒙古建功

---

① 乌兰夫革命史料编研室：《乌兰夫论牧区工作》，内蒙古人民出版社，1990，第101页。

立业的老一代共产党人，了解并懂得用有利于民族团结的理论凝聚社会，乌兰夫等老一代共产党人正是依据先进的民族理论，依靠中国共产党的正确政治主张、民族政策和组织力量大力开展思想工作政治工作，消除蒙古族内部分裂，促进蒙古族、汉族和其他少数民族团结进步，并取得历史性的成果，不断证明"团结一切可以团结的力量是革命胜利的一门科学，也是执政的基础"①。正是中国共产党坚持了民族平等原则并执行了一套有利于民族团结的思想和理论，并通过一系列宣传教育，使这套思想得到推广、传播并形成社会氛围，荡涤了内蒙古历史上不利于民族团结的诸多因素，规范了人们的行为，不断提升整个社会追求民族团结进步的普遍社会意识。基层党组织和各族干部的团结是社会公众对政府推动民族团结效果评价的重要依据之一，在自治区发展进程中，大量基层干部曾经为内蒙古自治区的繁荣发展做出了重大贡献。

中国共产党人在推动国家统一过程中，积极实践民族区域自治制度，特别是十一届三中全会以来，在政治、经济、文化、社会、生态等诸方面积极落实民族区域自治法，保障各民族合法权益，推动各民族在共同团结奋斗中积极合作谋求共同繁荣发展。正如布赫先生在内蒙古自治区成立 60 周年时指出的：多年来自治区的历史证明："什么时候正确地贯彻执行党的民族政策，尊重少数民族自治权，又照顾多数群众的利益，自治区的各项事业就得到繁荣和发展；什么时候背离党的民族政策，忽视甚至剥夺少数民族的自治权利，民族团结事业就遭到破坏，自治区各项事业的发展就受挫折。"②

### （三）物质基础——千条万条生产是第一条

"革命的根本目的就是解放生产力，发展生产，改善人民生活。""衡量一次革命和社会变革成功还是不成功，主要标准就是看生产力发展了，还是没有发展。"正是基于这一思想，在社会主义建设时期内蒙古牧区提出"千条万条发展牲畜是第一条"③。1947 年，内蒙古自治政府一经成立就将推动本区域经济发展置于核心地位，实施了合理制定农畜

---

① 郝秀山：《伟大的历史功绩》，《内蒙古日报》2006 年 12 月 17 日。
② 布赫：《加强民族团结》，《内蒙古社会科学》1980 年第 3 期。
③ 王树盛：《乌兰夫传》，中央文献出版社，2007，第 517 页。

产品价格活跃贸易活动、发展生产拓展财源、积极引导农牧民合作恢复农牧业生产等措施，全区经济得到快速恢复，针对牧区和牧业特殊性还实施了"稳、长、宽"为原则的政策措施。生产力发展成为内蒙古自治党和政府的核心工作和第一要务，农牧业得到快速恢复和发展，对全区民族团结目标实现和各民族人民生活改善产生了最直接的影响，成为民族团结进步巩固和发展的重要物质保障。"大跃进"和"文化大革命"中断了内蒙古自治区的强劲发展势头，虽然在国家大投入中工业发展和基础设施改善有所成就，但是农村经济发展停滞，牧区"稳、长、宽"的发展思路被弃置，在"大跃进"中内蒙古自治区付出沉重的生态、社会代价，特别是草原大范围沙漠化等生态问题的影响已超出本区域的地理空间。直到改革开放后，内蒙古才再度进入将经济发展核心置于生产力的全面提升和生产结构的逐步改善，自治区经济在恢复中逐年发展，特别是进入 21 世纪以来，经济发展速度加快，经济结构日益调整、财政收入水平提升、人民收入水平提高，经济综合实力整体提升，社会保障体系初步构建。当然，内蒙古自治区在发展进程中应吸取历史教训，走稳定发展之路，充分考虑生态环境承载力问题，保证民族团结进步的物质基础建筑于可持续发展路径之上。资本、技术、管理都是区域经济发展要素，政治、经济、文化、社会、生态的"五位一体"建设，有力地协调着区域内各方面关系，这将为区域经济各种要素充分组合并使其在市场配置资源过程中实现利益优化创造良好条件，全区经济发展质量也将得到整体提升，地区经济面貌在发展中日益改善。与此同时，中央政府、发达地区等各方面的支持，也进一步为全区经济发展提供更为优化的条件保障，充分体现着各民族共同团结奋斗共同繁荣发展的中国特色。

**（四）正确施策——多样化政策充分满足社会变革需求**

实事求是面对本区域社会结构和发展状况的多样性和差异性，在保障国家发展目标大局的同时，采取有力措施推动各民族社会变革并走向共同繁荣，在经济社会发展中保障各民族人民生存和发展利益需要得到充分满足。这是内蒙古自治区从民主改革到中国特色社会主义建设整个进程中重要基本经验之一。在自治区 70 年发展进程中，内蒙古所推行的一系列关系区域、群体和个体发展的社会政策，如果社会效益、效果好且能充分保障各民族利益，多会有这样一些显著的特征，即政策制定过程遵循了实事求是、因地制宜的基本原则，政策导向充分顾及人民群众利益；在保障全国一盘棋的大局的同时顾及本地社会多样性的需要。比如，内蒙古自治政府建立之初，在农村进行的土地改革中实施"耕者有其田"政策，但是针对内蒙古耕地分布实际和耕地权属的复杂情况，吸取东部农区土地改革的教训，在内蒙古西部蒙古族人口比较集中的农村进行的土地改革中，划分蒙古族阶级成分时不以占有土地数量为主要依据，不分蒙古族小地主的土地、耕畜、农具等，半农半牧区通过协调的办法划定耕地与牧场界限等政策措施，在牧区进行的民主改革"三不两利"政策则保障了畜牧业的持续发展和牧工牧主两利等。这些政策符合自治区社会生产多样态形势，有利于充分调动全社会的生产积极性，直接推动了区域政治稳定、社会经济恢复和人民生活水平提高。那些带来负面经济社会影响、造成人民利益受损的政策因政策内容和目标脱离本地区社会实际，无法充分考虑并协调各民族眼前利益和长远利益。这也从一个重要方面提示后人，在人口民族构成复杂、各民族发展不平衡等因素影响下，只有实施多样化、差异性的政策，才能推动各民族社会的变革和发展，最终走向共同繁荣。

**（五）制度约束——保障各民族平等权益**

追求民族平等的实现是人民民主的重要内容之一，中国共产党老一辈无产阶级革命家们浴血奋战要建立的也是一个各民族大团结的人民民主共和国。经济社会的稳定发展和公平公正的社会制度支撑是实现民族平等的重要保障。20世纪50年代直至"文化大革命"时期的国家政治发展发生问题，执政党内民主制度的破坏和执政党工作重心的偏移，造成整个国家社会管理制度建设的曲折，也破坏了民族平等制度与政策机制的完善。这段经历从一个重要方面提示后人：制度建设，特别是有充分的人民群众监督、社会制度性监督的社会主义民主制度建设是确保执政党正确领导和各民族平等权益实践的基本制度条件。各级人民代表大会机构建设及权力机关功能发挥，人民政协监督协商作用和功能的充分发挥，执政党和政府社会治理中透明度的增加，对落实人民知情权、政治参与都有着根本性的影响，是制度建设完善的重要内容。民族平等和各民族权益保障制度建设依赖于民族区域自治制度的完善和创新发展，正如周恩来总理指出的："历史发展给了我们民族合作的条件，革命运动的发展也给了我们合作的基础。因此，解放后我们采取的是适合我国情况的有利于民族合作的民族区域自治制度。"① 民族区域自治制度是适应中国国情的制度设计，这一制度根本上是为各民族团结合作搭建的政治平台，因此，没有这一制度的完善和发展，也就不可能有民族团结的长久持续。随着各民族人口城市化的发展，民族交往交流地理范畴日益扩展，民族区域自治在民族因素和区域因素结合方面的特点更加显著，各民族在制度规范基础上的合作也将更加深入。面对不断发展与变化的实践，民族区域自治制度的完善与发展对民族团结进步的促进和制度约束也将发挥更重要作用。

**（六）繁荣文化——服务各民族团结进步**

民族文化反映着特定民族群体经济社会历史发展状况，与民族群体的生命力、凝聚力密切相关，民族文化被视为民族之魂。在民族交往日益频繁的环境下，小群体对本民族文化命运的关注、担忧是一种自然反应。如若切实保障民族间的团结进步，人口众多的民族群体就应充分理解和认知人口较少的群体在文化发展方面面临的问题和生成的担忧和焦虑，动员社会力量帮助民族人口较少的群体改善文化发展的紧张环境，作为民族自治地方的政府亦应充分关注各民族文化的共同繁荣，在推动国家现代化文化发展进程中，调整大民族和小民族群体文化发展关系，在推动大民族群体文化发展和繁荣发展的同时，也要为小群体的文化持有者提供更多的社会选择和服务，从而形成包容、宽松的社会文化关系。在多样的文化格局中充分包容的社会氛围才可能为民族团结进步的持续发展创造良好条件。民族自治地方政府亦应有明晰的推动区域文化繁荣意识，并采取措施为各民族文化繁荣提供充分的服务，比如，在机关、学校、广播电视、新闻出版、新媒体等领域实现蒙古语文的广泛应用，将蒙古语服务纳入银行、交通、通信等服务项目等，以及落实人口较少

---

① 周恩来：《关于民族区域自治问题》，《人民代表大会制度重要文献选编》（1），中国民主法制出版社，2015，第354页。

民族文化发展扶持政策。经济社会发展到一定程度，文化发展需求会更为旺盛，在提升内蒙古自治区文化软实力过程中，内蒙古已形成各民族文化人合作共进推动区域文化发展的态势，内蒙古的草原文化已经成为民族团结文化，也成为培育各民族共有精神家园和共有文化的重要生长点之一。在内蒙古未来发展中，建构多样文化和谐发展大区仍然是内蒙古需要在实践中不断探索的课题。

### （七）积极行动——消除不利于民族团结的言行

民族团结教育普遍化、多样化、经常化是推动民族团结进步目标实践的有效方式之一。民族团结进步的社会基础和群众基础源于各民族成员日常的良好社会合作与互助。内蒙古自治区成立70年来，在有组织且目标明确的政府力量推动下，不同民族成员间在社会生活各领域的合作与互助十分普遍。在各民族成员合作过程中由于认知、具体的利益冲突等方面的原因，不利于民族团结的言行也成为日常生活中普遍存在的现象，由此，也向民族团结进步推动者——执政党和各级政府提出了新的社会要求，即民族团结进步教育必须积极校正这些对民族团结进步有负面影响的言行。改革开放以来，全国各民族自治地方的民族团结教育已实现普遍化和经常化，特别是2014年中央民族工作会议之后，相关工作在经费保障、制度规范和组织保障等方面十分有成效。需要注意的是民族团结教育一方面要使各民族社会成员树立正确的民族观；另一方面，还应在不同民族成员间建立更多有效的合作、交流和协商机制。与此同时，探索建立本区域经常出现的不利于民族团结的思想、行为法律和制度性约束。内蒙古的经验证明，一般性的宣传教育发挥的是一种基本作用，而政治运动式的纠错机制可能会带来更多的伤害，因而，法律和制度性约束机制与思想教育相配合更能发挥作用。煽动民族仇恨、民族歧视行为情节严重的将会受到《中华人民共和国刑法》的制裁，但是，在其他社会规范中尚未对此类行为做出明确规定。随着新媒体的发达，除了纸质媒介，网络成为有害信息发布的平台，一些人发布的信息有煽动民族仇恨的效用，一些人则在新媒体上公开发布有民族歧视内容的信息。无论政府或社会均应对此类信息进行批评和抵制，目前我国对网络上这类信息的发布还缺少有效管制。因此，对破坏民族团结的各类行为亦应制定细致的规范，通过曝光等方式，对不利于民族团结的言论或行为提出批评，使这类行为受到社会制裁。

### （八）尊重互信——社会成员团结的灵魂

民族团结进步的社会追求并非仅仅是高高在上的政治目标和政治准则，事实上关系到多民族社会每个成员行为方式、行为规范和日常生活。社会成员间的相互尊重、互信关系的建立在很大程度上影响着民族团结进步的深入开展和持续巩固，尊重互信也是一个国家社会成员间团结一致的灵魂，任何社会成员间的团结都离不开社会成员间的尊重和互信这一基本行为规范。从某种意义上来说，各民族成员间的相互尊重和互信是民族团结的基础条件。在现代社会，所谓尊重，最突出的是尊重各民族基本权益的平等。各民族无论大小，都有法定的平等权益，这些权益广泛而真实地分布于社会生活各层面，人们应依法充分认识这些权益并切实尊重这些权益，这也是切实推动民族团结进步的基础之一。受到尊重和信任是做人的最基本需求，这一需求广泛涉及人与人之间社会关系的建立、维系和调整，在不同民族成员间关系处置方面有着更为重要的实际意义。首先，有能力影响社会政策走向的政府及其相关具体工作部门在施政中应充分尊重和信任各民族成员的合法权益和合理诉求，对这些诉求给予积极的理论和实践方面的回应，将其纳入整个区域发展社会进程就是对"人民对美好生活向往"目标的回应。其次，市场经济条件下，各类企业等理性"经济人"在满足谋求企业利益之中，同样应充分尊重各民族成员的利益诉求，政府和社会应对其行为做出规范，企业自身也应强化自我约束。

总之，内蒙古民族团结建构从来不是只有阳光明媚、鸟语花香的历史过程，而是充满了血与火的洗礼、旧与新的竞争、对与错的探索的艰苦奋斗过程。内蒙古70年的发展历程表明，大民族对小民族群体的尊重、包容和信任主导着民族团结进步的状况，小民族群体实事求是地确立发展目标，在承担维护统一多民族国家义务进程中促进自身繁荣发展是其合法权益。这些权益的满足不仅要依靠基本制度的规范和约束，也依靠本民族成员正确的表达和其他民族的真诚帮助。一个区域内不同民族成员的交往与交流完全靠社会自然力，缺少应有的社会调节和政府有效的干预便不能达成民族团结进步，政府在推动民族团结进步中责任重大且是主要角色。从内蒙古 70 年的发展进程来看，中华民族共同体意识的不断巩固和发展由各级民族自治地方政治、经济、文化、社会和生态建设进程、态势所决定，各民族群众对伟大祖国、中华民族、中华文化、中国共产党、中国特色社会主义认同的提升和巩固与各级政府治理体制机制变革、干部队伍建设和执政能力强化密切相关。民族自治地方民族团结进步的推进，要在聚焦全面建成小康社会宏伟目标、发展中国特色社会主义伟大事业中最大限度地团结一切可以团结的力量、巩固发展最广泛的爱国统一战线中推动各民族共同团结奋斗的社会氛围持续与稳定，凝心聚力为各民族人民谋发展。此外，需要充分关注破坏民族团结进步的社会行为，以法制、政策或行政等多种手段约束那些试图从破坏民族团结进步中获利的极少数人的行为。同时，需要特别注意的是，广泛动员社会成员参加的某种政治运动的模式并不是谋求多民族社会各民族团结进步的良好方式，对于一个处于常态发展进程的多民族社会而言，推进民族团结进步要抓关键环节，特别是政府、干部、企业和社会组织，使民族团结进步创建日常化、规范化、社会化并致力于解决各民族交往、交流中出现的实际问题。

# 在协商合作中谋求各民族共同繁荣

## ——内蒙古三个自治旗的建立与民族区域自治实践

内蒙古自治区是当代中国第一个省级自治地方，内蒙古自治区建立后，为民族区域自治政策全面推行提供了宝贵的实践经验。1949 年后，为进一步推动民族平等原则的实践，保障人口规模少的小民族群体平等权益，内蒙古自治区境内建立起鄂伦春族、鄂温克族和达斡尔族三个自治旗。回溯三个人口较少民族建立县级自治地方的历史进程，我们会看到中国共产党及其领导的各级政府基于民族平等原则，根据内蒙古自治区实际，认真执行民族平等，实践民族区域自治推动民族团结进步实践过程。这一实践过程充分体现了民族平等、协商、合作和共同繁荣的理念。

## 一　执行民族平等原则，在协商中 建构民族自治地方

内蒙古自治区的建立对鄂伦春、鄂温克和达斡尔三个民族自治地方的建立起到重要的示范作用。如果没有民族平等、团结、互助、合作这样的理念和具体的政策保障，三个自治旗便不可能建立起来。1949 年以前，鄂伦春、鄂温克、达斡尔三个人口较少民族以"鄂伦春""达呼尔蒙古""达呼尔""达胡""索伦""通古斯""雅库特"等不同的汉译名称记于汉文史籍并逐步为世人所知，他们分布于内蒙古东北区域的森林、

草原或河滨。相关人口统计资料显示，20 世纪 40 年代，鄂伦春族总人口不到 2000 人，鄂温克族人口总计为 5238 人，其中人口稍多的达斡尔族人口也只有 4 万人。① 三个民族群体社会内部结构也较为分散，整合度低，没有自行建构自治地方的力量。因此，内蒙古自治区各级政府动员了多方面资源，充分结合民族、区域、经济等多种因素，为推进三个民族的发展繁荣，实践着民族区域自治政策。

　　1. 三个自治旗建立的基本政策依据

　　1949 年《中国人民政协会议共同纲领》第六章的第四款专门规定了人民政府民族政策基本原则，强调禁止民族歧视、压迫和分裂，规定："各少数民族聚居的地区，应实行民族的区域自治，按照民族聚居的人口多少和区域大小，分别建立各种民族自治机关。凡各民族杂居的地方及民族自治区内，各民族在当地政权机关中均应有相当名额的代表。""中华人民共和国境内各少数民族，均有按照统一的国家军事制度，参加人民解放军及组织地方人民公安部队的权利。""各少数民族均有发展其语言文字、保持或改革其风俗习惯及宗教信仰的自由。人民政府应帮助各少数民族的人民大众发展其政治、经济、文化、教育的建设事业。"② 1952 年中央人民政府发布《中华人民共和国民族区域自治实施纲要》，规定：各民族自治区统为中华人民共和国领土的不可分离的一部分，各民族自治地方的自治机关统为中央人民政府统一领导下的一级地方政权；各民族自治地方区域界线的划定和调整，行政地位和名称的确定，均由各有关的直接上级人民政府与各有关的民族代表协商拟定；各民族自治地方的人民政府机关，应以实行区域自治的民族人员为主要成分组成。《纲要》还规定自治机关的各项自治权利及上级人民政府应尊重民族自治地方的自治权，并促进自治地方自治权的实现；应帮助各民族自治地方发展其政治、经济、文化、教育和卫生事业。这些内容和政策原则 1954 年均写入《宪法》中。这些法律原则是自 20 世纪 50 年代以后，民族区域自治政策在各民族地区推行的基本政策依据，内蒙古三个

---

① 杨魁孚主编《中国少数民族人口》，中国人口出版社，1995，第 384、334、237 页。
② 《中国人民政治协商会议共同纲领》，《人民日报》1949 年 9 月 30 日第 1 版。

自治旗的建立是依据党在这些大政方针的实施酝酿、筹备并最终建立起来。

2. 建立三个自治旗的协商过程

鄂伦春自治旗是全国建立的首个自治旗,1948年初,巴彦旗旗长白斯古郎(鄂伦春族)深入猎区开展组织工作,当时猎区社会形势极为复杂,土匪、地主武装等甚至曾利用鄂伦春猎民攻击过土改工作队和巴彦旗政府所在地,造成干部和战士的牺牲。白斯古郎上任后深入猎区,与猎民首领会谈,在这一过程中宣传党的民族政策,解除了鄂伦春群众对党和政府的怀疑,散居于甘河、古里河、多布库尔河、奎勒河流域的鄂伦春族联合起来举行猎民会议,成立了鄂伦春努图克(驻地朝阳),隶属巴彦旗。这大大推进了鄂伦春族内部社会的整合,为自治旗的建立创造了基本条件。1950年,散处于诺敏、甘奎、托扎敏努图克的鄂伦春族代表召开会议,要求将3个努图克合并,成立鄂伦春旗。1951年4月7日,中央人民政府政务院批准建立鄂伦春旗人民政府,白斯古郎为第一任旗长,当时全旗人口只有774人。1952年5月31日"鄂伦春旗人民政府"改称为"鄂伦春自治旗人民政府",后来其归属的上级政区几经变化,但是,自治旗政区地位稳定,成为鄂伦春族整合发展的重要保障。在鄂伦春自治旗建立过程中,蒙古族、汉族、鄂温克族、达斡尔族等不同民族的干部通力合作,正是民族团结的大局促使他们的共同努力推动了鄂伦春旗的成功建立,在这一过程中,各民族成员新型合作关系得以确立。

相较于鄂伦春族自治旗建立过程,鄂温克和达斡尔两个民族自治地方的建立已经有了更为良好的社会环境和政策环境,酝酿过程相对较长。自1952年始,呼伦贝尔盟政府就联络"索伦"、"通古斯"和"雅库特"诸部,协商和讨论族称和关系协调问题,通过与诸部代表一系列的讨论和协商,1957年散居于呼伦贝尔不同地区的代表正式提出以"鄂温克"自称作民族统一名称。1956年,内蒙古自治区第四届人民代表大会上有鄂温克族代表提出"在原索伦旗行政区内,建立鄂温克族自治旗"的提案,中共内蒙古自治区委员会和内蒙古自治区人民政府十分重视这一提案。随后,内蒙古自治区党委和政府派调查组,深入索伦旗苏木、嘎查调查研究，同各族各界人民协商，广泛征求社会意见和要求。在调查过程中，人民政府向各族干部和群众进行党的民族政策的教育，宣传实现民族区域自治和各民族团结、互助、共同繁荣发展的道理，提高了各族干部和群众对党的民族区域自治政策的认识，为进一步创建新型民族关系创造了条件。1958 年 4 月 11 日，内蒙古自治区人民政府向国务院提出《撤销内蒙古自治区索伦旗，成立鄂温克族自治旗》的报告，经国务院 1958 年 5 月 29 日第 77 次全体会议通过，决定撤销索伦旗，在原索伦旗的行政区域内设立鄂温克族自治旗。1958 年 8 月 1 日鄂温克族自治旗正式成立。

达斡尔族汉译名在史籍中曾有多种写法，如"达呼尔""打虎儿""达胡"等，还曾有"蒙系人"和"达呼尔蒙古"之称。对于达斡尔民族群体而言，如果建立自治地方，和鄂温克族一样首要问题是确认其民族单位地位的问题。鉴于其在历史上与蒙古社会的深刻联系，相当多的人视之为蒙古人的一部分，近代以来，一些出身达斡尔人的知识分子也认同自己蒙古人身份，如近代蒙古史上著名的思想启蒙者郭道甫先生等。1952 年 8 月，中央人民政府派出的少数民族慰问团来到莫力达瓦旗，他们深入基层召开座谈会，征求意见，走乡串户调查了解，最终确认达斡尔族为一个民族单元。1956 年，全国人大民族委员会和国务院民族事务委员会组织调查组，进一步深入莫力达瓦旗各达斡尔人口集中居住的村屯，从社会历史、政治经济和文化体育等方面进行了深入的调查研究。建立自治地方动议此时业已提到日程。相对于鄂伦春和鄂温克族，达斡尔族有更强烈的民族权益意识，传统社会生活力和社会结构也更为复杂，其实，早在 1952 年达斡尔人就提出建立民族自治地方、培养民族干部的要求，但是，在自治地方建立层级、政区范围等方面意见分歧较多，有要求建立以莫力达瓦旗为基础的县级自治地方，有要求以历史上布特哈八旗管辖范围为基础建立自治州级自治地方，有要求建立地跨黑龙江和内蒙古自治区的以历史上布特哈总管衙门管辖范畴为区域的自治州。三个不同的方案有着不同的特点，而第三个方案受到的限制最多又是一些达斡尔族干部较坚持的目标。当时达斡尔总人口约 5 万，若按此案，其所建立的自治州将地跨黑龙江和内蒙古自治区，受到省区政区划分的阻碍，而且在这一区域还有百万余其他民族人口分布，缺少实际可操作性。经过反复协商，先将巴彦旗划入莫力达瓦旗，使这里成为达斡尔人口分布最为集中的区域，当时，旗境内居住的达斡尔族人口约 1.5 万余人，占全旗总人口的 25% 左右，旗内达斡尔族是除汉族以外人口最多的民族群体，以莫力达瓦旗为基础建立自治旗成最具可操作性的方案。1957 年 9 月，这一方案得中共内蒙古自治区委员会和内蒙古自治区人民委员会的同意。1958 年 5 月，莫力达瓦旗第三届人民代表大会第一次会议召开，讨论并通过了《关于拥护中国共产党内蒙古自治区委员会建立达斡尔族自治旗决定的决议》，同年 8 月，国务院第 77 次会议批准撤销莫力达瓦旗建制，成立莫力达瓦达斡尔族自治旗。莫力达瓦达斡尔族自治旗第一届人民代表大会第一次会议召开，出席大会代表共 139 人，其中达斡尔族代表 59 人，占代表总数的 42.5%，汉族代表 66 人，占代表总数的 47.5%，其他民族代表 14 人，占代表总数的 10%。大会一致通过《莫力达瓦达斡尔族自治旗人民代表大会和人民委员会组织条例（草案）》，选出组成莫力达瓦达斡尔族自治旗人民委员会委员 19 人，其中达斡尔族委员 9 人，占委员总数 47.3%，汉族委员 6 人，占委员总数的 31.6%，其他民族委员 4 人，占 21.1%。[①] 选举巴图巴雅尔（达斡尔族）为旗长，崔希贤（汉族）、涂荣（鄂温克族）为副旗长。自治旗人民代表大会代表和自治旗人民政府委员中达斡尔族委员的比例高于其人口在全旗总人口中的比例。

三个民族人口总量小，传统上多从事游牧、游猎生活，人口居住分散，当年所建自治旗的行政区域并未全面覆盖其人口分布的范围，为此，民族乡成为保障"小聚居"于自治旗行政区域外人口法定权益的重要补充形式，保障三个民族群体自治旗有一定人口聚居规模的成员的平等权益。1956 年，在鄂伦春族人口聚居区普遍建立了鄂伦春民族乡，其中包括南木、十八站、白银纳、新生、新鄂、新兴（主要在黑龙江省境内）。鄂温克族有查巴奇、得力其尔乡、巴彦乡、杜拉尔乡、敖鲁古雅乡、萨马街乡、鄂温克苏木、兴旺乡及音河达斡尔族鄂温克族乡。达斡尔除了

---

① 《内蒙古莫力达瓦达斡尔族自治旗概况》，民族出版社，2008，第 68 页。

自治旗的建置外，在内蒙古还有扎兰屯市达斡尔民族乡、鄂温克族自治旗巴彦塔拉达斡尔族民族乡、阿荣旗音河达斡尔鄂温克民族乡，此外在黑龙江有齐齐哈尔市梅里斯达斡尔族区、黑河市设有坤河达斡尔族满族乡、富裕县友谊达斡尔满柯尔克孜民族乡、塔哈满达斡尔民族乡，新疆维吾尔自治区的塔城阿西尔达斡尔民族乡。

从三个自治旗建构进程来看，虽然在区划范围、自治机关行政地位、自治机关首府设置地等问题上曾经存在过不同的意见，有时意见还有较大的分歧，但是，经过反复的协商、会谈等，最终形成了既能满足三个人口较少民族群体实现自治的愿望，又有利于各民族合作、互助和共同发展的自治旗，也顾及到了对散处于其他地区处在小聚居状态的人口权益。在这个过程中，三个民族内部整合得到前所未有的推动，其社会生活与周边民族的关系得到制度性调节。周恩来曾经讲过："在中国这个民族大家庭中，我们采取民族区域自治政策，是为了经过民族合作、民族互助，求得共同的发展，共同的繁荣。""……采取民族区域自治制度，有利于我们普遍地实行民族的自治，有利于我们发展民族合作、民族互助。"① 从这个意义上来说，民族区域自治制度的实施，并非鼓励民族分立的政策，而是在共同繁荣发展目标引导下，为各民族更多互助、合作搭建制度平台。

## 二  三个自治旗曾经历的不同发展阶段

人口较少民族群体在大的时代变迁中往往会发生更为剧烈的社会变迁，这类变迁源于当时代人对于社会发展进程的认知、发展理念，也源于每一民族群体本身的适应力和选择力。三个人口较少民族群体地处国家北部边疆，远离经济较发达区域，社会整体演进缓慢，游猎业这种特定的生产方式限制了其社会内部自行整合力，没有民族区域自治这一基本制度的保障，必然会使这类人口规模较小的群体迅速融散于周边更大的民族群体之中，使整合社会丧失相应的文化资源，造成不可估量的损

① 周恩来：《关于我国民族政策的几个问题》，人民出版社，1980，第17页。

失。实践证明，民族区域自治制度的有效实践，有利于差异性民族群体文化的保护、发展和传承。经过 60 多年的发展进程，三个民族与分布于自治旗区域内的汉、满、蒙、回等民族团结、合作，共同发展，民族整体素质得到全面提高，社会面貌发生了剧烈变迁，形成了"你中有我，我中有你"的更为紧密的社会关系。60 多年来，三个自治旗大体上经历了如下三个发展阶段，每一阶段有着不同的特点：

第一阶段：确立平等的政治地位，改善基本生存状况（20 世纪 50 年代）。这一阶段完成三个民族自治地方建设这一重大政治目标，推动三个民族社会结构发生重大变化，为三个民族群体共同繁荣发展创建了制度基础。最初，在三个民族中进行自治地方建设并非易事，在这三个民族群体中，特别是鄂伦春和鄂温克社会，只有少数或极少数人有明确的民族权益意识，大多数人则属于自然之子，他们依托于传统的社会组织形式、传统的生产方式在森林、草原、耕地上劳作生存。三个民族群体中，鄂伦春人主要以游猎为生，鄂温克人除一小部分从事着传统的驯鹿业外，多数人以传统的游牧业为生，达斡尔族的生产方式相对更为复杂，他们中有从事农耕业者，兼营牧业和猎业。20 世纪 40 年代，三个民族中只有达斡尔族人口大多生活于定居状态，实行远耕近牧和轮耕的生产安置方式。

人民政府建立后，除了对三个民族宣传民族平等、民族团结政策，提升他们对人民政府和本民族权益的认知外，还实施的有针对性的扶助措施，为其改善生产和生活提供一定的物质保障，这些措施包括生产工具的发放、学校的建设、公共卫生条件的改善、定居点住房的修建及定居生活的逐步实现等等。在这一过程中，三个人口较少民族的生产、生活和社会均发生了巨大变化。比如，鄂伦春族社会结构的村社组织化形成，一批本民族干部、知识分子成长起来，直接推动本民族社会生产生活变迁。定居生活逐步开展起来，成为保障人口再生产这一关系到民族群体生存基本问题的有利条件，也为其他社会事业建设创造了有利条件。1949 年以前，鄂伦春人口总计只有 2000 余，跨黑龙江、内蒙古自治区并分散在 10 余个旗县区域游猎，基本社会事业无从建设。1953～1958 年，鄂伦春族全部人口基本定居于 13 个居民点，学龄儿童教育、医疗卫生、新的生产组织方式、新工具的使用等最关社会发展的因素大量植入社会生活。1953 年第一次人口普查时，鄂伦春人口达 2262 人，及至 2000 年第五次人口普查，鄂伦春族人口已达 8196 人。① 不论是房屋建设、学校建设、卫生设施的建设，还是村落建设，都是在人民政府领导下，各民族相互协助、共同奋斗的结果，至今仍有人忆起周边农民如何帮助猎民适应农耕的情形。昔日只有语言、没有文字的猎民、牧民和农民中，成长起大学生、自治区、盟市或自治县等不同层级的领导干部，他们成为民族群体参与国家、社会和本民族事务的重要代表。

　　第二阶段：社会政治"左"倾化，民族权益保障受到威胁（20 世纪 60 年代直至 70 年代末期）。这是一阶段由于社会生活整个受到"左"倾错误影响，广大民族地区的社会政治、经济等一系列生活受到影响，民族区域自治政策作为一项处理民族问题的基本政策自然不能独善，三个自治旗从社会生活到民族关系发展进程和发展道路发生了重大曲折。在这一时期近 20 年的时间里，三个小民族社会发展政策、方式等均在一种非常态的政治氛围中推进，而且，由于"民族特点"、"民族地区"的特点被否定，社会上大多数人被一种宏大的发展热望所控制，三个自治旗大多数干部群众也在这样特定的政治氛围中也以最朴素的思想推动本区域的发展，虽然民族政策在面上还在执行，但是发展路径、方式等完全脱离本民族社会实际。当时，最核心的问题是由于发展观念和理念的错误，使三个旗各民族的传统文化维系出现断裂，突出表现于各民族民族传统文化遭贬斥，传统文化地位和作用被忽视，特别是鄂伦春和从事驯鹿业的鄂温克人的转产失败，相应的措施缺少连续性、过于粗糙，产生了诸多负面影响。

　　第三阶段：民族区域自治制度化和各民族社会快速发展（20 世纪 80 年代以后）。20 世纪 80 年代以后，社会政治"左"倾化被清算，各项社会政策逐步回归常态轨道，民族平等团结政策不断恢复和完善。1984 年 5 月《中华人民共和国民族区域自治法》颁布实施，民族区域自治在基本法层面上被确认为解决"民族问题的基本政策，是国家的一项重要政

---

　　① 《鄂伦春简史》，民族出版社，2008，第 5~6 页。

治制度"，这一基本法对处理民族自治地方和国家的关系，以及自治机关的自治权利方面，规定得更为明确，民族区域自治制度化、法制化水平大大提高。随着市场经济地位的确立，为了适应民族地区的发展需求，2001 年《民族区域自治法》得到修订，各级政府解决民族问题的基本原则、目标在基本法层面上得到规范，特别是 2005 年 5 月国务院颁布《实施〈中华人民共和国民族区域自治法〉若干规定》，从加快经济社会发展、培养各类人才、维护民族团结、明确法律责任和建立监督机制等方面规范了具体措施。民族区域自治作为解决民族问题的一项基本政治制度的法制地位得到强化，推动各民族地区的发展的基本功能得到进一步发挥。

进入新世纪后，三个自治旗的人口规模、人口结构以及经济生活均已发生重大变化，据第六次全国人口普查统计，鄂伦春旗常住人口为223751，其中，鄂伦春族人口为 1941，占 0.87%[①]；鄂温克旗常住人口为 134978，其中，鄂温克族人口为 9237，占 6.84%[②]，莫力达瓦旗总人口为 276912，达斡尔族人口为 29108，占全族人口的 10.66%[③]。在自治旗内，尽管其人口比重并不占优势，但是，三个民族的民族权益保障水平却在日益提升，特别是随着社会整体的发展的推进，上级国家机关更加关注三个自治旗的发展，在人力、财力和物力方面都有了更强有力的投入，三个自治旗的发展速度、质量日益提升。三个自治旗自治机关的治理活动法制化水平提高，每个自治旗都依据行政区域实际颁布执行了自治条例和单行条例，民族干部依法出任旗人大常委会主任、旗长等职务，自治旗的民族干部队伍人员素质水平日益提高，各级政府在资金、人力、财力和智力上的投入逐年增加，三个自治旗均已在区域产业结构、基础设施建设、社会保障等方面取得了较大进步，综合经济实力不断提高，据 2010 年三个自治旗的政府工作报告数据，2009 年鄂伦春自治旗、鄂温克族自治旗和莫力达瓦达斡尔族自治旗地区生产总值分别突破 30 亿元、50 亿元、56 亿元，城镇居民人均可支配收入均突破万元，达到

---

①　《鄂伦春旗人口发展状况及其特征》，http://www.elc.gov.cn/Item/5772.aspx。

②　《中国 2010 年人口普查分民族人口资料》（上），民族出版社，2013，第 1825 页。

③　《中国 2010 年人口普查分民族人口资料》（上），民族出版社，2013，第 1525 页。

12319元，农牧民人均纯收5000元以上，鄂温克旗猎民人均纯收入7720元。随着经济社会不断进步，民族文化传承保护工作提到日程，比如鄂伦春族自治旗编录《鄂伦春语释译》、拍摄《鄂伦春口述史》《过去的年代》《告别的年代》等大量珍贵的影像资料和专题片、制作鄂伦春语动漫教学片《我是鄂伦春》、举办鄂伦春民族非物质文化遗产展览和各种文艺活动。[①] 三个民族的优秀文化成果都能够得以在全旗、自治区和全国不同层级平台上展示，一些重要的文化传承保护也在不断强化之中。

## 三　三个自治旗的新发展和新成果

民族区域自治制度化和法制化，为人口较少民族群体在发展中维护自身权益确立了制度空间。显然只有制度尚不足以解决一切问题，对于一个民族群体而言，不同的时代面临着不同的问题。基本政治制度为各民族共同团结奋斗、共同繁荣发展一系列问题的解决提供了制度基础，如何依据基本制度提供的空间，切实解决各民族发展中存在具体的问题成为关键。比如，一直以来，三个人口较少民族传统文化保护和传承问题在各民族群众基本解决温饱问题后日益显现出来，这一问题的显现不仅是三个民族群体本身的进步，也是当代中国社会不断进步和发展理念变革的结果。事实上，在20世纪50年代和60年代社会发展过程中，无论是中央政府，还是自治地方政府，甚至是三个人口较少民族的干部知识分子，均很少关注民族发展进程中传统文化保护和传承问题，在相当长的时间里，人们一直认为三个人口较少民族的发展并非难事，将政治地位问题解决后，在强有力的国家和地区支援基础上经济社会发展会快速解决，而且各级政府以包下来的姿态推进经济社会发展各项工作，结果并非如人们想象的那样，在这些人口民族中虽然通过推动国民教育、培训等方式使得一批干部、知识分子的成长，并带动部分民族成员的快速发展，但是，民族整体的现代化发展仍然需要一个漫长的过程，实无捷径。各级政府曾经试图通过"输血"式扶持，给予农业、基本农业生

---

① 《鄂伦春自治旗政府工作报告》（2010年），http://www.elc.gov.cn/Item/2366.aspx。

产资料，来快速提升这些民族的发展，对于鄂伦春族和一部分鄂温克族猎民群体来说，还是遇到了难以克服的困境，尽管三个自治旗区域经济社会发展面貌均有较大改观，三个民族的群体发展却各有自己的困局尚未突破。

鄂伦春自治旗曾在相当长的时间里面临着全旗经济快速发展，猎民经济转型不成功的两难。鄂伦春族从游猎到定居，从定居到多种经营，历经多次剧烈生产方式转型变化，特别是1996年，面对自然资源的整体状况，鄂伦春自治旗党委、旗政府宣布全境"禁猎"，猎民放下猎枪，弃猎从耕，这给猎民社会带来直接挑战。由于没有找到适合全体鄂伦春族猎民生存和发展的接续性产业，猎民社会出现"两极"发展的局面，只有极少数猎民依靠经商务农，并充分利用政府出台的猎民转产政策，发展起家庭农场和多种经营，形成了一定的规模和经济积累，先富裕起来，最富者年人均收入达3万元。大多数的猎民因放下猎枪，骤然务农，经过几年的耕种实践，未获成功，产生了畏难情绪，以致有人把政府支持其发展农业的机具、耕地廉价出租，获取极小的利润，依靠微薄的租金和政府的各类补助、补贴勉强度日。人们看到的是，弃猎从农的人们住着政府投资盖的砖瓦房，可是家徒四壁，生活拮据，没有稳定的生业支撑。面对这种情况，各种不同的扶持措施在民族区域自治制度保障下得以展开，全旗7个猎民村依托优势发展野猪、狍子、鹿等特色养殖业，榛子菇、黑木耳、猴头等食用菌特色种植业，葡萄、西瓜、蓝莓等绿色农业生态园现代科技示范区，鄂伦春民风民俗度假村、家庭游等特色旅游业逐步培育起来。"一村一品，一乡一色"特色产业发展的逐步建构，促使猎区实现了由单一的农耕生产向多元产业的精彩转身。在此期间，内蒙古自治区政府对鄂伦春旗实施3年的区域帮扶，市委、市政府实施也实施帮扶项目，一批种植、养殖项目相继在猎区落地，市政府给予"鄂伦春猎民发展基金"500万元的支持，保障7个猎民村全部建立集体发展项目。鄂伦春社会保障方面则建立了城镇居民医疗和农村医疗双保险制度。自治区、市、旗三级联动扶持猎区发展，自治旗建立1000万元的猎民生产发展资金，累计实施基础设施和生产性项目167个，投入资金5.6亿元，加强了猎民村生产项目的基础设施建设，结合猎民村区位、资源特点，按照"因地制宜、分类指导、典型示范、整体推进"的原则，大力发展能够使猎民持续增收的产业，进一步拓宽猎民增收渠道，猎民生产性收入实现了建旗 60 年来近零收入向四位收入的跨越。① 猎民思想观念由过去的"靠政府、等低保、要补助"向"靠自己、等收获、要项目"的转变。内蒙古自治区启动"十个全覆盖"工程，2014 年，鄂伦春族自治旗完成投资 1.5 亿元，29 个行政村实现全覆盖，受益农猎民1.9 万人；落实猎民村等少数民族聚居村发展资金 3759 万元，实施基础产业项目 53 个，少数民族群众生产生活质量稳步提升。②

　　鄂温克族自治旗是鄂温克、蒙古、达斡尔等多民族聚居区，该旗处于呼伦贝尔草原腹地，多数人传统畜牧业为主要生计方式，有着突出的区位、资源等方面的优势，虽然畜牧业经济单一，但是，由于旗内煤炭等资源开发而在改革开放以后快速发展。2005 年，鄂温克族自治旗已进入全国西部百强县的行列，随后就已进入创建全国少数民族自治县综合实力第一县的目标。这里有丰富的林草资源，煤炭储量在百亿吨以上。自治旗政府实施了牧业立旗、工业富旗、生态兴旗、文化名旗、旅游强旗战略，推动自治旗经济的整体发展。旗内曾长期存在矿产开发与草原生态维护内在的紧张关系。目前，在旗域经济整体发展的环境下，鄂温克族自身的发展也获得了良好的条件。在经济结构日益改善、经济实力不断增强的同时，旗域文化建设和科技文化基础工作受到重视，在科技支撑条件不断改善过程中，农牧业转型升级步伐加快，畜种优质化水平提升，全旗被自治区文化厅确定为公共文化服务标准化建设试点单位，2000 年鄂温克旗被文化部命名为"全国文化先进县"，2014 年成为内蒙古自治区级文化生态保护区，重点非物质文化遗产得到有效保护和传承，成立了鄂温克语译制中心等，鄂温克旗文化建设随着经济实力的增强而获得了更多发展机会。

　　达斡尔族是这三个民族中传统生计方式最具多样性且与周边社会联系更多的群体。在传统的生活活动中，渔猎业较为突出，还曾有放排等

---

① 《鄂伦春族自治旗政府工作报告》，http://www.elc.gov.cn/Item/2366.aspx。
② 《鄂伦春族自治旗政府工作报告》，http://www.elc.gov.cn/Item/17121.aspx。

生活活动的补充，农耕业则属传统生计方式的基础产业，而分布于草原区域的达斡尔族人口则以牧为生，此外，达斡尔族历史上还是鄂伦春族、鄂温克族猎产品和畜产品与外部市场衔接的中间人。相对于其他两个民族来说，达斡尔族在农业生产技术方面不存在根本性困难，民族群体经济社会发展与自治旗域经济发展整体发展关系紧密，解决了自治旗整体经济发展问题便可以有效解决达斡尔族群体发展问题。达斡尔族自治旗经济发展面临的主要问题有经济总量不大，结构不够合理，农业产业比重大，产业层次低；工业整体规模小，产能有限；境内有较为丰富的旅游资源，配套设施不完善；财政实力仍然较弱，支出能力与民生需求的矛盾比较突出；部分居民生活仍比较贫困。

黑龙江省黑河市针对鄂伦春猎民发展困难建立生态保护区的做法对于鄂伦春自治旗处理相关问题有着一定的启示作用，当然，鄂伦春自治旗更多需要根据本区域资源环境状况和鄂伦春社会的意愿进行选择，国家民委发布的《扶持人口较少民族发展规划》（2011～2015年）对28个人口较少民族发展的扶持措施更为具体，人口较少民族聚居行政村基本实现"五通十有"，即通柏油路，通电，通广播电视，通信息（电话、宽带），通沼气（清洁能源），有安全饮用水，有安居房，有卫生厕所，有高产稳产基本农田（草场、经济林地、养殖水面）或增收产业，有学前教育，有卫生室，有文化室和农家书屋，有体育健身和民族文化活动场地，有办公场所，有农家超市（便利店）和农资放心店，在基础设施等多方面为人口较少民族群体发展提供了保障，而在减贫、提升人均纯收入、自我发展能力培育等方面也有更为具体的措施和投入，"共同奔小康"成为推动三个民族发展最为突出的目标要求，在创新、协调、绿色、开放、共享的发展新理念指导下，三个自治旗在发展中遇到的各类问题将在深层次得到解决，各民族全国发展同步，走向共同繁荣是全旗各民族共同奋斗的方向。

回溯60年来三个自治旗从成立、成长的历史进程，我们看到协商机制并未缺席这一历史进程，尽管1949年鄂伦春族自治旗成立之时协商机制尚未完善、协商环境也还十分恶劣，但是第一代共产党人则用最诚挚之心与人民结成全新关系，获得人民的信任并促成了自治旗的成立。鄂温克族自治旗和莫力达瓦自治旗成立之时，中国社会和政治环境已发生了重大改善，在自治旗成立过程中的协商程序更为完善、协商过程也更为细致，正是在这样的协商过程中，广大群众更加了解和认识党和国家的民族政策，人们与国家间的关系也得到全面更新，各民族群众当家做主在基本制度和社会政策方面不断得到体现。三个自治旗的发展业已证明在统一多民族国家制度框架下，民族区域自治制度的平台为各民族密切合作提供了重要保障。在深化体制改革进程中，民族区域自治制度实践机制的不断完善，仍是为各民族共同团结奋斗，形成"相互了解、相互尊重、相互包容、相互欣赏、相互学习、相互帮助"提供制度保障。

# 生态文明建设与蒙古族传统文化保护

——内蒙古牧区新型城镇化建设的新期待

在国家新型城镇化战略推动下，城镇化正在成为内蒙古牧区经济社会发展新路径，各级政府强力推进，城镇规划为人们绘就未来生活的远景，牧民进城、上楼成为区域发展新成果展示的重要内容。与此同时，进城牧民的生业问题困难重重，起楼、拓路成为城镇化最突出的标志，与基础设施相关的城镇硬件得到快速发展，城镇管理、服务和业态的规划缺少因地制宜的创新，"鬼城"现象在一些地区成为困扰区域经济发展的负面因素。面对严峻的草原环境退化和民族传统文化现代化困境，新型城镇化为生态文明建设目标实现和民族传统文化在发展中的保护提供了新契机，也给牧区生态文明建设和民族传统文化保护和现代化带来新的期待。

## 一 天然草原：民族传统文化的依托

游牧文化是北方草原孕育的基础文化形态，建基于与草原生态环境相适应的游牧生产方式之上，当代蒙古人是这一文化的重要继承者和集大成者。在传统农耕化和工业化观念中，游牧经济由于生产效率较低而被视为粗放、落后经济，但是，从人与自然和谐角度看来，游牧经济活动深度适应自然环境约束，将人和自然整合进全互动的草原生态系统，是人、畜和草原密切联动的生态文化。有学者称其为"……以人、家畜和自然构成的人工生态系统……"，牧人们"通过家畜的中介反馈来适应环境，扮演着生态调节者的角色"。① 在草原环境未发生重大改变之前，游牧以显著的稳定性在草原上传承，畜牧业"保持着基本相似的分布空间与放牧畜种，数千年间，游牧民族族属几经变换，但游牧方式却基本稳定"。②

传统的游牧生产方式本质上是草原自然环境的一部分，这一生产方式"利用草食动物之食性与它们卓越的移动力，将广大地区人类无法直接消化、利用的植物资源，转换为人们的肉类、乳类等食物及其他生活所需"。③ 这一生产方式需要充分适应草原自然生态环境，"草原地形、土壤分布各异，气候干寒且多变，形成水草资源分布的时空差异、多样。游牧方式是通过大范围地、有规律的迁徙来合理地利用水草资源，在水草资源的利用过程中保护草场而不是破坏草场，以达到草场永续利用的目的"。④ 与自然环境相适应，在传统的游牧文化中拥有草原的意义不是永远定居于一片草原，而是要根据季节和水草情况不断迁移，因而，迁移也成为草原上趋利避害的基本法则，游牧社会一切制度和社会活动组织方式都服务于迁移这一核心，以至于在游牧时代"没有一个单独的牧场是有价值的，除非使用它的人可以随时转移到另外的牧场上，因为没有一个牧场经得起长时期的放牧。移动权比居住权更加重要，而'所有权'实际上就是循环移动的权利"。⑤ 为了应对草原上充满危机和不确定的生活，牧人们依据千百年来的传承，在生产和生活领域发明了与其严酷自然环境相契合的丰富文化事项，人与自然、人与社会、人与人之间关系处置都有其特定的法则，这些文化成果表现于器物层面则为日常生活主要用品原料取自于畜牧业，型制以简约、可拆卸、耐用、便移动为特征，表现于精神层面则敬天地、山水、先祖和英雄，以开拓、自由、务实、开放等为特质。天然草原随四季荣枯，牧人视水草定行止，这是传统游牧业重复千百年的故事，也是传统文化的核心和物质依托。

① 乌云巴图：《论蒙古族传统文化》，《中国·内蒙古首届草原文化研讨会论文集》，2004，第134页。
② 韩茂莉：《中国历史农业地理》（上），北京大学出版社，2012，第10~11页。
③ 王明珂：《游牧者的抉择》，广西师范大学出版社，2008，第3页。
④ 陈阿江、王婧：《游牧的"小农化"及其环境后果》，《学海》2013年第1期。
⑤ 〔美〕拉铁摩尔：《中国的亚洲内陆边疆》，唐晓峰译，江苏人民出版社，2005，第44页。

# 二　开发和建设：退化的草原环境

近百年来，在与工业资本主义对决中，中国和东亚一切社会一样，整体被置于现代化的追赶中。草原环境和游牧传统遭遇的发展挑战是这个大时代的小故事。易于开发的草原在世代变迁中呈片状农耕化并变成农业区或半农半牧区，与此同时，工矿业开发业已呈点状自少数区域而四处呈现，草原上的城镇最先形成于农业开发较早和商业随之兴起之地。1949年以后，内蒙古牧区经济发展彻底打破自然式和自由式发展状况，全面纳入国民经济发展结构，畜牧业仅是构成区域经济门类的组成部分。畜牧业生产方式依据提升抗灾、保畜等能力以求稳定的目标经历改造，打井、储草、舍饲等成为传统牧业改造的重要环节，因而，也打破了传统游牧业构建的人—草—畜之间动态平衡的依存和循环关系的基础。由于土地利用方式、生产组织方式、人口急剧增加等多重变化形成的压力，草原自然环境生态变迁与民族传统文化发展形成持续难解的张力。

从草原环境来看，定居化的农业、工业、城镇不断推进，天然草原受到自然环境退化和空间压缩的双重压力。在草原自然环境趋于退化的一系列表现中，为人们最易感知的是植被和植物状况的变迁，据统计，20世纪50年代草原环境良好，不同类型草原状况虽然有差异，总体状况尚好，呼伦贝尔草原的东部和北部、锡林郭勒东部天然草类保存良好，平均被覆度达50%以上，在饮水缺乏较少利用的空闲草场被覆度可达95%，平均草高至40厘米；在锡林郭勒盟、察哈尔盟、乌兰察布盟、伊克昭盟大部和昭乌达盟、哲里木盟一带，牧草被覆度较低，除了少数润湿地方或空闲草场平均被覆度可达50%以上，一般不超过40%；在锡盟西部、乌盟西北部和伊盟西部，多属于干旱荒漠地带，为内蒙古最干燥地区，植物生长条件本来就很差，加上历史上滥牧或滥垦破坏，植物极为稀疏，生长不良，不少地方地面裸露，寸草不生，出现了荒凉的石砾戈壁和流动沙丘。[①] 当时，区域性差异决定着各牧业旗草原资源状况：

---

① 中国科学院中华地理志编辑部：《内蒙古自治区经济地理》，科学出版社，1956，第5页。

新巴虎左旗、新巴尔虎右旗、陈巴尔虎旗、鄂温克自治旗、东乌珠穆沁、西乌珠穆沁、阿巴嘎、正蓝旗和正镶白旗的北部地区牧草覆盖度可达80%以上，利用率较少的草场和湿润草原，牧草覆盖度可超过95%，草层平整，平均高度40厘米左右。每公顷产草量可达1500~2000公斤。苏尼特左旗、苏尼特右旗、商都镶黄旗和正镶白旗西部、四子王旗、达茂联合旗等覆盖度一般在50%以下，草层高约20厘米，每公顷平均产草量为1000公斤左右。杭锦、乌审、鄂托克和阿拉善、额济纳植被覆盖30%左右，硬梁区达40%~6%，低湿滩地50%以上。[①] 随着粗放的建设开发活动和特定自然环境因素复杂的影响，草原退化普遍发生，至20世纪80年代以后退化持续强化，据统计，1983年退化草场占草场总面积的34%，1985年增至39%，1995年上升至58%，1998年上升至62%。[②] 2013年，沙化退化草原面积占可利用草原比重73%，并以每年80万公顷的进度蔓延。[③] 与易于感知的植被状况相比，草原退化直接影响其生产力者深层因素在于整体植物群落结构蜕变、产量下降，优质牧草消减、劣质牧草和不可食性草种增生，土壤有机质减少、粗糙化和肥力下降等等。如著名的呼伦贝尔额尔古纳三河（根河、得尔布尔河和哈布尔河）——内蒙古最好的草原，到2004年，草群高度由20世纪50年代初的80厘米降至30~50厘米，覆盖度由当时的90%以上降至70%~80%，亩产青干草70~150公斤。2007年草群高度只有20世纪50年代的1/3，亩产干草只有50公斤左右。[④]

草原空间的缩小成为是草原放牧压力增大和进一步退化的重要因素。20世纪70年代，内蒙古自治区畜牧厅调查统计"全区天然草场面积占全自治区总土地面积的81.60%，耕地面积仅占6.50%。即使在农业发达的农业区和城郊工矿区，天然草场面积也占了一半一上"。[⑤] 80年代统计显示，全区草原面积达79万余平方公里，占全区政区总面积68.41%，

---

① 内蒙古自治区畜牧厅编《内蒙古畜牧业发展概况》，内蒙古人民出版社，1959，第6~9页。
② 艾云航：《我国牧区经济跨世纪发展要略》，《民族经济与社会发展》2000年第4期。
③ 张立华：《内蒙古畜牧业经济现状、存在问题与发展策略》，《畜牧与饲料科学》2013年第12期。
④ 达林太、郑易生：《牧区与市场》，社科学文献出版社，2010，第487页。
⑤ 《内蒙古畜牧业》，科学出版社，1977，第3页。

各盟市中，锡林郭勒盟（94.66%）草场面积在政区总面积中所占比重最高，其他各盟市由高到低顺序排列为伊克昭盟（83.53%）、巴彦淖尔盟（82.97%、乌海市（77.23%）、阿拉善盟（73.47%）、乌兰察布盟（65.35%）、哲里木盟（59.50%）、赤峰市（58.39%）、包头市（48.85%）、呼伦贝尔（46.72%）、兴安盟（45.86%）、呼和浩特（35.36%）。① 2005年的统计表明，全区牧草地只占行政区土地总面积的57.03%，耕地大量增加及农业在区域经济增长中的主体地位不断强化。自80年代末内蒙古实现粮食自给以来，粮食产量不断提升，到"十五"末已成为国家重点粮食生产省（区）之一，是国家规划期末要求耕地保有量超亿亩的4个省（区）之一。在土地利用指标安排中，牧草用地面积②到2020年预期较2005年减少88.43万公顷，规划期间土地利用调整中2020年牧草地较2005年减少103.93万公顷。在自治区土地利用总体布局中，呼伦贝尔、锡林郭勒、科尔沁、乌兰察布草原为保护和建设对象。③ 从旗县级行政单元来看，内蒙古几乎已没有单一只靠牧业发展的旗，工矿区、粮食主产区才是绝大多数旗县主业。在内蒙古101个旗县级行政单元中有53个旗，其中24个旗被定为牧业旗，其他29个旗为半牧农半牧区，牧业旗的生产结构也已发生重大改革，种植业在其中的地位日益提高。据2012年统计，一些半农半牧旗已成为产粮大户，如科尔沁左翼中旗，年产粮食2500余万吨，24个牧业旗中除阿巴嘎和苏尼特左旗没有粮食生产，其他22个旗均有粮食产出。在全区粮食产量排前50名的旗县中，有9个是牧业旗，分别为阿鲁科尔沁（排24）、杭锦旗（排30）、乌拉特中旗（排31）、阿拉善左旗（排42）、巴林右旗（排44）、乌审旗（排46）、鄂托克旗（排47）、鄂托克旗（排48）、阿巴尔虎旗（排50）。④

　　人口总量大幅增加成为推动草原退化重要力量。人口对草原生态形成的压力由多个层面构成，其中最为主要的一是区域内人口绝对数量的

① 中国科学院和国家计划委员会自然资源综合考察委员会：《中国国土资源数据集 》（第1卷），1989，第243页。

② 包括天然草地、改良草地和人工草地。

③ 《内蒙古自治区土地利用总体规划（2005～2020年）》，http://www.mlr.gov.cn/tdsc/tdgh/201006/t20100623_152592.htm。

④ 《内蒙古统计年鉴》（2013年），中国统计出版社，2013。

增加，对草原产出提出的增量要求，一是人口自身对生活质量提高的追求，对草原产出提出更高的要求并直接影响草原的自然修复能力，人口自然增长和机械增长双轮驱动，促成全区人口总量发生巨大变化，到2010年全区总人口是1953年第一次人口普查人口数3倍多，人口密度增加3倍多。继续传统的生产方式会使人口与自然环境之间已形成更为紧张难解的关系，换言之，传统生产方式也难以满足人们提高生活质量的基本要求（具体情况见表1）。

表1　内蒙古历次普查人口变化①

| 年　　份 | 1953 | 1964 | 1982 | 1990 | 2000 | 2001 |
|---|---|---|---|---|---|---|
| 人口数（万人） | 757.38 | 1233.41 | 1927.43 | 2145.65 | 2375.54 | 2470.63 |
| 人口密度（人/公里） | 6.4 | 10.43 | 16.29 | 18.14 | 20.08 | 20.89 |

就牧业生产本身而言，放牧制度的变迁则成为草原退化的重要一击。1949年以来，草原畜牧业的发展方向一直追随着定居化思路开展，打井、修棚圈、储草等大大强化了牧业生产抗灾的越冬能力，政府主导实施基于改善牧区生存条件的与定居相关的一系列政策等，促成畜牧业生产制度和方式的变迁，进而使传统牧业的生态知识重要性和牧人的移动必要性减弱，人与草原关系发生重大变化。畜牧业产品市场化进程对草原生态环境的变化影响巨大，改革开放之后的草原承包、普遍定居化放牧、不合理的草原围栏、饲料基地开垦等，几乎促成生态优先的传统游牧知识被全面抛弃，最大限度地向草原要产出得到普遍鼓励，变化的生态后果最终以"超载过牧"和草原退化表现出来。面对着比草原农耕化来得更加有力，影响更为深远的工业化和粗放城镇化，张承志先生曾经这样令人动容的提问："不知道，人类是否已经决定要改变这个环境。尽管世界上还有各大牧区，牧养（而不是厩养）的文化还在继续；但是，如乌珠穆沁那样的，相对纯粹的游牧文化类型，过去就曾经罕见，今后更临近终结。"② 草原如果不再辽阔，草原上不再有充满生存智慧和

---

①　李斌主编《世纪之交的中国人口·内蒙古卷》，中国统计出版社，2005，第4~5页。

②　张承志：《一页翻过》，《读书》2000年第7期。

善于自处的牧人，如果没有马的奔腾，没有成群牛羊的迁移，草原本身
生态平衡已难以为继，没有生态良好的草原作依托，民族传统文化的继
承也就缺少了附着之基，民族传统文化也将失却现代化之机。

## 三　突破粗放：新型城镇化寻求生态文明建设和民族传统文化发展双赢

内蒙古向称北疆生态屏障，土地生态环境恶化趋势未从根本上得到
有效控制，这一区域的生态文明建设关乎本区域各族群众生存和发展，
还会直接影响东北、西北、华北乃至全国生态安全。今日牧区的一系列
建设活动深深地触及民族传统文化的核心区域，牧区建设、选择和发展
对草原生态环境和民族传统文化影响深远。游牧文化是"一套有别于市
场价值观，一套不同的生产力，一种与自然联系的不同方式"，传统游
牧业与自然环境生态之间的密切关系和其非市场价值特性所能诠释的是
人与草原自然生态环境相互依赖且辩证关系。① 面对发展热望驱动下草
原生态环境、游牧业和民族传统文化保护困境，人们将新期待寄托于融
入经济、政治、文化和社会建设各方面的生态文明建设战略。生态文明
建设要求在经济、政治、文化、社会建设中充分体现和落实尊重自然、
顺应自然、保护自然的价值理念，而新型城镇化谋求的是资源节约、环
境友好，反对粗放用地、用能，正是推动社会全面发展并充分落实生态
文明理念的具体实践。新型城镇化人口转移、节约用地、资金保障机制、
优化布局和形态、提高建设和管理等目标，特别是关于根据资源环境能
力构建科学合理的城镇宏观布局，传承文化，发展有历史记忆、地域特
色、民族特点的美丽城镇的目标，回应了社会基本需求，为牧区新型城
镇化发展提供了新思路和新探索的政策内容和空间。使人们有理由期待
牧区的发展路径选择可充分发挥生态理性决定作用，有效抑制滥垦使草
原农耕化、滥挖使草原矿区化等粗放开发行为，有效抵挡建设性破坏。

---

① 郝时远、奥塞·科拉斯、扎洛主编《当代中国游牧业》，社会科学文献出版社，2013，第
83页。

传统的草原游牧生活是牺牲牧人生活舒适性和稳定性，在不确定中求生存的短缺经济生活和节俭经济生活，基于近半个世纪以来牧区发展经验和教训总结，以及生态文明建设新理性和制度投入，人们有理由期待通过特定的技术投入、组织和制度创新，将牧区建设成现代牧区而不是将牧区全面建成农区、矿区或市区，实现保生态、保增长、保稳定等一系列社会目标。

在生态文明建设融入政治、经济、文化、社会建设的时代，游牧文化要探索其牧业现代化的依托，牧区新型城镇化便成为必要的选择。在牧区城镇化实现的一系列目标中，生态目标应具有首位特性，只有这样才可能保障草原生态环境良性转化，牧区的民生问题才可能得到较好解决，民族文化现代化根基也不至湮没于追赶的滚滚烟尘，牧区城镇化有自身的特性，需要自然生态恢复与民生问题同步，其中需要及时有效解决如下几个问题。

第一，基本草原保护应有专项政策以利于执行《内蒙古自治区基本草原保护条例》相关规定。要具体推进内蒙古生态建设，牧区新型城镇化发展进程中需持符合牧区实际的土地观和发展目标，认真执行基本草原保护相关规定，并在具体政策落实中实现保护。《内蒙古土地利用总体规划（2006~2020年）》中揭示本区域土地利用存在问题为"土地利用结构不够合理"、"耕地投入不足，质量总体不高"、"建设用地集约利用程度低"，这一概括本身还过于简化和单一，缺少对本区域特定生态环境的充分考量和保障持续发展的生态建设的及时回应。就土地利用结构来说，其利用结构合理与否不能仅仅依据土地在各经济部门分布的比重进行判断，是否有利于建立和维护生态平衡、防灾减灾、减少人类活动对自然环境不可恢复性的不利影响，促进人口、资源、环境和社会经济可持续发展亦应为判断土地利用合理性的最基本维度。在自治区土地利用规划的6大目标中，首先严格保护耕地和基本农田、其次科学保障建设用地，尔后是生态用地、节约集约用地、土地复垦和未利用地资源等，草原资源作为本区特定的土地利用方式和生产方式并未在规划中设置具有针对性的专项政策，虽然有《基本草原保护条例》颁布，但从观念上来说，尚未将草原系统性保护上升至土地利用总规划中，用地结构调整总体上以草地面积减少为调整方向。国家土地规划纲要对牧区的目标指向则是"牧区逐步改变依赖天然草原放牧的生产方式,建设高产人工草地和饲草饲料地"①。这一目标指向总体上还只能理解为愿景,需要有更多的科学方法和科学机制的支持,天然草地大多并非水热资源优良之地,牧区的形成有其特定的自然生态约束,靠高产人工草地和饲草饲料地支撑牧区畜牧业生产还需要有一些重要的技术和物质投入,并非本规划期可能实现的目标。内蒙古的土地利用规划还应认真执行基本草原保护条例精神并给予专项政策保护。

第二,在新型城镇化中突出牧区特色,整体保护成片草原,确保国家北部生态安全。内蒙古行政区域内只有约27%的面积还保持着较完整的天然草原景观,也只有这一区域仍以家畜常年放牧为主要生产方式,草原在这一区域呈草甸草原带、典型草原带和荒漠草原带连续分布状态②,这一区域也是内蒙古典型牧区。近年来内蒙古经济快速发展中,促成这些牧区正在发生着重要的变迁,农业开发对自然河流的截流,工矿业开发对水源和环境的破坏,挑战着草原生态平衡的底线,环境恶化的现实不断提示人们牧区经济社会发展路径应充分顾及其自然环境生态约束。虽然内蒙古为实现草原永续利用,已确定8.36亿亩基本草原红线,这意味着内蒙古草原的63.33%已纳入生态保护范围,保护机制和力度还需要进一步观察。依据新型城镇化关于顾及环境生态、传承文化等要求来说,牧区城镇化应有本地区的特色和标准,而不是仍走与发达地区人口集聚、产业集聚无差别之路。在牧区城镇化发展中不应拘泥于城镇密度、人口密度和城镇规模过小等评价,抛弃线性发展思维、完全农业化或工业化的发展思维,从牧区实际出发,从可持续发展的目标出发规划和建设牧区城镇,确保牧业现代化空间和草原文化存续。人类终究不能完全脱开自然环境而生存,在人口和国土资源矛盾深刻的今天,尊重自然生态环境约束,力保草原绿色牧区的完整性,事涉生态文明建

① 《全国土地利用总体规划纲要(2006~2010年)》,http://politics.people.com.cn/GB/1026/8222549.html。
② 刘钟龄、郝敦元:《关注生态文明建设美丽内蒙古——内蒙古草原退化与国土生态安全》,《北方经济》2013年第5期。

设目标和文化多样性保护等重要议题。因此，牧区的城镇化发展应在充分改善牧区的交通条件基础上，提升公共服务能力建设，科学测定其人口承载力阈限，设定牧区城镇人口上限和适宜产业目录，借助有针对性的管理来调节人口过度集中以及产业与生态保护相适应，在建筑群的分布、建筑材料的使用、光热资源的利用、生活垃圾处理等方面应更注重绿色、环保和可循环性。

第三，牧区城镇建设要借鉴农区或发达地区经验但不能全面复制，牧区城镇化进程应突出牧业现代化基本需求，从本地自然环境和生产特征出发做出选择，绿色畜产品加工和必要的公共服务应是一般牧区城镇基本产业选择。牧区城镇发展是牧业现代化和牧民生活质量的重要影响节点，牧区人口分布分散性和牧业自然环境和生产特征决定了牧区城镇分布的稀疏和人口总量小的特性。从推动牧业现代化的目标来说，牧区城镇从功能上来说应主要为牧业现代化提供相应的基础服务和畜产品集散点，基本畜产品加工和观光牧业等绿色产业在当前的技术和社会条件下具有优先性。内蒙古自治区政府在发展战略选择中提出"用1%的土地发展工业和城市，从而使99%的土地得到有效保护"[①] 这是一个从全区战略角度来说的目标，针对牧区而言还应具体问题具体分析。首先，牧区城镇居民主体从业构成应是更能为牧业现代化提供服务的群体；其次，牧区城镇建设规模、选址等除顾及历史原因，还需依据具体牧区的环境生态状况，经过科学环评和规划，在区域人口承载能力之内设定规模；最后，牧区城镇化需要充分尊重牧民的主体性和创造性，借助组织创新、制度创新和方法创新，提升牧区城镇的服务功能和辐射半径，确保新型城镇化有利于草原生态持续发展和民族传统文化的传承与保护。

第四，牧区新型城镇化建设中市场与政府角色定位。厉以宁先生早在2012年就提出牧区城镇化的两大参考指标，即市场化和社会服务化。关于牧区与市场关系的判断很有意义，切合牧区经济社会实际，牧民初次产品和畜产品加工市场化程度，牧民生产生活资料供应市场化程度，金融与牧区生产关系等都是有效判断牧民参与市场和体现牧区城镇化的

---

① 《内蒙古东部地区"美丽与发展双赢"》，《人民日报（海外版）》2010年12月11日第3版。

内容①，牧民经济活动适应市场的行为虽然有一个过程，但是绝大多数人都必然会适应市场并谋得生存。新型城镇化进程中牧区与市场关系的确立也应遵守经济规律，借鉴扶贫开发中"一村一品"方式，各基层单元依据本区域草原资源特征，找好牧业生产提级转型切入点，以形成支撑草原城镇化的产业基础，避免运动式或跃进式地仅仅关注硬件建设，而只图外在形象，缺少适宜管理，真正使牧区获得发展机遇。

　　总之，面对线性发展观念和 GDP 追求目标驱动下草原生态环境、游牧业和民族传统文化保护困境，人们将新期待寄托于融入经济、政治、文化和社会建设各方面的生态文明建设战略。生态文明建设要求在经济、政治、文化、社会建设中充分体现和落实尊重自然、顺应自然、保护自然的价值理念，而新型城镇化谋求的是资源节约、环境友好，反对粗放用地、用能，正是推动社会全面发展并充分落实生态文明理念的具体实践。

---

① 厉以宁：《牧区城镇化的新思路》，《北京大学学报》2012 年第 1 期。

# 牧区工作：内蒙古民族团结的基础性工作

## ——乌兰夫论牧区工作理论与实践研究

乌兰夫作是中国民族民主革命中成长起来的中国共产党和国家的优秀领导人、卓越的民族工作领导者和内蒙古民族解放和振兴的杰出领导者。从牧区发展和牧区工作的角度来说，乌兰夫也是党和国家高层领导人中最早开展牧区工作、最熟悉牧区工作并在牧区工作理论和实践创新中获得成果最突出的领导人。虽然不同历史时期，牧区的社会政治结构发生了一定的变化，就牧区工作和发展而言，基础性的问题则仍然长期存在并需要清醒面对。回顾乌兰夫主政内蒙古时期（1947~1966年）对牧区工作的理论思考和探索实践，我们会看到虽然由于时过境迁，一些具体论断已成为一个历史性的判断，但是，他的很多论断仍然对当前牧区的改革发展具有启发和指导意义，这些论断所透出的精神特质和最基本的观念需要今人深入的思考，并需要认识到结合牧区、牧业和牧民现代化及其在全国现代化中的定位和实际，稳定开展系统性工作才可能使牧区在建设发展中"不忘初心"，在推动各民族共同团结奋斗中谋求共同繁荣发展，实现中华民族的伟大复兴和中国梦。

## 一　牧区和牧区工作

"我国牧区，从一般特征上说，是指以草原为基础，以饲养草食牲畜将牧草资源转化为畜产品的地区。"① 显然，也可以说牧区就是以畜牧业为生产方式的地域。中国传统的牧区不论是人口还是社会生产都有着其自身更为显著的特征，比如较为显著的是人口的总量小、居民分布分散、生产聚集程度低、生产有显著的脆弱性和对自然环境高度的依赖性等。当代中国的牧区面貌显然已经改变了许多，尽管如此，牧区一些传统特征仍然是约束区域发展的重要因素。历史地看，牧区是与农区、矿区相比较而存在的生产方式单元。农牧关系曾是影响中国社会全局的社会关系之一，本质上是不同自然生态环境和生产力条件下生产方式选择的差异性所造成的互补与竞争关系。王朝中国时期各民族"你中有我，我中有你"关系的形成，正是农牧关系冲突、合作、融通等复杂关系演化的重要社会后果。清末民初以来国家政治转型的发生，特别是主权中国打造的进程，使得农牧关系日益演化为现代统一多民族国家在发展繁荣进程中纳入国民经济体系，牧业纳入大农业管理并转化为谋求牧区现代化的问题。这一进程并没有现成的模式可遵循，回溯这一段历史后人不难发现这是一个观念转变、技术进步、组织方式变革的系统性探索过程。

中国牧区有着极强的地域分布特征，即主要是北部、西北和分布于青藏高原的省区市，多属于边疆民族地区，因此，牧区和牧区工作在很大程度上与民族地区的民族工作密切相关。从历史的视角来说，牧区工作是统一多民族主权中国建立后中央和相关区域地方政府的一项关系到生态安全、可持续发展、民族团结和边疆稳定繁荣的重要工作。直到2011年，全国的牧区面积仍有400多万平方公里，分布在13个省（区）的268个牧区半牧区县（旗、市），这些牧区大多数是干旱半干旱、高寒高海拔地区和边疆少数民族地区，80%以年的牧区半牧区属于民族自治地方。各级政府所面对的牧区工作任务仍然"十分艰巨"，因为"牧

① 李遐龄：《对牧区、草原畜牧业、牧民几个问题的探讨》，王茂才主编《中国现代农业文集》（下卷），中国书籍出版社，1997，第125页。该作者还认为，牧区概念有广义和狭义之分，广义即指具有大面积草原，饲养大量草食牲畜，为我国大中型畜产品基地的地区，多为省、自治区及县级政区；狭义则指相对独立于农区的，以饲养草食牲畜为主业的草原畜牧业社会经济单位，主要是县（旗）、村（队）构成牧区社会的基本单位。

区仍然是全国经济发展滞后区、民生改善的薄弱区、生态环境的脆弱区"。① 为此，在中央政府长期推动和实施一系列政策，以谋求牧区又好又快发展。在今天不断推动牧区工作过程中，回顾乌兰夫主政内蒙古期间，动员和组织他们那一代革命者，推动牧区工作的理论与实践过程，不仅仅在于表达对乌兰夫这位中国共产党优秀领导人的怀念之意，事实上，还在于深入认识其推动牧区发展的实践过程，以充分了解牧区工作不仅是经济工作，也是政治工作，乌兰夫在推进牧区工作实践中所持有的观念、思考方法对国家的统一和民族的团结都有着重要的影响。

## 二　乌兰夫推进牧区工作的几个基本观念

1949 年 10 月，在新型国家政治框架下建立的国家政权，对牧业经济缺少管理经验，全国很多牧区行政的管理体系照旧，还有相当多的区域尚未完成基层建政问题。1947 年完成省级自治地方建设的内蒙古，畜牧业经济对区域内大多数人的生活有着直接影响，也是当时蒙古族繁荣发展的基础产业，因此，在探索和推进牧区工作中，乌兰夫以马克思主义理论为指导，动员和团结各民族干部群众，进行了积极的探索，形成了具有典范意义的政策措施，为其他省区的牧区工作的展开提供了重要遵循。乌兰夫牧区工作理论和实践的主要成果集中体现于《内蒙古及绥远、青海、新疆等牧业生产的基本总结》（1953 年中央民委召开第三次扩大会议）提出以 5 项方针、11 项政策、6 项措施，以及《关于少数民族牧业区工作和牧业区人民公社若干政策规定（草案）》（1963 年）等文本所展示的大政方针中，这些大政方镇为当时以至于后来牧区的稳定和发展做出了巨大贡献。

1. 国家观或全局观

如果说 1949 年之前，内蒙古牧区工作还只是具有局部性工作的特征的话，1949 年以后，内蒙古牧区工作已完全纳入全国性工作的范畴，站

---

① 国家民族事务委员会编《科学发展的崭新篇章——十六大到十八大的民族工作》，民族出版社，2012，第 59 页。

在全国的角度看牧区工作才能正确处置牧区工作的具体事务。当时，乌
兰夫的确比一般干部有着更为清晰的国家观和全局观。在促进牧区或内
蒙古工作中，处处强调内蒙古自治区是中国政治上、经济上的一个组成
部分，强调牧区人民服务国家国防建设、经济建设光荣，并要求自治区
政府经常以国家观念、全局观念教育干部群众，克服困难支援国家和友
邻地区，通过协商的办法并遵从民族团结、互相帮助、发展生产的原则
出发来处理问题。① 其实，近代以来，随着王朝国家的转型，蒙古社会
结构演变剧烈，在剧变中内蒙古成为现代主权中国的边疆，随之以主体
为核心的"自治运动"兴起，而以人民利益为指向的自治运动才具有社
会进步的特性。早在 1948 年乌兰夫就指出：内蒙古自治区是中国"历史
上第一个民主自治政府"，"内蒙古人民及各民主分子开始自己掌握政
权，数百年来在帝国主义、大汉族主义以及封建统治下长期分割的内蒙
古民族真正得到了统一。内蒙古人民自治运动的胜利是和反对反动的封
建上层的'独立自治'、'孤立自治'的斗争分不开的。封建上层的自治
实际上是继续封建统治，这是与人民的自治不相容的"。②在推动内蒙古
牧区发展中，人民自治需要更充分认识国家的统一领导的重要意义。③
1953 年乌兰夫进一步要求明确树立整本和全局的观，指出："牧区是整
个祖国的一部分，畜牧业是整个国民经济的组成部分之一，它的发展是
与整个祖国建设的进展，工、农业的配合、支援分不开的。牧区的各项
工作绝不能孤立地看待，工作中必须明确树立整体观念和全局观念。从
过去看，没有中国革命的胜利，没有中国共产党和毛主席的领导，没有
兄弟民族的帮助，内蒙古自治区的建立是不可能的；从今后看，同样，
没有中国共产党和毛主席的领导，没有兄弟民族的帮助，没有祖国的社
会主义工业化，要进一步建设自治区也是不可能的。我们必须经常记住
这种与全国与兄弟民族密切不可分离的关系。在处理一切与国家建设与
兄弟民族与友邻地区的问题时，都要服从祖国的整体的利益，主动地以
兄弟般的态度照顾兄弟民族和友邻地区。"正是基于强烈和明晰的国家观

---

① 乌兰夫革命史料编研室：《乌兰夫论牧区工作》，内蒙古人民出版社，1990，第 115～116 页。
② 乌兰夫革命史料编研室：《乌兰夫论牧区工作》，内蒙古人民出版社，1990，第 5 页。
③ 乌兰夫革命史料编研室：《乌兰夫论牧区工作》，内蒙古人民出版社，1990，第 24 页。

和全局观，乌兰夫在领导牧区工作中才可能对牧区工作有更高的定位，并取得了其他牧区适用的具有指导性的经验。[①]

### 2. 中国共产党的统一领导观

党的组织统一领导和对畜牧业进步的强有力的领导是乌兰夫推进牧区工作中最为注重的组织因素。他曾指出："恢复与发展畜牧业是一种群众性的生产运动，它不但需要有正确的政策与方针，而且需要有极其复杂的组织工作及一系列的具体措施。"[②] 1950年针对部分地区干部中存在的"牧业经济用不着领导，牧民自己会搞"的说法，乌兰夫就曾指出："如果没有共产党的积极领导与帮助，要成为进步的畜牧业是不可能的。"[③] 还曾指出过，"目前牧业区的政权性质是新民主主义的，因之就必须是在工人阶级及其政党中国共产党领导之下，以劳动牧民为主体，团结各阶层人民的政权。今天牧业区中有些基层政权有不纯的情况，应当积极地加以改造，并加强各级人民代表会议工作"。[④] 党对牧区工作的领导，不仅体现在政治领导和思想领导方面，而且要全面领导牧区的经济工作。1954年以后乌兰夫指出经济建设是新阶段的中心环节，"如果各级党委不抓经济工作，自治区的建设就会落空。如果说我们过去的工作主要是推行区域自治，实现民族平等的话，那么今后就是要团结各族人民进行建设，并在经济建设的基础上，逐步地把我们从落后的状态提高到先进民族的水平，以消灭政治、经济、文献等多方面的，历史上遗留下来的事实上的不平等"。[⑤] 党中央的统一领导和团结也是乌兰夫不断强调的因素，他曾指出："我们应当尽可能地帮助友邻地区解决一些问题，一定要在党中央的统一领导下，加强党的团结，加强与兄弟民族的团结，加强与友邻地区的团结。"[⑥]"加强共产党在牧民群众中的领导。"[⑦]

---

① 乌兰夫革命史料编研室：《乌兰夫论牧区工作》，内蒙古人民出版社，1990，第101页。

② 乌兰夫革命史料编研室：《乌兰夫论牧区工作》，内蒙古人民出版社，1990，第23页。

③ 乌兰夫革命史料编研室：《乌兰夫论牧区工作》，内蒙古人民出版社，1990，第21页。

④ 乌兰夫革命史料编研室：《乌兰夫论牧区工作》，内蒙古人民出版社，1990，第62页。

⑤ 乌兰夫革命史料编研室：《乌兰夫论牧区工作》，内蒙古人民出版社，1990，第113页。

⑥ 乌兰夫革命史料编研室：《乌兰夫论牧区工作》，内蒙古人民出版社，1990，第117页。

⑦ 乌兰夫革命史料编研室：《乌兰夫论牧区工作》，内蒙古人民出版社，1990，第62页。

### 3. 保障人民群众的利益的群众观

在推进牧区工作过程中，乌兰夫特别强调依靠人民群众、保障和满足人民群众利益，他从自身参加革命经验中不断提炼和总结，形成了共产党人才有的独特的人民群众观，早在1946年他曾提出："我们要倾听群众的意见，要能体验群众的情感、情绪，要善于发现群众当前的主要要求"，同时，也强调组织群众和教育群众"教育群众并组织群众的力量起来斗争。在斗争中检查自己的立场是否坚定，自己的政策是否正确。衡量你有没有群众的观点，就是看你的口号能否为广大群众所拥护，是否合乎当前国际国内的政治形势。群众观点不是尾巴主义，而是站在群众前面，与广大的群众紧密结合；群众观点不是'左'的脱离群众的先锋主义，而是提出正确的口号，得到广大群众的拥护，并适合目前形势的要求"。[①] 问计于民是乌兰夫牧区工作群众观最为突出的表现，他强调："一切工作要从实际出发，要向广大人民群众调查，向广大人民群众学习，要当人民群众的小学生。""内蒙古人民是我们的基本力量，贫农、雇农、牧人、手艺工人是我们革命的基本群众，没有他们的参加，内蒙古自治解放事业是不可能成功的。"[②]

### 4. 实事求是，一切从实际出发观

实事求是，一切从实际出发是中国共产党人推动中国革命和建设中最基本的观念，乌兰夫在认识牧区工作特征、推进牧区工作实践过程中，始终坚持着实事求是、一切从实际出发的原则，从而突破了教条的牵累。正是由于坚持了实事求是和一切从实际出发，他才在认识牧区社会关系、生产特性等方面有其同代人难以达及的水平。比如，在主政内蒙古期间，不论是民主改革时期、社会主义改造时期，他都强调牧区工作的一切决策都需要从牧区的实际状况和畜牧落后、脆弱的、工作基础薄弱的特征出发。"历史上我们在每一运动中所采取的办法在许多地方都较别的地区有所不同，都采取了比较稳妥和迂回的步骤，就是由于牧区特点所决定的"。[③] 关于牧区消灭封建和阶级划分问题。消灭一切封建特权是人民

---

① 乌兰夫著《乌兰夫文选》（上），中央文献出版社，1999，第26页。

② 内蒙古文史资料委员会编《内蒙古文史资料》（第56辑），2005，第3、4页。

③ 乌兰夫革命史料编研室：《乌兰夫论牧区工作》，内蒙古人民出版社，1990，第109页。

政权建立和巩固的基本条件，但是，对于受到贫困化困扰、牧业分散性和脆弱性约束的牧区而言，如果照搬农区平分土地的做法不仅无法真正建立人民民主政权，甚至会使牧业经济无从恢复，牧业生产难以为继，人民生活将进一步走向贫困化。因此，乌兰夫领导的一班人充分考虑到牧区的特殊性，提出牧区"实行平分牲畜不对"，因此，纠正的相关措施包括实行"废除封建特权，适当提高牧区工资，改善放牧制度；除罪大恶极的蒙奸恶霸经盟以上政府批准，可以没收其牲畜财产由政府处理，一般大牧主一律不分不斗；实行民主改革，有步骤地建立民主政权，发展游牧区经济"。在半农半牧区纠正了完全相同的平分土地做法，根据社会发展的实际，实行一套内容不完成相同的政策，其主要内容为：农业占优势的地方，大中地主的固定的大垄土地（漫撒籽地除外）、耕畜分给贫苦农民，小地主与富农的不动；牧业占优势的地方，大牧主役畜可分给贫苦农牧民，但牧群不分；个别恶霸、蒙奸的土地、牧畜、财产经政府批准可分给农牧民；半农半牧区的经济发展方向，采取群众自愿和依据自然条件发展农牧业，并须保护牧场。同时，在阶级划分方面，纠正了脱离牧工实际、打击面过宽和划分阶级方法混乱的情况，根据内蒙古经济社会发展状况，受打击的剥削阶级，应不超过户口的 8%，人口的 10%。[①]

在推动牧区工作中，特别强烈调了牧业与农业的区别，这些区别不仅使两项工作具体任务上也有区别，还影响到工作方式、组织形式上的区别。针对绝大多干部只有领导农业生产的经验，而没有领导畜牧业的经验。在牧区工作搬用农业区的一套经验的做法，乌兰夫也特别要求干部要从内蒙古的实际情况出发，知道发展畜牧业不仅仅是人民的经济利益问题，而且还是解决民族关系的政治问题。指出"重农轻牧在任何时候都是没有根据的"。[②]

5. 大团结观

团结观是乌兰夫推动牧区工作突出强调的因素，民族团结、干部团

---

①　乌兰夫革命史料编研室：《乌兰夫论牧区工作》，内蒙古人民出版社，1990，第 8 页。

②　乌兰夫革命史料编研室：《乌兰夫论牧区工作》，内蒙古人民出版社，1990，第 143 页。

结、与僧俗上层的团结都是牧区工作不可回避的工作。

各民族之间的团结则被视为一切政治工作的一个中心内容乌兰夫指出："内蒙古地区蒙汉杂居地区的存在与由此产生的复杂的民族关系，便提出了我们要善于团结蒙汉人民，正确解决民族关系的任务。我们要把民族间历史上的隔阂仇视、互相倾轧、互相不信任的旧民族关系改变成为民族平等、亲密团结、互相信任、合力发展、共求解放的新的民族关系。"① 正是为了保证民族之间的团结，自治区成立以后认真贯彻民族区域自治，加强培养少数民族干部，坚决贯彻执行毛主席关于"要彻底解决民族问题，完全孤立民族反动派，没有大批从少数民族出身的共产主义干部，是不可能的"指示。②

干部的团结则是一切团结的重中之重，他曾明确指出："加强各民族干部之间、党与非党干部之间、外来与本地干部之间的亲密团结，互相帮助，互相尊重，互相学习。在汉族干部中，要防止和克服大汉族主义倾向；在少数民族干部中，也要防止和克服地方民族主义倾向。有什么就克服什么，有多少就克服多少，一般采取教育的方法进行。"③

此外，团结上层也是牧区工作的一项重要工作，而且是突破教条主义阶级观影响，实事求是的创新性工作，他曾指出："我们首先夺取了政权，自上而下实行民主改革，这就给我们以可能彻底地废除封建特权，并逐步地消灭封建的超经济剥削制度。但对这些封建上层人士（除反革命分子外）应当团结改造，把他们'集中起来，摆上去'。所以这样做，道理就在于游牧区这些人还有其一定的社会基础和影响，群众的阶级觉悟还不高，放在下面群众管不了他们。这些人又恰恰是有些文化的，可以当翻译。其中哪怕还有心怀不满的，也已是大势已去，无能为力的了。这一过程是对封建上层分化的过程，所以说团结封建上层人士并不是以其作为封建代表团结的，而是在反封建的基础上，即拥护《共同纲领》的基础上团结的。……"④ 正是这一创新形成了牧区"三不两利"政

---

① 乌兰夫革命史料编研室：《乌兰夫论牧区工作》，内蒙古人民出版社，1990，第4页。
② 乌兰夫革命史料编研室：《乌兰夫论牧区工作》，内蒙古人民出版社，1990，第222页。
③ 乌兰夫革命史料编研室：《乌兰夫论牧区工作》，内蒙古人民出版社，1990，第333页。
④ 乌兰夫革命史料编研室：《乌兰夫论牧区工作》，内蒙古人民出版社，1990，第29页。

策，对推动牧区经济发展和人民生活改善发挥了重要作用。在农牧关系协调中，他也曾指出："经济上利益的一致，也就会增进政治上的团结。"[1]

6. 依靠劳动牧民推进牧区社会主义改造观

阶级革命是中国共产党早期革命合法性的重要理论来源，社会发展不平衡性是新中国建立初期需要面对的最为重要的问题，各地如何依据本地区不同社会经济结构状况运用阶级理论推动牧区管理，在一定程度上成为当时牧区工作成败的重要前提。其中，不同时期牧区工作依靠对象的确定成为一个关键。因此，直到1956年全国牧区工作会议之时，不同地区的政府间对在牧区进行社会主义改造时依靠力量的选择而存在着不同认识，其中一说是依靠"劳动牧民"，一说是依靠"贫苦牧民"。就此，乌兰夫依据内蒙古牧区的经验，从一个实事求是的角度指出强调了社会主义改造依靠对象的范畴，他明确指出："就内蒙古来说，在解放后经过十多年的努力，牧区的大多数赤贫户由于政府给予贷款贷畜加以扶持，畜牧业得到空前的发展。牧民的收入逐年增加。现在大部分牧民已经开始富裕起来，劳动牧民在牧区已经占到百分之七十左右。在这种情况下，我们再提依靠贫苦牧民的话，依靠对象只占牧区人口的百分之三十左右。如果我们把自己扶持起来的大多数富裕牧民，排除在依靠对象之外，对发展牧业生产是十分不利的……。"[2] 因此，牧区执行了"依靠劳动牧民团结一切可以团结的力量，在稳定发展生产的基础上，逐步实现对畜牧业的社会主义改造"。[3]

7. 农牧结合发展观

农牧矛盾是内蒙古历史上最突出的矛盾，乌兰夫认为"历史上的农牧矛盾就是民族矛盾在经济上的反映"。[4] 在人民共和国的政治环境下，实现了民族区域自治，农牧关系便成为相互支援的关系，乌兰夫曾指出："农业与牧业本身没有先进与落后之分，牧业的经营方法正如农业一样，是随着社会和科学技术的进步，工业的发展而发展的。牧业也同农业一

---

① 乌兰夫革命史料编研室：《乌兰夫论牧区工作》，内蒙古人民出版社，1990，第138页。
② 郝玉峰编《乌兰夫与伟人的交往与友谊》，中共党史出版社，1997，第236页。
③ 乌兰夫革命史料编研室：《乌兰夫论牧区工作》，内蒙古人民出版社，1990，第177页。
④ 乌兰夫革命史料编研室：《乌兰夫论牧区工作》，内蒙古人民出版社，1990，第137页。

样，有中世纪的牧业，有资本主义的牧业，有社会主义的牧业。牧业是
随着社会和技术的进步而进步的。"① 指出："我区畜牧业的发展，从总
的方面说，是有农业支援的。这是内蒙古畜牧业发展快的重要原因之
一。"② 随着牧区经济的逐步恢复，农牧关系调整进一步加深，形成了
"农牧结合，多种经营"发展方针。乌兰夫曾指出："农业区应该在大力
发展农业的同时，发展畜牧业及各种副业；牧业区在大力发展畜牧业的
同时，要逐步建立饲料基地，逐步发展农业及各种副业。……提出这个
基本方针的根据，首先是从建设自治区的政治任务的。建设自治区的目
的是要使蒙古民族和其他各民族在经济上逐步改变落后状态，经过社会
改革和技术改造，逐步心为社会主义的先进民族。自治区的发展过程就
是蒙古民族和其他各民族在经济上，文化上的心过程。内蒙古自治区从
统一的区域自治得以实现和社会主义改造取得决定性胜利以后，自治区
最根本的任务就是在全国统一计划下，进行经济文化建设，提高社会生
产力，逐步使蒙古民族和其他各民族在各方面发展达到现代水平。只有
完成这一任务，才能从根本上进一步解决民族问题。所以，自治区的经
济建设是进一步解决民族问题的基本途径。这也是自治区的根本政治任
务。这个总的政治任务是我们考虑一切问题的出发点和大前提。"历经
社会改革后的内蒙古社会，形成了各业配合，工农牧业的相互支援的局
面，这成为畜牧业得以迅速恢复与发展的重要因素，也是内蒙古自治区
几年来发展畜牧业的重要经验之一。

8. 科学推进牧业管理观

《内蒙古自治区政府施政纲领》提出："保护牧场、畜牧区改善饲养
法、打井、储草、增进医疗卫生防疫及兽医设备。"

社会改革和技术改造是推动牧区发展重要路径，经历了民主改革和
社会主义改造的牧业要发展，显然在生产组织方面要进行多方面的改进，
乌兰夫指出："要根本消除牧业的脆弱性，必须做到：第一，逐渐地发
展饲料基地和建立农场；第二，是科学的管理。……在饲料基地种粮食、

---

① 乌兰夫革命史料编研室:《乌兰夫论牧区工作》，内蒙古人民出版社，1990，第142页。
② 乌兰夫革命史料编研室:《乌兰夫论牧区工作》，内蒙古人民出版社，1990，第139页。

草、料、蔬菜，牧民就可以围绕基地定居下来。定居后，学校、商店、手工业作坊也会逐渐建立起来，逐渐形成草原上的经济文化中心。"① 并强调"广泛吸取、推广群众饲养管理与畜牧兽医的先进经验，使技术与群众相结合，与群众一起共同解决畜牧兽医中所存在的问题，也是内蒙古自治区几年来发展畜牧业中所获得的经验之一"。"水、草、繁、改、管、防、舍、工"作为牧区增畜保畜"八字方针"有力促进了畜牧业技术进步。

他还从远景展望牧业发展的未来，认为"游牧牧业是要逐步转为定牧的"。同时也提出在主要是利用天然草场放牧的情况下，定牧与游牧各有优劣之处。定牧便于提高牧人的生活条件改善，但定牧对牲畜发展与繁殖上极为不利。因为天然牧场的产草量是有其一定限度的，牲畜常年在牧民定居的周围放牧，就使得草量逐年减少，草质逐年降低，家畜传染病菌亦逐年增多。这样由于牲畜吃不到好草，瘦弱不堪，繁殖率就低，再加上各种病灾，牲畜就无法发展。②

9. 积极推动和发展小城市

基于对牧区和牧业特性的认识，乌兰夫特别注重小城市的发展，他认为："内蒙古的一些小城市基本上都是小的商业中心，商人过去就是以此为据点向农村和草地进行各种不等价交易。但依据这些小城市的私人商业，除了剥削了农牧民外，也还起了联系城乡沟通有无的作用。这在今天还是不可缺少的。"③ "现在还有人因为内蒙古的小城市不是工业城市，而基本上是商业中心，因此不重视这些城市，不愿做这些城市的工作，不替它打算，得过且过，和一个晚上就想工业化的急性病者相反，而是消极不关心。这种人是对内蒙古城市的作用和发展的前途看不清楚，不了解这些小的城市和商业中心，现在正是内蒙古所宝贵的东西，对于内蒙古落后的农业和畜牧业经济来说，它是起进步的作用，将来这些城市或者可以建立起工业来，或者即使没有条件发展更多的工业，但仍不失为农业区和畜牧区的经济中心和交换中心，没有这些城市是不行的。

① 乌兰夫革命史料编研室：《乌兰夫论牧区工作》，内蒙古人民出版社，1990，第135页。
② 乌兰夫革命史料编研室：《乌兰夫论牧区工作》，内蒙古人民出版社，1990，第57页。
③ 乌兰夫革命史料编研室：《乌兰夫论牧区工作》，内蒙古人民出版社，1990，第14页。

不管它，不做工作，不发展，不去发挥它的作用，都是错误的。"①

10. 增畜保畜为起点、现代化为目标的牧区发展观

牧区的发展出发点和落脚点均应是发展生产力，提高人民的物质文化生活水平，发展生产力和提高人民物质文化生活水平都离不开积极的生产组织和技术进步。早在 1949 年 8 月他就提出："应该看到牧业也有现代化的前途，并不是畜牧区只有农业化才算进步，……还应该看到内蒙古畜牧区在全国的地位，我国的畜牧区是不多的，而农业区则是极广大的。"② 没有深厚的理论水平和对牧区实际的了解，便不可能在这样早的时期就能从全国全局定位牧区现代化。乌兰夫指出："只有经济发展，老百姓的生活得到改善，文化提高，才是真正的解放。……发展生产的中心问题就是发展畜牧业。"③ "革命的目的是改变生产关系，解放生产力，发展生产。所以，畜牧业的社会主义改造，离开了增畜、保畜就是严重错误。畜牧发展与否，是衡量社会主义改造工作健康与否的尺度。"④ 因此，他也曾提出"千条万条发展牲畜是第一条"的牧区发展基本任务。"在新民主主义社会、社会主义社会，羊不能不要，牛也不能不要，牛奶不能不要。而这些都是由畜牧生产的。因此说草地落后，畜牧业无前途，是没有任何根据的。"⑤ 正是基于这样一个观念，在牧区社会主义改造问题上，才提出了"稳、宽、长"的具体政策和措施要遵循的原则，即在稳定发展生产的基础上逐步实现畜牧业的社会主义改造；对个体牧民和牧主的政策要宽，要依照自愿原则对待入社问题，不能强迫；较长的时间实施此类政策。形成了"政策稳、办法宽、时间长"特点。

总之，人的一切决策和行为都受观念的影响，乌兰夫推进牧区工作几个基本观念有着深厚的实践基础和理论意义。可以说，正是由于有着深厚的马克思主义理论修养和崇高的革命理想，才使乌兰夫成为马克思

---

① 乌兰夫革命史料编研室：《乌兰夫论牧区工作》，内蒙古人民出版社，1990，第 14 页。
② 乌兰夫革命史料编研室：《乌兰夫论牧区工作》，内蒙古人民出版社，1990，第 13 页。
③ 乌兰夫革命史料编研室：《乌兰夫论牧区工作》，内蒙古人民出版社，1990，第 18 页。
④ 乌兰夫革命史料编研室：《乌兰夫论牧区工作》，内蒙古人民出版社，1990，第 145 页。
⑤ 乌兰夫革命史料编研室：《乌兰夫论牧区工作》，内蒙古人民出版社，1990，第 21 页。

主义理论的实践者，在其推动民主革命和社会主义建设的实践中，他以无产阶级革命者特有的战略眼光和实践力，求实效、谋创新、护大局、顾长远，不断探索着牧区工作的理论，使牧区社会改革和畜牧业发展形成了独具特色的政策系统，有力推动了牧区发展和人民生活水平的提高。可以说，乌兰夫在牧区工作中坚持的几个基本观念是后世共产党人是一笔厚重的精神财富，对于今后推进牧区和民族地区现代化仍然具有重要的启示意义。

# 从"昭君故事"到"昭君文化":
# 王朝中国传统资源的当代转换

　　"昭君故事"凄美感人,"昭君文化"大气磅礴。人们对王昭君的想象已绵延两千余年,不同的时代、具体想象人不同的境遇和社会环境,以及想象者的目的都对王昭君形象的描摹产生了深刻的影响,不同时代不同人的心目中,便有着不同的王昭君:古代四大美女之一,一个失意的后宫佳人,一个被迫进入"胡地"与"胡人"为伍的汉地美人,一个以自己柔弱的肩膀承担"国家"命运,使异类"宗我王室"的杰出女子,一个促成汉匈半个世纪无战事的和平使者,等等。细究对昭君的各种想象,我们会看到每一种想象都不过在表达那个时代的特征,都充满了人们对政治清明、民族关系的和谐期待和愿望,也充满了文人墨客对自身命运和社会环境的悲叹。20世纪60年代初翦伯赞先生就曾指出过的,"有些诗人是借王昭君的眼睛,流出自己的眼泪"①。如果仅就中国民族关系发展状况而言,王昭君的想象则与时代大背景密切相关。昭君传说故事在中国可谓家喻户晓,在内蒙古——昭君历史故事发生的地理空间,遗存与昭君故事相关的各种形式载体。呼和浩特在推进城市发展中挖掘历史传统资源,将王朝中国"和""合"思想赋予新时代民族团结的意涵,不能不说是对历史资源的良性运用。

---

① 翦伯赞:《从西汉的和亲政策说到昭君出塞》,巴特尔编选《昭君论文选》,内蒙古人民出版社,2003,第8页。

# 一　一个被文学艺术化的历史人物

在中国，了解一个历史人物必然需要依据史书，而检点正史则是首要步骤，但在正史中，王昭君的记载十分简略，不过寥寥数语，既《汉书·元帝纪》："赐单于待诏掖庭王嫱为阏氏"。① 此后，在《汉书·王莽传》中虽有昭君的信息，但已属记其子女，只能视之为昭君故事的延续而已，及至《后汉书·南匈奴列传》，关于昭君的故事情节才趋于完整，称："昭君字嫱，南郡人也。初，元帝时，以良家子选入掖庭。时呼韩邪来朝，帝敕以宫女五人赐之。昭君入宫数岁，不得见御，积悲怨，乃请掖庭令求行。呼韩邪临辞大会，帝召五女以示之。昭君丰容靓饰，光明汉宫，顾景裴回，竦动左右。帝见大惊，意欲留之，而难于失信，遂与匈奴。生二子。及呼韩邪死，其前阏氏子代立，欲妻之，昭君上书求归，成帝敕令从胡俗，遂复为后单于阏氏焉。"短短百余字，已将王昭君故事展现出较为完备的情节，并展示了王昭君形象进一步想象的依据和空间。《后汉书》对王昭君的形象具体化已不乏想象的因素，成书于南朝的《后汉书》离昭君生活之时已隔数百年，在史料和信息并不发达的年代里，记载如此完整故事，特别是对具体历史场景的记载时，如"昭君丰容靓饰，光明汉宫，顾景裴回，竦动左右"等，显然其场景并非作者亲见而是充满了作者的想象。

尽管《后汉书》较之于《汉书》对王昭君有更充分的记载，但是，已有相当多的想象因素，或者说已开启王昭君从历史人物转化为文学艺术人物的新时代，不过将王昭君形象推向极致并走向民间的并非史籍，而是那些诗词歌赋，特别是面向大众的小说戏剧作品。也就是说史籍只为昭君想象奠定了基础，而各种各样的文学作品才为昭君形象传至千秋插上了翅膀，昭君生活的时代离人们越久远，其形象似乎越清晰、越丰满。

今人所见记载昭君最早的诗便是焦延寿所作《萃之临》和《萃之

---

① 《汉书·元帝纪》卷九。

益》，作者是与昭君同时代人，是汉代的大学者，他也是将昭君命运与国家相关联并加以解读的第一人，所谓"昭君守国，诸夏蒙德"。在考索昭君形象在文学作品中的演变时，人们充分注意了葛洪《西京杂记》和《王昭君变文》的重要作用，并认为《西京杂记》完成了后世昭君戏的基本情节构造，开启了昭君故事虚构人物情节以演绎历史的先河，《王昭君变文》初步赋予历史片段以灵魂，使王昭君形象变得有思想有精神：由于浓浓的乡愁而早逝，但是在国家危难之际勇于牺牲或成为牺牲品的王昭君。[①]

## 二 昭君想象的大时代——游牧与农耕冲突

北方草原地区游牧与中原农业地区农耕之间的冲突由来已久。在王昭君生活的时代游牧与农耕的冲突还只是刚刚开始，而游牧与农耕的冲突是中国古代民族关系发展的主角和原动力。如果从冲突的时间维度来说，自秦汉至清末，游牧与农耕的冲突经历了从持续至终结的历史过程，而从解决冲突的维度来说，游牧与农耕冲突的解决无外"战""和"两策，战有将相，和则需"和亲"与朝贡，两策的交替使用不过是双方势力较量后的选择。然而，无论何朝何代，更多的人都将"和"作为理想化的冲突解决方式，即所谓"和为贵"。那么，建立"和"的关系时，便只能是"朝贡有奇货"、"和亲"有佳人了。正是在这一大的历史背景下，王昭君这个跨越农耕与游牧的历史人物便成为这个大时代各种情感交织的焦点，其流传千秋，被吟咏不止的根本原因大约也在于此。

从文明形态而言，农耕文明是人类社会探求不断克服匮乏、满足需求的阶段性成果，农耕使得人口相对集中地居住于一地，并通过对土地的开垦和耕作获得人们生存的自然资源，相对于逐水草而居的游牧文明来说，农耕文明自有其长处，即财富的可累积性、文化的积淀性、发展的稳定性，等等。在古代中国，以中原为核心，农耕文明逐步确立了其稳固的地位，并发展出一套与农耕文明相适应的制度。而在北方草原地

---

① 丁国祥：《汉宫秋：从史卷到舞台解读王昭君》，《厦门教育学院学报》2005年第4期。

区，游牧文明也长期存在，虽然游牧文明缺少农耕文明很多优长特点，但是游牧社会便捷的移动性使其在确立与农耕社会关系过程中独占优势。于是，自秦汉以来，古代中国一直在上演农耕文明与游牧文明间的冲突历史，而且每一次大规模的游牧与农耕文明的冲突都以游牧文明更具主动性而开始。在这场持续了数千年的两种文明冲突中，充当基本动力的应是人类克服匮乏和满足需求的愿望。游牧文明与农耕文明的冲突对游牧与农耕都产生了巨大的影响，一方面，农耕文明在不断与游牧文明的冲突中寻求着二者协调点，通过政治联盟、贸易交流等方式调整关系，寻求主动；另一方面，游牧文明也在与农耕文明的冲突中寻求除战争以外的更有效的形式。可以说，是游牧与农耕文明的不断冲突，铸就了古代中国"大一统"思想，并最终推进了统一多民族国家的发展。

王昭君能青史留名，与农耕与游牧之间冲突与互动关系大时代密切相关，只因是在这一大背景之下，一个女子的命运才牵动了人们的心，而且，在农耕社会中，社会精英或有话语权的文化人对游牧与农耕冲突的前景和进程多持负面认知和评价，使王昭君的故事日益成为极具悲剧色彩的故事并得以流传千古。对王昭君悲剧命运的同情，除了表现出作者对时政的不满，借昭君表本心外，在许多方面表现出农耕社会知识层面对游牧社会的负面评价与想象，以及源于不同生产方式而形成的行为方式的冲突，比如晋代石崇的《王明君辞并序》中便想象王昭君过着"殊类非所安，虽贵非所荣"的苟且偷生的日子，且以"昔为匣中玉，今为粪上英"来蔑视游牧生活。而晋代恰是农耕文明与游牧文明冲突最烈的一个时代的开始，农耕文明与游牧文明的紧张关系在这一时期实际已经形成，对农耕社会的冲击极大，因而，作为当时一大富人的石崇，在其对王昭君生活的想象表达了他自身对当时农耕与游牧冲突批评态度，实际上，作为晋时社会上最富有的人，任何社会的动荡都可能直接损害他们的利益，因此"胡人"的行为自然非其利益所在。另外，在数千年对王昭君的想象中，伴随着对游牧文化深切的蔑视与痛恨，很多诗句中，用"胡尘""胡笳""胡风""胡庭""胡地""胡天""胡沙""胡语""胡虏""胡衣"等蔑视性描述与汉地、汉家相对照，表达自身的对"胡"文化偏见，更有诗有写到"君王莫信和亲策，生得胡雏虏更多"。

在漫长的农耕与游牧文明的冲突中，农耕民族对游牧民族的想象充满了敌意和蔑视。而且，检读吟咏昭君的诗句时我们看到，在农耕文明与游牧文明关系越紧张时，对昭君的想象便表现出更多非"胡"色彩，有的借诗言情志，通过歧视与农耕文化相异的游牧文化，来表达王朝代换中个人的立场，有的则在行文将游牧民族直比"虎狼"，进而将游牧民族污名化。在这方面《汉宫秋》的表现更为显著，这一作品反映了时人对金宋王朝被元取代的情感的失落，时人似乎正是通过描写王昭君命运，以宣泄农耕与游牧文明冲突时所产生的思想焦虑。田汉早在 1959 年就指出："元代剧作家马致远在民族压迫十分严重的时代，对汉民族，特别是当时的南宋君臣不自振作、屈辱求和，终致国破家亡，有极深的感慨。"因而，通过昭君形象的再塑造，表达长期以来汉民族"似箭穿着雁口，没人敢咳嗽"的悲愤。① 其实，这一时期，恰是游牧与文明冲突最深入的时期，对于元代的人们来说，他们会深切地感受到不同文明之间冲突之烈，但是，仍然在华夷框架内解释着游牧与农耕文化的关系，而不是别的。

在近千年的时间里，汉族的文人墨客出于强烈的文化优越感，不屑、不齿于游牧文明，一直希望通过"华化"来改造诸"胡"，与此同时，一批又一批的中原农人由于战争、贸易、避灾或避祸而到达了牧人生活区，他们在那里生存、繁衍并被"胡化"，成为游牧与农耕文化交流的桥梁和媒介，而王昭君不过是他们中间的一个，有多少李昭君、张昭君曾进入游牧区，在那里建立了一份生活，但是又终生为思乡所困扰。因而，王昭君的故事，除了述说不同文化冲突外，在很多时候，也表达着个人生活层面的内容。在某种程度上，不能不说王昭君在农耕与游牧冲突时代还有许许多多农人迁移到游牧区的生活经历和影子。

至清末民初，"国家""民族""自主""自由""自治"等，中国社会已开始用新的思想观念解释自身和世界的关系，并用这些新的思想谋划未来的发展，一系列源自西方资产阶级的思想理论成为中国人认识世

① 田汉：《谈王昭君的塑造》，原载《人民日报》1959 年 1 月 21 日，巴特尔编选《昭君论文选》，内蒙古人民出版社，2003，第 3 页。

界的新理论框架，在这一框架下，甚至中国本身的构成已受到挑战，特别是"驱逐鞑虏，恢复中华"的提出，似乎否定了数千年来中国王朝国家发展的合法性，建立"汉民族国家"已成为中国资产阶级革命者动员社会力量参与推翻清王朝政权的重要思想武器，与此同时，由于工业革命的兴起，游牧与农耕的冲突已经被农耕与工业化的冲突所掩盖，漠北地区已成为独立的政治单元，漠南地区放垦和大量农人的涌入，农耕与游牧的冲突表面化、常态化，农耕与游牧的冲突已至尾声，游牧曾经所拥有的优长，在现代工业化面前已无优长可言，特别是在清朝统治的200余年间，游牧社会已经走向终结，盟旗制度限定了游牧社会"逐水草而居"的脚步，至此，农耕与游牧的冲突时代便也接近终结。而对昭君的吟咏中便多了"五族共和"的内容，如民国时期张湘文所作《王昭君墓下作》中称："即今坟畔土，胡汉乐耕桑。……五族共和基，万世钟厥祥。"于是，对昭君想象的背景渐次过渡到主权国家内部不同民族群体在不同时期的交往，对昭君的想象超越了前此千余年的陈旧背景。

## 三　主权现代中国建构与昭君想象

历经百余年的奋斗，1949 年，王朝中国终于作为一个主权完整的现代国家屹立于世界，完成了现代国家的转型，社会生活的变迁便也进入了新时代，因此，对于昭君的想象也由王朝国家向统一多民族国家转移，在这一转移中，更强调昭君出塞中牺牲自我，维护和改善民族团结的意涵，并清理了在昭君想象中对游牧社会歧视和污名化的因素，于是，昭君不仅仍然是具有国色天香的容颜、聪颖灵秀的气质和能歌善舞的才情的古代美女，还是有着崇高气节和牺牲精神的杰出女性，"她是一个美丽的女子，同时又是一位伟大的女人"[1]。

在现代多民族国家背景下，民族关系的发展已经有了新的目标，民族平等团结成为处理民族关系的基本原则，就政治层面而言，在统一多

---

[1]　曹禺：《昭君自有千秋在——我为什么写〈王昭君〉》，巴特尔编选《昭君论文选》，内蒙古人民出版社，2003，第 26 页。

民族国家内部，民族关系的处理中政治协商、经济互助和文化间的互相影响成为一种常态，各民族之间的交往日益加深；就经济生活形态而言，农耕与游牧大冲突的时代已经结束，农耕获得了稳定的地位，在统一多民族国家的框架下，农耕与游牧不过是国民经济结构中的不同组成部分，不同文化与民族之间的交往常态化成为一个历史趋势，于是，王昭君的想象便在历史因素基础上依此大背景展开。

首先，王昭君的想象日益清除那些民族偏见和歧视。特别是 20 世纪 50 年代湖南的祁阳戏"出塞"曾得到田汉先生的好评，并对其修改中将民族偏见的唱词删除给以充分的肯定。

其次，"王昭君不再是哭哭啼啼了。她有志气，有胆识，愿意为民族和睦和当时的汉胡百姓的安乐贡献自己的一生。……她嫁到匈奴，就爱上草原；她嫁给了呼韩邪单于，就真心地爱他，并且也得到了他的爱"①。

著名的剧作家曹禺在关于《王昭君》创作的背景中也提到，周恩来总理十分关注统一多民族国家的民族关系问题，鼓励他写王昭君，以推进新型民族关系的发展。于是，在统一多民族国家的背景下，王昭君获得了一个全新的形象，一个"刚毅"且"温柔"、"耿直"而"明事理"、胸怀大志、顾全大局的王昭君为人们所认识。

此外，在两千多年的历史跨越中，想象昭君的媒介在传统中国，或者说在王朝时期的中国并未发生多大的变化，最多不过从诗词歌赋到各种各样的戏剧等文学形式，当然，绘画对昭君的想象可能具体化和艺术化。但是在现代国家背景下，昭君的想象媒介发生了重大变化，以传统的文学性的想象为基础，电影、电视剧等更具视觉冲击力、有更大影响力的媒介成为昭君新的想象方式，两千多年前的昭君便通过当代人的思想和艺术加工活生生地展现在人们面前。

总之，从中国民族关系数千年的历史发展视角来说，昭君的想象不仅有其特定的时代背景，还有其特定的社会背景。与其说是文人墨客形塑了昭君，不如说数千年中国民族关系的发展轨迹成就了昭君的

---

① 曹禺：《昭君自有千秋在——我为什么写〈王昭君〉》，巴特尔编选《昭君论文选》，内蒙古人民出版社，2003，第 26 页。

形象，而统一多民族国家现代转型则给了昭君全新的生命力，或者说，正是统一多民族现代国家成就了昭君民族和谐、和睦、团结使者的光辉形象。

## 四　呼和浩特市对"昭君"历史资源的挖掘

作为内蒙古自治区的首府，呼和浩特在历史上就是一个多族体交汇之地，在战国时期为云中郡，是秦始皇设立 36 郡之一，北魏时的盛乐城，辽金元时期的丰州城，明后期阿勒坦汗在此建城——明廷赐之称归化城，清代则在此建绥远城，民国至 1954 年属绥远省，1954 年蒙绥合并后，恢复原蒙古语名称呼和浩特，意为"青色的城"。"昭君故事"在内蒙古民间社会有广泛的传播，自治区境内有十几处昭君墓，也有很多民间传说故事。其中，以呼和浩特的最为著名，1934 年有记载：昭君墓"甚高，据说有二十丈，周围数十亩。土色特黑，草色青翠，多半是香蒿，高及人腰，香味极烈。墓前列碑七八座，最古者为道光十一年长白昇演所书之'汉明妃冢'而已及他的碑阴的题诗。次有道光十三年长白，珠澜的碑。次有戊申年耆英的碑。此外皆民国时代的新碑"[1]。在民国时期，昭君墓便已号称"绥远名胜"。

呼和浩特市的昭君墓（又名青冢）知名海内外，胡汉和亲的历史事件在王朝时期的中国并不少见，是农耕与游牧社会交往交流历史中的重要面向，胡汉和亲不仅使得地处边地的"胡"与中央王朝"汉"之间有了稳定的政治关系，对不同文化群体在王朝国家政治条件下的一体化带来根本性影响，发掘其中的历史故事和意见对当代统一多民族中国民族团结、边疆稳定以及边疆与中原的交流、合作等都有现实意义。正是因此，到 20 世纪 70 年代"昭君"已完成民族交往交流使者的转型，并被用于形容那些为内蒙古建设做出贡献的英雄。[2] 20 世纪 80 年代，昭君历

---

① 西谛：《昭君墓》，《水星》1934 年第 1、2 期，第 72 页。

② 《当代昭君——记前来内蒙古参加边疆建设的英雄们》，《人民日报》1979 年 4 月 19 日。《鼓励"伯乐"荐贤，欢迎"昭君"出塞——内蒙古自治区采取措施落实政策吸引人才》，《人民日报》1985 年 5 月 24 日。

史故事转型已进一步提升至文化高度，改革开放后区域经济的发展，使呼和浩特市有了以"昭君"命名的企业或产品，其中有烟、酒、酒店、商店、绒毛衫等。当时，也有研究者提出了"昭君文化"的概念，1999年8月20日，呼和浩特市在昭君墓文管处与民间的第六届昭君庙会合并举行了第一届昭君文化节，当时相关活动规模较小、内容相对简单，仅限于民俗歌舞、书画笔会及理论研讨等。2000年7月，中共呼和浩特市委员会、呼和浩特市人民政府《关于加强首府文化建设的意见》中首次明确提出："呼和浩特文化是以草原文化为底蕴，以昭君文化为特色，以先进文化为方向，面向世界、面向未来、面向现代化的具有地域性、民族性和辐射性的现代化都市文化。"同年，在呼和浩特市委支持下成立了昭君文化研究会，此后，在昭君文化研究不断深入的同时，昭君文化节也日益具有影响力，并成为呼和浩特市的城市名片。

中共呼和浩特市委员会、呼和浩特市人民政府以弘扬昭君文化、增进民族团结、促进经济发展为目标主办"中国·呼和浩特昭君文化节"，自1999至2016年已举办17届。"中国·呼和浩特昭君文化节"每年夏天在草原举办，文化节活动内容包括文化、体育、旅游、经贸洽谈、理论研讨等。这些活动不仅丰富了群众的文化生活，也为内蒙古自治区、呼和浩特市的经济社会发展注入了活力、创造了机遇，对构建和谐社会发挥了重要作用，其活动的丰富性、活动规模及社会影响不断扩大，已经成为呼和浩特市的城市文化名片、地方经济快速发展的平台、对外经济文化交流的载体、加强民族团结和促进社会发展的推动力。随着办会规模的扩大和办会水平的提升，呼和浩特这一文化名片日益具有影响力，第二届昭君文化节时就与国内外客商搭成经贸合作项目13个，引进资金5.3亿元。提升了呼和浩特市旅游接待能力和基础设施水平。第三届昭君文化节有17项主要活动，"文化搭台、经贸唱戏"推动了呼和浩特市经济技术合作项目洽谈会。据统计，此次经济技术项目洽谈会签约项目43个，其中合同29项，协议14项，项目总投资22亿元人民币。[①] 直至第十三届昭君文化节活动项目变化情况及引资情况见表1。

① 温都苏、云玉美：《昭君文化节三度辉煌》，《中国民族报》2001年9月14日。

表 1　第一至第十三届昭君文化节活动及引资情况统计

| 年　份 | 届　数 | 活动项目（项） | 引资数（亿元） | 达成经贸合作项目（项） |
| --- | --- | --- | --- | --- |
| 1999 | 第一届 | 10 | — | — |
| 2000 | 第二届 | 17 | 5.3 | 13 |
| 2001 | 第三届 | 20 | 11 | |
| 2002 | 第四届 | 28 | 21.9 | |
| 2004 | 第五届 | 27 | 50.45 | 30 |
| 2005 | 第六届 | 31 | 64 | 30 |
| 2006 | 第七届 | 39 | 85.5 | 5 |
| 2007 | 第八届 | 48 | 510 | 70 |
| 2008 | 第九届 | 35 | 157.09 | — |
| 2009 | 第十届 | 58 | 384.8 | 23 |
| 2010 | 第十一届 | 56 | 360 | 32 |
| 2011 | 第十二届 | 50 | 549.8 | — |
| 2012 | 第十三届 | 55 | 606.7 | — |

　　第五届昭君文化节是与内蒙古首届国际草原文化节同期举办的活动，节庆影响进一步扩大。第八届昭君文化节则由内蒙古自治区人民政府主办，呼和浩特市人民政府承办，与之同期举办的还有 2007 中国民族商品交易会（内蒙古自治区人民政府、中华人民共和国商务部、国务院西部开发办公室、中国国际贸易促进委员会主办，呼和浩特市人民政府、内蒙古自治区商务厅、商务部流通产业促进中心、内蒙古自治区西开办、中国国际贸易促进会内蒙古自治区分会承办）将草原文化节。

　　在这一活动中，湖北省宜昌市兴山县与呼和浩特结成紧密合作关系，同时，也拉动了兴山县挖掘昭君文化的积极性。2016 年，台湾苗栗县也举办了昭君文化节，这是百名两岸昭君文化爱好者在台湾苗栗县新莲寺举办的"共话昭君'和'文化和产业发展"活动，台湾苗栗县新莲寺是台湾地区唯一供奉王昭君的庙宇，已有 200 多年历史。苗栗县昭君文化协会理事长余文秀说，"昭君文化已成为了海峡两岸民间交流的纽带和桥梁，弘扬昭君文化，增进民族团结，构建和谐发展是海内外华人及一切和平爱好的共同心声"。

　　昭君文化节的活动借助于经济文化活动的融合，动员企业参与，得到了社会广泛关注，伊利集团、蒙牛乳业集团等企业或冠名文化节的活动，或对文化节活动进行赞助。其中，伊利集团连续 8 年冠名赞助文化节开幕式晚会，取得了良好的经济和社会效益，在 2008 年 IFEA 年度评奖中得到了唯一一个企业赞助奖。2009 年和 2011 年，蒙牛乳业集团又冠名赞助了文化节开幕式晚会。河套酒业连续五年、蒙古王实业公司连续两年成为文化节指定白酒赞助商，内蒙古汉森酒业集团、内蒙古金沙葡萄酒业公司、塞北星啤酒公司、金川啤酒公司也相继成为了文化节的红酒、葡萄酒、啤酒赞助商，湖北采花茶业有限公司成为文化节茶品赞助商。随着文化节的举办，国内外众多公司企业通过各种形式赞助文化节的积极性也越来越高，文化节的举办得到了越来越多企业和商家的认可，有多家企业有赞助文化节的意向，社会各界的广泛参与是文化节蓬勃开展的基础，得到了国内外社会各界的广泛关注和参与，实现了文化和经济的良性互动。经济带动能力增强，使昭君文化节这一品牌得到了进一步提升，也为自治区及呼和浩特市经济、社会发展注入了极大的活力。文化节各项活动的举办，对首府经济发展起到了极大的推动作用，汇聚了国内外各种资源、信息和资金，搭建了招商引资的良好平台。其中，第六届中国民族商品交易会期间举办的呼和浩特投资贸易洽谈会共协议引进国内外资金 606.7 亿元，签约项目涉及装备制造、生物医药、化工、食品加工、新能源新材料等高端制造业项目、商贸物流等现代服务业项目、城市建设和园区开发建设等项目。活力澳门推广周展览面积近 7000 平方米，商贸及参展代表团超过 400 人，在 3 天的展览中，共有 9.5 万人次入场参观。活动期间达成了 10 多项会展协议及签约项目。"第四届中国·呼和浩特国际汽车展"共有 70 多家国内外整车厂商参展，展车 400 余台，发布新车 15 余款，参展观众 28 万人次，现场成交及意向订单数量近 8000 台，总销售额达到 16 亿元。与此同时，昭君文化节把节庆活动作为推动文化产业发展的直接动力，使经济积极建设和文化建设相互促进。借助呼和浩特投资贸易洽谈会的平台，推动首府招商引资工作不断取得新突破，产业规模和层次有了一个新的跃升。同时，在昭君文化节举办期间，大量游客在城市吃、住、行、游、购、娱等，带动宾馆、餐饮、购物、旅游等多方位的消费，拉动了第三产业的发展。

在获得经济效益的同时，昭君文化节也向世人展示了呼和浩特极具民族和地域特色的草原文化，深入挖掘了区域特色历史文化。文化节开幕式上的大型蒙古民族歌舞每年都是重头戏，充分体现了蒙古民族歌舞之乡的特点，也是呼和浩特昭君文化节区别于其他节庆活动的精髓所在。通过展示草原文化魅力，凸显了呼和浩特城市形象的个性特征。此外，文化节中的奶牛选美大赛、民族风情游等活动，从多层次、多侧面整体展示了文化节的民族性和地域性。昭君文化节在活动设计上安排了很多喜闻乐见且群众便于参加的活动。比如市文化局组织的广场消夏文化活动和昭君博物院民俗文化活动、2012 年呼和浩特第十五届中华全国集邮展览、如意风情嘉年华、2012 年呼和浩特夏季大召文化庙会等活动。这些活动从不同层面吸引群众参与到文化节活动中来，让群众在参与中得到教育，在活动中得到娱乐，同时借助新媒体或技术进步传达相关文化活动信息，提升节日文化的共享程度。

昭君文化节的举办也对改善城市基础设施发挥了重要推动作用。随着昭君文化节的举办，新建的体育场、体育馆、大剧院得到了有效的利用。呼和浩特市的城市建设也有了跨越式发展，城市面貌日新月异，宜居水平显著提高，城市功能更加完善。同时，昭君文化节也获得了很多荣誉，比如，2005 年，被国际节庆协会（IFEA）评为"中国最具发展潜力的十大节庆活动"之一。2006 ~ 2010 年，在节庆产业年会上连续五年被评为"年度中国十大节庆"。2008 年、2009 年、2011年，在节庆中华奖颁奖典礼上连续三年被评为十佳"节庆中华奖"，2009 年呼和浩特市被评为四个"最佳节庆城市"之一。2010 年 8 月，昭君文化节荣获"新世纪十年会展之星——中国节庆活动杰出典范"奖。2011 年，昭君文化节被评为"2011 优秀民族节庆"和"全国十大品牌节庆"。

总之，在深度挖掘昭君历史文化资源过程中，"昭君故事"的历史文化现象被赋予以当代社会关系调整意义，并且借助经济活和节日庆典形式成为日益为人们所认知的昭君文化，成为深入挖掘历史资源善的一面服务于当下社会生活的典型案例。呼和浩特市在转换历史文化资源服务于民族团结方面的大胆探索，取得了初步成果，相应的知识体系的建构、概念的学理化等还需要深入推进。在"五方之民"后裔数千年文明互动基础上建构的主权现代中国，如何深入挖掘历史遗产，使历史文化资源焕发出新时代的光辉并促进民族团结进步创建值得深入研究。

# 兴安盟：全国民族团结进步示范盟

兴安盟地处内蒙古自治区东北部，全盟面积 5.9 万余平方公里，人口约 168 万，有蒙、汉、回、满、朝鲜等 22 个民族，少数民族人口占 48%，多民族人口在这里依存共生。兴安盟下辖 2 市（乌兰浩特、阿尔山）3 旗（科尔沁右翼前旗、科尔沁右翼中旗、扎赉特旗）1 县（突泉县），西北与蒙古国接壤，有 120 多公里的边境线。盟委、盟公署驻乌兰浩特市，乌兰浩特为蒙古语音译，汉语意为"红色的城市"，旧称"王爷庙"，1947 年 4 月末，这里举行了内蒙古自治政府成立大会，使之成为中国民族民主革命的重镇，因之改称乌兰浩特。直到 1949 年 11 月，乌兰浩特都是内蒙古自治政府的驻地。可以说，兴安盟是内蒙古民族团结新时代的见证者，也是成功实践中国共产党民族平等、民族团结理论，最早创建省级民族区域自治之地，中华人民共和国第一代各民族干部很多人都曾在这里并肩战斗。正是各民族革命者的共同团结奋斗，推动了内蒙古民族解放事业，推动了统一多民族主权中国解决国内民族问题的政策实践和制度创新。在新时期民族团结进步创建活动中，兴安盟发挥光荣传统，走到内蒙古自治区各地前列，在推动全盟各项事业发展基础上，投入人力物力和财力，开展民族团结进步教育，动员全社会为民族团结进步创造更好的社会条件，使民族团结进步获得更高的社会认知度，为各民族共同团结奋斗、共同繁荣发展提供了有利的社会条件。

## 一 从游牧之地到革命圣地

"兴安"为满语音译，汉语意为"丘陵"，地名源于是对地形地势的描述。兴安盟地处大兴安岭南麓中段，山势较缓，地势多属中低山丘陵，山地面积约占全盟总面积90%，10%为嫩江西岸平原。这里历史上就是一个古代民族大舞台，东胡、鲜卑、室韦等都曾是这里山林草原的主人。辽金时期这里属泰州辖地。元代，初为辽阳行中书省辖地，后划入中书省。明代，属泰宁卫、朵颜卫辖境。后金时期，属于嫩江科尔沁部牧地。清代，当今兴安盟辖境置有科尔沁右翼前旗（亦称札萨克图郡王旗，简称科右前旗）、科尔沁右翼中旗（亦称图什业图亲王旗，简称科右中旗）、科尔沁右翼后旗（亦称镇国公旗，简称科右后旗）和扎赉特旗。四旗均隶属哲里木盟，科右中旗的西哲里木为哲里木盟会盟之地。有清一代，科尔沁右翼三旗政务受盛京将军监督，扎赉特旗政务受黑龙江将军监督。

清末民国时期，科尔沁右翼各旗和扎赉特旗与内蒙古其他盟旗一样，进入社会生活巨变的历史时期。旗地放垦和招垦，各旗出现旗县并置状态，蒙旗生活受到自身贫困化和各种内部矛盾牵累，同时又受农牧矛盾困扰，处于各类社会矛盾激化状况，日本、俄国之势力也已深入各旗并试图掌握蒙古人为其达成侵略目标服务。由此也使科尔沁右翼各旗等地社会动荡构成了清末民初国家政治变迁组成部分。民国政治并未真正实现"五族共和"，军阀政治深刻影响了各盟旗社会生活，"九一八"事变以后，日本帝国主义占领东北和内蒙古东部，随之而来的是日本侵略者建立伪政权和长达14年的奴役，科尔沁右翼各旗和扎赉特旗先后属于伪政权建设的兴安局和兴安省等，1935年兴安南省公署迁驻王爷庙，1943年在王爷庙街设兴安总省公署，由此提升了王爷庙在内蒙古东部的影响力。借助"蒙地奉上""特权奉上"等，日本人消除了内蒙古东部各盟旗蒙古王公制度，全面掌控其政治经济权力，以王爷庙街为中心的伪兴安南总省公署也成为日本进一步实现其"大陆政策"目标的基地之一。

在国际共产主义运动和中国民族民主革命大势影响下，内蒙古民族自治运动成为近代以来蒙古社会民族意识觉醒的重要标志。中国共产党人在参与和推进中国民族民主革命过程中，始终关注蒙古民族解放问题，关注近代以来蒙古社会兴起的自治运动，最终在马克思主义民族理论指导下，将蒙古民族自治运动作为中国民族民主革命总问题的一部分，推动内蒙古东西部的联系与合作，进而推动蒙古民族内部的团结，兴安盟的王爷庙当年由于其独特的区位和政治影响而成为东蒙古民族自治运动的中心之一，最终成为各民族团结谋求民族解放和人民中国创建的革命圣地。

经历日本帝国主义奴役的东北和东蒙古地区，"蒙古人民由于长期受着反动统治者大汉族主义之各种压迫，及敌伪十四年之蹂躏，具有强烈之民族意识及民族成见，加之过去敌伪之挑拨，蒙汉民族间，蒙汉杂居地区之蒙汉人民间，现尚存有严重之隔阂……"①，因此，在抗战胜利之际，在伪政权下被奴役的进步青年、军管等觉悟者以军事起义为起点推动了内蒙古东部的民族自治运动。据方知达回忆："苏联对日宣战，苏蒙联军进入内蒙古地区后，日军被粉碎，伪政权被解散，我党我军的主力尚未赶到，东蒙古的革命青年（包括青年军官）纷纷举行起义，消灭了日寇，成立了各种民族自治武装和革命组织，进行平叛剿匪，维持治安等保护人民利益的活动；并去突泉县救出被国民党囚禁的胡秉权同志，去白城子支援我夏尚志、朱继先的先头部队。"② 1945 年 8 月 11 日，原伪兴安陆军军官学校的蒙古族、达斡尔族学员在进步青年军官的带动下，杀死了日本法西斯军官，举行武装起义，史称葛根庙"八一一"起义。8 月 14 日，哈丰阿、博彦满都、王海山、张尼玛等曾在伪政权任职的觉悟者在扎赉特旗第四村与起义队伍汇合，协商成立"内蒙古人民解放委员会"，并与进驻王爷庙的苏军联系，提出建立自治政府、组织建军队和恢复内蒙古人民革命党组织的要求。8 月 18 日，博彦满都、哈丰阿等以内蒙古人民革命党东蒙古本部执行委员会名义发布《内蒙古人民解放宣言》等。此时，一大批关心蒙古民族前途命运，反对国民党民族压迫和反动统治的进步军官、青年学生等聚集于王爷庙，维护社会秩序，寻求民族解放的路径，这里也成为内蒙古东部民族自治运动的重要中心。

1946 年 1 月，东蒙古 36 个旗 200 余人在科右前旗的葛根庙召开东蒙

---

① 《中共中央西满分局关于蒙古工作的总结及几项政策的规定》，《民族问题文献汇编》，中共中央党校出版社，1991，第 1067 页。

② 方知达：《参加内蒙古东部地区革命工作的回忆》，《革命史资料》（17），中国人民政府协商会议全国委员会文史资料研究会编，1987，第 8 页。

人民代表大会，会议宣布成立东蒙古人民自治政府，发布东自治政府自治法、组织法、施政纲领等，博彦满都任主席、玛尼巴达赖任副主席。1946 年 1 月 16 日，成立兴安盟，辖科右前旗、科右中旗、科右后旗、喜扎嘎尔旗、扎赉特旗和王爷庙街（今乌兰浩特），王爷庙街为东蒙自治政府的首府①，在追求蒙古民族自治运动中兴安盟具有了新的政区特性。当时，内蒙古东部地区社会形势发生重大变化，东蒙人民自治政府反对国民党统治，参加国民代表大会的内蒙古代表也联名要求国民党实行二中全会决议恢复蒙政会要求，1946 年的内蒙古东部"……无论老年、青年、进步的、落后的，都主张成立蒙古自治政府"②，为此，中共中央根据东北解放战争和全国形势判断，认为成立内蒙古自治政府的条件已经成熟，故指示："为了团结内蒙人民共同抵抗蒋介石的军事进攻与政治经济压迫，现在即可联合东蒙西蒙成立一地方性的高度自治政府，发布施政纲领，但对蒙汉杂居地区仍容纳汉人合作，并避免采取独立国形式。"③

中共党组织积极介入和引导蒙古民族自治运动，特别是内蒙古自治运动联合会成立后，"内蒙古各种团体、机关、军队领导集团及知识青年，大部分已经认识到与外蒙古合并及独立为不可能与不适宜。他们赞成民族平等自治方针，但他们主张统一的地方自治，不愿分盟的自治，主张各盟旗统一于一个蒙古地方政权，这一政权受解放区民主政府领导……"④。1946 年 4 月，中共东蒙工委在王爷庙成立，工委书记为张策，成员为刘选、毕舒国、黄文飞、谷献瑞、胡殿士等，1946 年中旬方知达从西满分局到王爷庙。工委以西满军区办事处示人，积极组织群众、发动群众，开展自治运动，推进民族解放斗争的工作。在促进蒙古民族

---

① 包明德：《日本投降后东蒙地区的形势和东蒙自治政府成立及其演变》，《锡林郭勒盟文史资料》（第 2 辑），中国人民政治协商会议锡林郭勒盟委员会文史资料研究委员会编印，1985。
② 《中共中央西满分局关于确定内蒙古自治主张问题的请示》，《民族问题文献汇编》，中共中央党校出版社，1991，第 1082 页。
③ 《中共中央西满分局关于确定内蒙古自治主张问题的请示》，《民族问题文献汇编》，中共中央党校出版社，1991，第 1083 页。
④ 《中共晋察冀中央局关于蒙古工作的总结》，《民族问题文献汇编》，中共中央党校出版社，1991，第 1087 页。

内部团结的同时，团结各民族干部推进内蒙古自治运动的发展。各民族团结斗争获得民族解放成为这一时期革命者的重要的历史选择。1946 年 5 月 25 日，东蒙古人民自治政府撤销，成立兴安省政府，受东北人民政府和内蒙古自治运动联合会的双重领导，兴安盟为其所辖。"当时，王爷庙地区是东部区政治经济军事的中心，也是辽吉军区已巩固的后方根据地。在骑兵第一师、军区警卫团、其他友军和各级政府及各族人民的团结奋斗，并肩作战下，王爷庙地区已成为一个内无匪特干扰，外无敌军侵犯，各民族间团结互助的安全地区。"① 为 1946 年 2 月内蒙古自治运动联合会领导中心转移王爷庙打下了重要基础，也为筹备召开内蒙古自治区人民政府成立大会创造了有利条件。

1947 年 4 月 23 日，王爷庙街再次迎来一个内蒙古民族解放的重要会议，即内蒙古人民代表会议，会议在东蒙军政干部学校礼堂②（今称"五一会址"）开幕，"来自各地、来自草原的 392 位代表均胸佩红色佩章出席，环山抱水的王爷庙气象焕发，满街彩旗飘扬"。"会场满布各地贺幛百余幅，光辉夺目"。此次代表大会被视为"数百年来内蒙民族的大喜事"。③ 这次大会完成内蒙古自治政府的各项选举、组织等程序和主要机关建设任务，也在最大程度上体现了各民族团结奋斗谋求创建民族民主国家的精神和原则。5 月 3 日，内蒙古人民代表会议闭幕，同时，举行内蒙古自治政府成立典礼。5 月 19 日，毛泽东、朱德复电内蒙古人民代表会议，指明各民族团结奋斗的方向："蒙古民族将与汉族和国内其他民族亲密团结，为着扫除民族压迫与封建压迫，建设新蒙古与新中国而奋斗。"④ 内蒙古自治政府承认内蒙古民族自治区仍属中国版图，是中国真正民主联合政府之一部分，其所反对的是蒋介石国民党独裁政府

---

① 包明德：《日本投降后东蒙地区的形势和东蒙自治政府成立及其演变》，中国人民政治协商会议锡林郭勒盟委员会文史资料研究委员会编印《锡林郭勒盟文史资料》（第 2 辑），1985。

② 旧为伪兴安陆军官学校礼堂，为一青砖二层起脊建筑，现已复原了会场全景，有陈列文物 150 余件。2006 年被国务院命名为全国重点文物保护单位，2009 年被中宣部命名为全国爱国主义教育示范基地。

③ 《内蒙古人民代表会议开幕典礼空前盛大》，《内蒙古自治运动联合会档案史料选编》，档案出版社，1989，第 226 页。

④ 内蒙古自治区档案馆编《内蒙古民族团结革命史料选编》，1983，第 146 页。

及其所制定取消民族自治权利的伪宪与其卖国内战反动政策。从此，内蒙古区域政治发展走向了新路径，1948 年 11 月，在乌兰浩特成立兴安盟，隶属于内蒙古自治政府，兴安盟的民族团结也进入一个新时代。

# 二　兴安盟在发展中积极推进民族团结

1949 年 12 月，兴安盟政府改称兴安盟人民政府。1952 年，内蒙古自治区成立东部区行政公署，驻乌兰浩特市，随后撤销兴安盟，原兴安盟与呼纳盟合并，改称呼伦贝尔盟（1953 年）。1980 年，经国务院批准，恢复兴安盟建制。此后，兴安盟抓住机遇，不断推进全盟发展，借助西部大开发、东北老工业基地振兴等政策推动，在基础设施条件改善、经济综合实力、民生改善、特色产业培育等方面取得良好成果，并在整体上随着内蒙古自治区民族工作步伐，扎实开展工作，积极推进民族关系调节，形成了良好的民族团结社会氛围。这从历年来各级政府表彰的民族团结模范集体、模范个人总数不断增加便可见一斑。受表彰单位和个人具体情况见表 1、表 2。①

表 1　兴安盟获国务院表彰民族团结模范集体名单

| 年　　份 | 先进集体名称 |
|---|---|
| 1988 | 内蒙古地矿局 115 地质队 |
| | 乌兰浩特市乌兰哈达苏木三合村 |
| 1990 | 内蒙古地矿局 115 地质队 |
| | 扎赉特旗农电局 |
| | 乌兰浩特市农机总站 |
| | 科右中旗巴仁杜尔基苏木 |
| 1994 | 科右前旗满族屯乡 |
| | 乌兰浩特市乌兰哈达苏木 |
| 1999 | 扎赉特旗绰勒镇鲜光嘎查党支部 |
| | 兴安盟教育局 |

---

① 主要数据信息取自《兴安盟志》（上），内蒙古人民出版社，1997，第 211 页。

续表

| 年　份 | 先进集体名称 |
|---|---|
| 2005 | 乌兰浩特市民族事务局 |
| | 扎赉特旗扶贫办 |
| 2009 | 中共乌兰浩特市委员会 |
| | 突泉县就业局 |
| | 科右前旗科尔沁镇兴科社区党委 |
| 2014 | 兴安盟盟委、行政公署 |
| | 兴安盟电业局 |
| | 红云烟草（集团）有限责任公司乌兰浩特卷烟厂 |
| | 武警兴安盟森林支队 |
| | 兴安盟日报社 |
| | 兴安盟农牧场管理局公主陵牧场五队 |
| | 乌兰浩特钢铁有限责任公司 |
| | 突泉县六户镇党委、政府 |
| | 扎赉特旗蒙医院 |
| | 科尔沁右翼中旗教育局 |
| | 阿尔山市旅游局 |
| | 乌兰浩特市义勒力特工作部 |
| | 科尔沁右翼前旗满族屯满族乡党委、政府 |

表 2　获国务院表彰民族团结个人模范名单

| 年　份 | 先进个人及工作单位及职务 |
|---|---|
| 1988 | 孟特（蒙古族）兴安盟副盟长 |
| | 王力（汉族）科右前旗乌布林中学　教师 |
| | 铁桩子（蒙古族）科右中旗巴扎拉嘎苏木敖扎嘎嘎查达 |
| 1990 | 窦连玺（汉族）科右前旗人民政府副旗长 |
| | 乌日吉木舍（蒙古族）科右中旗代钦塔拉苏木古兰艾里　牧民 |
| | 包扎木苏（蒙古族）科右前旗巴达仍贵苏木巴达仍贵艾里　牧民 |
| | 齐俊芳（蒙古族）突泉县巨力乡永祥小学 教师 |
| 1994 | 喜著（蒙古族）中共乌兰浩特市委书记 |
| | 宋锁柱（汉族）科右前旗乌兰毛都苏木 |

续表

| 年　份 | 先进个人及工作单位及职务 |
|---|---|
| 1999 | 常国（蒙古族）兴安盟民族事务局局长 |
| | 王布和（蒙古族）科右中旗巴仁哲里木镇巴仁哲里木嘎查白音塔拉卫生所所长 |
| 2005 | 王秀莲（蒙古族）突泉县水泉乡中心校校长 |
| | 王布和（蒙古族）科右中旗巴仁哲里木镇塔拉艾里红十字博爱救助站 |
| | 乌日图巴雅尔（满族）中共科右前旗满族屯满族乡委书记 |
| 2009 | 孙久仁（汉族）兴安盟岭南乡农产品开发有限责任公司总经理 |
| | 白全龙（蒙古族）科右中旗蒙医医院院长 |
| | 赵晓方（蒙古族）乌兰浩特市乌兰哈达镇古城村党支部书记 |
| | 朴成奎（朝鲜族）扎赉特旗绰勒银珠水稻专业合作社社长 |
| 2014 | 夏克（汉族）红城初级中学 |
| | 董晋伟（满族）兴安盟公安局反邪教支队 |
| | 石兴台（蒙古族）兴安盟扶贫开发领导小组办公室 |
| | 刘凤君（蒙古族）兴安盟五岔沟林业局 |
| | 张淑兰（蒙古族）兴安盟蒙医院 |
| | 包立华（蒙古族）兴安盟农业多种经营管理站 |
| | 于颖军（汉族）兴安人民广播电台 |
| | 王秀莲（蒙古族）突泉县哈拉沁中心校 |
| | 满春生　阿尔山市公安局交警大队 |
| | 孙树木（蒙古族）科尔沁王酒业有限责任公司 |
| | 王布和（蒙古族）科右中旗巴仁哲里木镇塔拉艾里红十字博爱救助站 |
| | 那仁朝克图（蒙古族）札赉特旗教育局 |
| | 李金花（朝鲜族）乌兰浩特市朝鲜族小学 |

　　在内蒙古自治党委政府历次民族团结先进集体和个人的表彰中，兴安盟也有相当的成绩。1983 年获得表彰的模范集体 13 个，先进个人达32 人，2012 年自治区一级的表彰中，兴安盟受表彰的集体有 18 个，个人有 19 个。

　　兴安盟行政公署也把增进民族团结作为头等大事来抓，中共兴安盟委员会和行政公署对民族团结先进集体和先进个人进行了多次表彰，20世纪 80 年代以来几个主要年份兴安盟表彰民族团结先进集体和个人数情况见表 3。

表3　几个主要年份兴安盟表彰民族团结先进集体和个人数情况表

| 年　份 | 表彰民族团结先进集（个） | 表彰的民族团结先进个（人） |
|---|---|---|
| 1983 | 31 | 69 |
| 1986 | 40 | 66 |
| 1987 | 32 | 73 |
| 1994 | 31 | 75 |
| 1997 | 35 | 69 |
| 2009 | 19 | 33 |
| 2013 | 31 | 40 |

截至2015年，累计表彰民族团结进步模范集体1396个，模范个人3368名。越是深入了解兴安盟民族团结进步示范盟创建进程，越能深切体会在全社会不留死角地进行民族团结教育的社会氛围和实效。

在兴安盟，每听到一个民族团结的故事，其内容都包含不同民族成员间相互尊重、相互合作、相互学习、相互扶持、相互包容之意。从模范集体来看，机关、企业、学校、社区、社区、嘎查（村）都有模范代表，其中，有民族团结常青树之称的乌兰哈达镇三合村早在20世纪80年代就受到过国务院的表彰，并一直保持着民族团结进步的好传统。这是一个总人口达1700多人的多民族聚居村，其中朝鲜族占62%，村两委在实际工作中，将民族团结原则写入《村规民约》和《村民自治章程》，村级事务决策、管理、监督规范民主，村内经济生活有能人带动和全体村民的积极努力。仔细观察这个不平凡的村落，不难发现这个村抓住了国家改革开放的大机遇，壮大了集体经济，盘活各类资源，民生改善和村落基础设施环境成绩不俗，大大增强了全村各民族群众的凝聚力。

从模范个人来看，故事虽然各异，道理却相通。他们中有悬壶济世的医生、有努力工作的机关干部、敬老院的工作人员、合作社社长、村书记、公司董事长等，这是一长串闪耀着奉献、真诚、创新、包容光辉的名单位。

朴成奎——扎赉特旗绰勒银珠水稻专业合作社社长，他好学钻研，成功探索出"千斤稻谷百斤鱼"的稻田养鱼法，自主成功选育出优良稻种——北方金稻 1 号,一斤大米买到 80 元。他带领乡亲们办起银珠水稻专业合作社,注册"绰勒银珠"商标,生产绿色有机优质水稻。在他带领下,多民族共同在合作社中谋求发展,实现了企业+合作社+基地+农户的良性发展模式,合作社规模忆扩大到 197 人。绰勒银珠 2013 年在全国供销合作社评为最有影响力的商标品牌,2014 年被评为内蒙古著名商标,合作社也发展为兴安盟示范社和盟级龙头企业。

赵晓芳则是朝鲜族村落的蒙古族村书记,看上去这是个女性的名字,实际他却是身材高大的蒙古汉子。他所在的村是乌兰哈达镇的古城村,全村 98% 是朝鲜族,赵晓芳在日常生活中,可以熟练用蒙古语、汉语和朝鲜语与村民交流。2009 年当选择村书记后,面对村内青壮年劳力大多处出打工的局面,他探索成立合作社,"党组织+专业合作社+农户"的形式,推进全村土地规模化经营,以降低经营成本,盘活土地资源,实现村民增收的目标,在带领村民发展经济的同时,注重村民文化建设活动,使村民们生活于和谐有序的社会氛围之中。

王布和——被称为"草原神医"全国知名,也是兴安盟民族团结大明星。他以兴安盟科右中旗西哲里木嘎查卫生室乡村医生为人们所知晓,2001 年被评为盟、旗民族团结进步先进个人,2002 年荣获自治区民族团结先进个人称号,2005 年荣获全国民族团结先进个人称号,2004 年被中央电视台评选为"感动中国"西部十大新闻人物之一,2006 年受到全国优秀乡村医生的表彰。他采用中蒙医结合办法,对草原常见病类风湿、肝病、胃病有一套独特的治疗方法,在他那里,有钱没钱都能看病吃药治疗,对待贫困的群众,他不仅为贫困人口提供免费的食宿,还赠送回家的路费,就这样来自各地患者常常慕名而来。据统计,20 多年来王大夫接待、治疗过 60 余万人,"草原神医"之名广为流传。

孙久仁——兴安盟科技局高级农艺师,他被称为蒙古族嘎查的汉族"荣誉村民"。他另一个身份是兴安盟岭南香农产品开发有限责任公司总经理,2000 年受派遣到乌兰浩特乌兰哈达镇东苏嘎查搞大米基地,最初由于未能处理好与村民间的关系,工作开展极为不顺利。为了推进工作实效,他积极想办法为村民办实事,十多年来,在他真心实意帮助村民寻求发展之路,真诚地帮助村民改造低产田、提高种稻技术、改善生产条件，使东苏村生产力水平不断提升，群众收入成倍增长，孙久仁也成为村民离不开的"贴心人"。①

## 三 "全国民族团结进步示范盟"的创建

在推进全盟民族团结创建过程中，盟委、盟政府引进国务院发展研究中心、内蒙古社会科学院的相关专家给予智力支持，将"全国民族团结进步示范盟"创建作为全盟发展战略进行深入研究，寻求发展思路，将绿色产业带动、生态优先、创新多民族文化、扶贫攻坚、双向开放等作为战略选择内容。2013年9月，兴安盟被国家民委列入"全国民族团结进步示范盟"试点单位，由此，也给兴安盟民族团结进步创建活动提出了更高的要求，自此他们确立力争用3年时间完成全国民族团结示范盟的建设的目标。为此，盟委领导一班人强化了对民族团结进步创建的领导和创建机制建设。

第一，成立盟级领导小组，为有效推进民族团结进步创建提供强有力的组织保障。领导小组以盟委书记为组长，盟委副书记、盟长等盟四大班子领导及兴安军分区领导为副组长，盟直各单位主要领导为成员。创建全国民族团结进步示范盟成为兴安盟的"一把手工程"，相关工作可以有效调动和协调各类资源，保障强有力的组织和领导。各旗县市政府也把创建工作列入重要议事日程，成立本级政府"一把手"工程组织保障机制，在经济社会发展大局中统筹规划民族团结进步示范建设，同部署、同落实。分管领导牵头负责，盟创建办抓协调和具体落实，全盟民族团结示范创建形成创建工作层层有人抓、有人负责的工作机制。

第二，出台相关规范，保障民族团结进步示范盟的活动有章可循目标明确。2013年兴安盟盟委、行署印发《中共兴安盟委员会、兴安盟行政公署关于创建民族团结进步模范区的意见》，将民族团结进步示范创建工作与牢牢把握"共同团结奋斗、共同繁荣发展"的民族工作主题密切联系起来，以构建更加和谐的民族关系为目标，以发展经济、改善民

---

① 兴安盟民族事务委员会编《繁花似锦——兴安盟民族团结进步典型事迹采撷再版》，2015。

生为重点，充分利用叠加扶持政策优势，加快地区经济发展，创新社会管理，维护民族团结，促进和谐稳定。兴安盟将发展目标分为三个阶段实施，到 2015 年经济、文化、社会、生态各领域明显发展；到 2017 年各项工作实现新跨越，社会主义民族关系更加巩固；到 2020 年，与全国、全区同步进入小康社会。同时，出台《中共兴安盟委员会办公厅、兴安盟行政公署办公厅争创"全国民族团结进步示范盟"工作实施方案（2013 至 2015 年）》《兴安盟"全国民族团结进步示范盟"创建工作考评细则》等相关文件，全面推动全国民族团结进步示范盟的工作，将民族团结进步创建工作纳入领导干部年度工作综合考核评价内容。

第三，强化宣传动员，追求更广泛的社会影响。在这一过程中，兴安盟广泛利用传统和新兴媒体，宣传全国民族团结进步示范盟创建的意义、目标和措施，使创建"全国民族团结进步示范盟"有更广泛的社会影响，"民族团结进步在兴安"的微信平台已开通。还曾举行"创建全国民族团结进步示范盟"视频启动仪式，盟直和全盟六个旗县市的广大干部群众代表近千人分别在主会场和分会场参加大会，启动仪式形成了浩大的社会声势。丰富多彩的社会活动为进一步宣传创建活动和相关政策提供了重要平台，其中包括"民族团结之星"评选、民族团结进步宣传标语口号图标征集、优秀少数民族进城务工创业人员评选表彰、民族团结进步好少年好青年评选表彰、民族团结进步好家庭好邻居评选等，这些评选活动使民族团结进步创建活动社会氛围更加浓厚。盟辖的六个旗县市都确定了具体的创建目标和措施，形成各级政府同心协力，共同推进创建活动的良好氛围。在创建过程中，创建领导机构注重工作人员培训，曾对来自全盟各旗县市创建办工作人员、41 个示范单位试点和社区负责创建工作业务骨干近 200 人进行过培训。培训使参训人员更加了解全国民族团结进步示范盟创建工作的意义、总体要求，创建工作测评指标体系，以及如何做好民族团结进步创建工作宣传及文件归档管理等个体工作环节。有效深化了工作人员对创建工作的认识，有助于他们理清工作思路，也有助于他们明确做好创建工作的方式方法，增强他们做好创建工作的责任感和紧迫感；工作人员也通过培训进一步把握了推进创建活动的关键环节、考评体系、宣传报道以及档案管理等方面的具体要求，为提升创建工作质量和水平创造了更好条件。

第四，加大资金投入，保障创建活动的经费支持。兴安盟2013年列支200万元作为盟本级少数民族发展资金，2014年增加到400万元，用于扶持少数民族聚居区的经济社会发展。2013年度设立民族文化保护传承经费10万元、民族团结进步示范盟创建工作补助经费150万元，为民族团结进步创建活动开展提供经费保障。各旗县市也将民族团结进步创建工作经费纳入财政预算。其中，科右前旗也在本旗财政中设置了少数民族发展资金，承诺资金规模不低于上年中央、自治区和兴安盟拨付科右前旗少数民族发展资金的10%，少数民族发展资金主要用于发展民族文化，旗财政按照全旗少数民族人口年人均不低于的1.5元标准安排民族工作经费。

第五，目标管理细化，强化监督检查和验收。为推进全国民族团结进步示范盟创建工作和提升创建水平，兴安盟探索研究制定了九套标准，这些标准包括《兴安盟民族团结进步示范旗（县市）标准》《兴安盟民族团结进步示范乡（镇、苏木）标准》《兴安盟民族团结进步示范社区标准》《兴安盟民族团结进步示范村（嘎查）标准》《兴安盟民族团结进步示范机关事业单位标准》《兴安盟民族团结进步示范学校标准》《兴安盟民族团结进步示范企业标准》《兴安盟民族团结进步示范军警部队标准》《兴安盟民族团结进步示范街道标准》。示范标准是工作目标，也是监督评价的重要依据，可起到引领示范和便于评价的双重作用，对全盟不同层级单位开展创建活动具有重要的指导意义。根据工作方案，盟创建办会同盟委督查室、行署督查室于2013年底至2014年初，对全盟各旗县市、盟管各单位2013年度创建全国民族团结进步示范盟工作进行考评，按5%计入年终实绩考核分值，并形成了《全盟创建全国民族团结进步示范盟工作考验收情况的通报》，总结创建工作进展情况，梳理各部门单位经验做法，提出存在的问题和督查意见。通过考评验收和督查，盟委行署较全面掌握了全盟开展创建全国民族团结进步示范盟工作情况，为2014年工作开展奠定了坚实基础。示范单位的命名被视为民族团结进步创建的示范窗口，具有示范的代表性、创新力和示范带动作用，中央政府、自治区和盟级政府都有命名示范单位。兴安盟的乌兰浩特市和科右前旗已成为全国民族团结进步示范单位，此外，兴安盟境内还有自治区级示范单位 15 个（阿尔山市、扎赉特旗、科尔沁右翼中旗、突泉县、兴安盟财政局、科尔沁右翼前旗科尔沁镇兴科社区、乌兰浩特火车站、乌兰浩特蒙古族小学、乌兰浩特市葛根庙、武警森林总队兴安盟森林支队），盟级民族团结进步示范单位也已达 123 个。

第六，以民族团结进步创建活动为抓手，全面推动兴安盟经济社会发展。早在示范盟创建之初兴安盟就曾确立创建活动的多项目标，主要包括：地区经济实现较快增长；各族人民生活水平进一步提高；社会管理和创新取得新的进展；民族文化得到繁荣发展；民族工作取得显著成效。这些目标具体化为 38 项工作任务，被分解到各有关部门组织实施，并制定创建工作考评细则，列入旗县市和盟直各部门年终实绩考核内容，作为文明单位、综合治理先进单位、"双拥"模范单位和"五好"基层党组织等评选的重要指标。兴安盟各级政府以创建示范盟为抓手，着力开展经济发展提速、基础设施建设提升、生态文明建设、民生质量改善、民族文化保护传承、扶贫开发攻坚、"平安兴安"建设、民族工作创新、民族干部培养等"九项重点工程"，进一步深入推进民族团结进步创建活动。

## 四　民族团结进步巩固提升有动力

2016 年 5 月下旬，由自治区相关部门组成的考核验收组在国家民委的督导下，完成对兴安盟创建全国民族团结进步示范盟考核验收工作。当年 8 月兴安盟正式成为"全国民族团结进步示范盟"，国家民委认为："三年来，兴安盟认真学习贯彻习近平总书记考察内蒙古重要讲话精神，发扬光大民族团结的优良传统，牢牢把握'两个共同'主题，坚持高位推动、精心谋划，坚持跨越发展、服务大局，坚持聚焦民生、共建共享，创建工作的组织基础、物质基础、群众基础、思想基础和环境基础日益牢固，各族干部群众凝心聚力促发展，涌现了一大批民族团结进步示范典型，践行着'守望相助、团结奋斗'的时代主旋律，成为祖国北疆一道亮丽风景线。兴安盟的生动实践，推动了民族团结进步事业不断迈上新台阶，为内蒙古乃至全国民族工作创造了宝贵经验。"①

2016 年 9 月，兴安盟在前期工作基础上，出台《兴安盟民族团结进步创建工作巩固提升方案》，民族团结进步创建的新的五年工作目标、重点工作任务和保障机制等内容。具体工作目标为：紧密结合实施农村牧区"十个全覆盖"和脱贫攻坚等"十项工程"和"三地联动、五城同创"② 活动内容，按照两年巩固、三年提升的总要求，深化提升民族团结进步创建活动，全力巩固兴安盟民族团结、社会稳定的良好发展环境。以 2017 年自治区成立 70 周年为时间节点，分两步实现工作目标：

第一步（2016～2017 年），全面巩固全国民族团结进步示范盟创建成果，庆祝自治区成立 70 周年。实现全盟经济发展综合水平进一步提高，绿色发展能力进一步增强，脱贫攻坚取得阶段性胜利目标，使地区生产总值、公共财政预算收入、城乡居民收入等主要经济指标年均增速保持高于全区平均水平。同时，拓展民族团结进步创建活动进一步深入，民族团结进步在"七进"的基础上延伸到"八进"（增加进窗口），创建达标率巩固在 95% 以上，建成自治区级民族团结进步创建活动示范单位 15 个，其中示范旗县市 6 个；建成国家级民族团结进步创建活动示范单位 4 个，其中示范旗县市 2 个；民族语言文字使用更加规范，全盟社会市面蒙汉文字并用率达到 98% 以上、标准率达到 90% 以上。

第二步（2018～2020 年），力争把兴安盟建成全国民族团结进步教育实践基地。在进一步发展中实现全盟综合经济实力显著增强，生态安全屏障更加牢固，困难地区全部脱贫摘帽，城乡居民人均收入基本实现小康目标，国民素质和社会文明程度显著提高，与全区全国同步进入小康社会，民族团结进步的物质基础和社会基础更加坚实；民族团结进步创建活动深度、广度进一步拓展，深入"两新"组织，延伸至"九进"，创建活动在全盟实现"全覆盖"，盟级示范单位、示范窗口达到 160 个，各类民族团结进步模范典型达到 6000 个，建成自治区级民族团结进步创

---

① 《国家民委关于命名兴安盟为"全国民族团结进步创建活动示范盟"的决定》（民委发〔2016〕101 号），http://www.seac.gov.cn/art/2016/9/2/art_7192_265088.html。

② 即乌兰浩特市、科右前旗和盟直相关部门联动，创建全国文明城市、国家卫生城市、国家园林城市、国家食品安全城市、国家生态文明建设示范城市。

建活动示范单位 20 个、国家级民族团结进步创建活动示范单位 6~7 个，70% 的旗县市进入全国民族团结进步示范单位行列。

总之，兴安盟为在更高起点、更高水平上推进民族团结进步创建活动向纵深发展，保持创建活动常态化、长效化进行着积极的探索。在创建过程中，兴安盟委和行署为第一责任主体，书记成为第一责任人，统一谋划、统一部署，引领有效，思想统一，凝心聚力创建机制，保障了创建工作始终紧紧围绕促进经济社会发展、保障和改善民生、维护社会和谐稳定、促进民族关系健康发展目标而展开，形成了创建工作全民化、制度化、规范化、系统化的工作特色。

# 参考文献

**资料**

（清）厉鹗辑《宋诗纪事》（2），上海古籍出版社，2008。

徐有朋编《袁大总统书牍汇编》，上海广益书局，1926。

荣孟源主编《中国国民党历次大会及中央全会资料》，光明日报出版社，1985。

《西盟会议始末记》，远方出版社，2007。

《民族问题文献汇编》，中共中央党校出版社，1991。

中央档案馆编《中共中央文件选集》（第1册），中共中央党校出版社，1989。

《孙中山全集》（下），三民公司，1927。

胡汉民编《总理全集》，上海书局，1930。

《中山全书》，上海中山书局，1937。

《孙中山选集》，人民出版社，1956。

黄彦编《孙文选集》，广东人民出版社，2006。

《马克思恩格斯文集》，人民出版社，2009。

《马克思主义经典作家民族问题文选·马克思恩格斯卷》（上），社会科学文献出版社，2016。

《列宁全集》（23、24、25、36卷），人民出版社，1990、1985。

《毛泽东文集》，人民出版社，1999。

《建国以来毛泽东文稿》，中央文献出版社，1992。

《斯大林全集》（第5卷），人民出版社，1957。

《乌兰夫文选》，中央文献出版社，1999。

《邓小平文选》（第1卷），人民出版社，1994。

《新时期民族工作文献选编》，中央文献出版社，1990。

《内蒙古自治区志·商业志》，内蒙古人民出版社，1998。

马玉明主编《内蒙古资源大辞典》，内蒙古人民出版社，1999。

《十年民族工作成就》（1949~1959年），民族出版社，1959。

《内蒙古畜牧业》，科学出版社，1977。

郭预衡主编《中国古代文学史长编》（二），上海古籍出版社，2007。

《中国2010年人口普查分民族人口资料》（上），民族出版社，2013。

《中国民族政策白皮书》，人民出版社，2009。

《中华人民共和国宪法注解与配套》，中国法制出版社，2011。

杨泽荣主编《内蒙古年鉴》（2014年），内蒙古人民出版社，2014。

《中央民族工作会议精神学习辅导读本》，民族出版社，2015。

## 著作

《内蒙古自治区经济地理》，科学出版社，1956。

辽南书店编《新生的内蒙古》，辽南书店，1958。

《蒙古人民共和国通史》，科学出版社，1958。

《内蒙古畜牧业发展概况》，内蒙古人民出版社，1959。

〔美〕拉铁摩尔：《亚洲的决策》，曹未风译，商务印书馆，1962。

周恩来：《关于我国民族政策的几个问题》，人民出版社，1980。

李维汉：《统一战线问题与民族问题》，人民出版社，1982。

梁钊韬：《中国民族学概论》，云南人民出版社，1985。

李晴波主编《杨度集》，湖南人民出版社，1985。

浩帆主编《内蒙古蒙古民族的社会主义过渡》，内蒙古社会科学院民族研究所，1986。

《当代中国的内蒙古》，当代中国出版社，1992。

民族问题研究会编《蒙古民族问题》，民族出版社，1993。

《当代中国的民族工作》（上），当代中国出版社，1993。

田雪原主编《中国民族人口》，中国人口出版社，2001。

《蒙古族通史》，民族出版社，2001。

白拉都格其等：《蒙古民族通史》（第5卷），内蒙古大学出版社，2003。

《内蒙古莫力达瓦达斡尔族自治旗概况》，民族出版社，2008。

《鄂伦春简史》，民族出版社，2008。

翁独健：《中国民族关系史纲要》，中国社会科学出版社，1990。

乌兰夫革命史料编研室：《乌兰夫论牧区工作》，内蒙古人民出版社，1990。

郝维民：《内蒙古自治区史》，内蒙古大学出版社，1991。

王连芳：《民族问题论文集》，云南民族出版社，1993。

图们、祝东力：《康生与"内人党"冤案》，中共中央党校出版社，1995。

杨魁孚主编《中国少数民族人口》，中国人口出版社，1995。

林干、王雄等：《内蒙古民族团结史》，远方出版社，1995。

金炳镐：《中国民族理论研究二十年》，中央民族大学出版社，2000。

王柯：《民族与国家：中国多民族统一国家的思想系谱》，冯谊光译，中国社会科学出版社，2001。

庆格勒图：《绥远省蒙旗土地改革运动》，《中国共产党与少数民族地区的民主改革和社会主义改造》（上），中共党史出版社，2001。

乌日吉图主编《内蒙古年鉴》（2001年），方志出版社，2001。

陈支平主编《第九届明史国际学术讨论会暨傅衣凌教授诞辰九十周年纪念论文集》，厦门大学出版社，2003。

金炳镐、青觉编著《中国共产党三代领导集体的民族理论与实践》，黑龙江教育出版社，2004。

汪国钧：《蒙古纪闻》，内蒙古人民出版社，2006年。

江中孝、王杰主编《跨世纪的解读与审视：孙中山研究论文选辑（1996－2006）》，天津古籍出版社，2006。

郝维民、齐木德道尔吉主编《内蒙古通史纲要》，人民出版社，2006。

徐杰舜主编《磐石：中国民族团结研究报告》，广西人民出版社，2007。

林干：《中国古代北方民族通论》，内蒙古人民出版社，2007。

萧启庆：《内北国而外中国》，中华书局，2007。

王树盛：《乌兰夫传略》，中国档案出版社，2007。

图们：《剑盾春秋：我所经历的共和国往事》，上海人民出版社，2007。

〔美〕哈罗德·伊罗生：《群氓之族——群体认同与政治变迁》，邓伯宸译，广西师范大学出版社，2008。

王明珂：《游牧者的抉择》，广西师范大学出版社，2008。

罗志田：《近代读书人的思想世界与治学取向》，北京大学出版社，2009。

达林太、郑易生：《牧区与市场》，社会科学文献出版社，2010。

邹鲁编著《中国国民党史稿》（中），中国出版集团东方出版中心，2011。

高全喜：《立宪时刻——论〈清帝逊位诏书〉》，广西师范大学出版社，2011。

韩茂莉：《中国历史农业地理》（上），北京大学出版社，2012。

郝时远：《类族辨物——"民族"与"族群"概念之中西对话》，中国社会科学出版社，2013。

郝时远、〔挪〕奥塞·科拉斯、扎洛主编《当代中国游牧业》，社会科学文献出版社，2013。

韩强、孙志芳主编《党的建设年度创新报告》，知识产权出版社，2013。

**论文**

章太炎：《中华民国解》，《民报》1907年第15号。

易滔：《国民团结力之育成法》，载《晋乘》1907年第1期。

顾颉刚：《中华民族的团结》，《实行》1937年第9期。

王平陵：《民族团结的基本要素》，《东方杂志》1938年第35卷第7号。

《边疆形势与民族团结》，《蒙藏月报》1934年第1卷第5期。

云：《民族团结的试金石》，《国民》1937年第1卷第8期。

林：《民族复兴与民族团结》，《康藏前锋》1937年第4卷第6期。

顾颉刚：《如何使中华民族团结起来》，《西北文化》1947年第1期。

哈丰阿：《驳斥右派分子攻击党的民族政策的谬论》，《学习与实践》1958年第3期。

王再天：《把反对民族主义的斗争坚持到底》，《民族工作资料月报》1958 年第 1 期。

布赫：《加强民族团结》，《内蒙古社会科学》1980 年第 3 期。

旺新：《关于内蒙古自治区旗县级直接选举工作总结报告》，《常委会公报》1982 年第 1 期。

邢亦尘：《略论清末蒙古地区的"新政"》，《内蒙古社会科学》1986 年第 3 期。

林浣芬：《我国计划经济体制的基本形成及其历史特点》，《党的文献》1995 年第 2 期。

佟佳江：《清末民初东北蒙古王公传略》，《黑龙江民族丛刊》1994 年第 4 期。

郝时远：《论民族平等与民族团结的关系》，《民族研究》1995 年第 4 期。

钱占元：《"绥东四旗"的历史变迁》，《档案与社会》1995 年第 1 期。

王连芳：《民族工作战线必须高举联合团结的旗帜：浅论社会主义市场经济条件下民族问题和马克思主义民族观的核心》，《民族工作》1996 年第 1～2 期。

汪炳明：《关于民国初年表示归顺外蒙古哲布尊丹巴政权的内蒙古盟旗、王公》，《蒙古学信息》1996 年第 1 期。

裴小燕：《内蒙古农业合作化中的民族联合社》，《内蒙古大学学报》1999 年第 3 期。

增林：《国务院历次全国民族团结进步表彰大会简介》，《民族团结》1999 年第 9 期。

降边加措：《民族大团结从此开始——记毛主席手书"中华人民共和国各民族团结起来"题词的经过》，《民族团结》2000 年第 6 期。

乌力吉陶克陶：《辛亥革命时期阿穆尔灵圭的政治活动》，《内蒙古社会科学》2002 年第 6 期。

段超：《当前影响民族团结和社会稳定的因素分析》，《中南民族大学学报》2003 年第 5 期。

陈振江:《建立五大长效机制维护民族团结和社会稳定》,《中国民族》2004年第2期。

郝秀山:《伟大的历史功绩》,《内蒙古日报》2006年12月17日。

栾景河编译《俄罗斯有关外蒙古独立问题未刊档案选译》,《近代史资料》,中国社会科学出版社,2003。

支振锋:《民族团结与国家统一的法律确认——辛亥革命中的清帝〈逊位诏书〉》,《理论视野》2011年第10期。

纳日碧力戈:《民族共生与民族团结——指号学新说》,《新疆师范大学学报》2012年第1期。

图书在版编目（CIP）数据

内蒙古民族团结进步理论与实践／周竞红著. -- 北
京：社会科学文献出版社，2017.5
（中国特色民族团结进步事业丛书／王德强主编）
ISBN 978 - 7 - 5201 - 0478 - 4

Ⅰ.①内… Ⅱ.①周… Ⅲ.①民族团结 - 研究 - 内蒙
古 Ⅳ.①D633

中国版本图书馆 CIP 数据核字（2017）第 047293 号

·中国特色民族团结进步事业丛书·

内蒙古民族团结进步理论与实践

著　　者／周竞红

出 版 人／谢寿光
项目统筹／宋月华　周志静
责任编辑／周志静

出　　版／社会科学文献出版社·人文分社　（010）59367215
　　　　　地址：北京市北三环中路甲 29 号院华龙大厦　邮编：100029
　　　　　网址：www.ssap.com.cn
发　　行／市场营销中心（010）59367081　59367018
印　　装／北京季蜂印刷有限公司

规　　格／开　本：787mm × 1092mm　1/16
　　　　　印　张：18　字　数：273 千字
版　　次／2017 年 5 月第 1 版　2017 年 5 月第 1 次印刷
书　　号／ISBN 978 - 7 - 5201 - 0478 - 4
定　　价／89.00 元